U0572882

RESEARCH ON
EXPERIENTIAL TEACHING

体验教学研究

张晋 著

社会科学文献出版社
SOCIAL SCIENCES ACADEMIC PRESS (CHINA)

本书系 2024 年度全国教育科学规划教育部青年项目
"西北地区中小学增值评价实施成效的实证研究"（ESA240438)
阶段性成果

目　录

绪　论 ……………………………………………………………………… 001

第一章　体验思想的历史渊源 …………………………………… 010

一　哲学中的体验思想 ………………………………………… 011

二　心理学中的体验思想 ……………………………………… 025

三　教育学中的体验思想 ……………………………………… 030

四　对体验思想与体验教学研究的反思 …………………… 034

第二章　体验教学的含义、特征与价值 ……………………… 056

一　体验教学的含义 …………………………………………… 057

二　体验教学的特征 …………………………………………… 067

三　体验教学的价值 …………………………………………… 070

第三章　体验教学的思想基础 ………………………………… 075

一　体验教学的哲学基础 ……………………………………… 075

二　体验教学的心理学基础 …………………………………… 083

三　体验教学的教育学基础 …………………………………… 090

四　体验教学思想基础的反思 ………………………………… 097

第四章　体验教学的发生机制 ………………………………… 103

一　体验教学的构成要素及其关系 ………………………… 103

二　体验教学的发生条件 ……………………………………… 110

三　体验教学的发生过程 ……………………………………… 114

　　四　体验教学设计、实施与评价的理论思考 …………………… 116

第五章　体验教学的实践反思（一）：基于案例的体验教学设计分析
　　………………………………………………………………… 120
　　一　课堂教学案例 ……………………………………………… 120
　　二　教学案例分析 ……………………………………………… 136
　　三　基于案例的体验教学设计反思 …………………………… 137

第六章　体验教学的实践反思（二）：基于案例的体验教学策略分析
　　………………………………………………………………… 144
　　一　情境感悟策略的案例分析 ………………………………… 145
　　二　启发诱导策略的案例分析 ………………………………… 160
　　三　活动探究策略的案例分析 ………………………………… 166
　　四　审美体验策略的案例分析 ………………………………… 176

第七章　体验教学的实践反思（三）：基于案例的体验教学评价分析
　　………………………………………………………………… 188
　　一　课堂教学案例 ……………………………………………… 188
　　二　教学案例分析 ……………………………………………… 193
　　三　基于案例的体验教学评价反思 …………………………… 195

第八章　体验教学的理论反思 …………………………………… 199
　　一　体验教学设计的反思 ……………………………………… 200
　　二　体验教学实施的反思 ……………………………………… 204
　　三　体验教学评价的反思 ……………………………………… 209

研究结论与反思 …………………………………………………… 215

参考文献 …………………………………………………………… 220

绪　论

一　研究缘起

（一）课堂教学对学生缺乏吸引力

在调研过程中，笔者在三、四、五年级的课堂中都看到这样的情形：他（她）们沉浸在自己的世界中，对课堂教学活动及过程漠不关心，只要教师不点名提问，他（她）们就是课堂中"身在曹营心在汉"一言不发的"徐庶"，教育教学过程无法激发他（她）们的学习热情，更谈不上让他（她）们主动参与教学活动实现自我发展。但同时，只要一下课，他（她）们的生命仿佛被激活被点燃，他（她）们会兴高采烈地参与各种游戏活动，与同伴就感兴趣的话题展开"热火朝天"的讨论。在实际教育教学情境中，他（她）们在40分钟的课堂内无法集中注意力，从上课伊始就丧失了学习的热情，但在课余时间，他（她）们能够专注、沉浸、投入地玩游戏，甚至玩比40分钟更长的时间。他（她）们并不是本身存在专注力无法持续40分钟的问题，而是课堂教学无法像游戏或活动一样，让他（她）们产生良好的"体验"，无法唤起他（她）们积极的情感投入，使其持续保持热情并在活动情境中寻求解决问题的办法。以游戏为例，几乎每款游戏的设计都将用户体验放在首位，通过主题设置、情境模拟、任务驱动等方式，激发参与者主动体验的兴趣与欲望；在游戏情境中用户可以通过同伴配合、寻求攻略、完成任务等方式"解决问题"，主动追求自己在游戏中"分数""排名""等级"等的提高。反之，为什么我们的课堂教学无法唤起学生主动参与的兴趣，不能让学生在教学活动中获得良好的体验，主动寻求意义的生成与自我的发展呢？运用游戏化理念进行分析可以发现，我们的课堂教学明显对学生的吸引力不够，情境设置、内容安排或任务难度不具备良好的激励效果或反馈机制，致使学生参与度不高，无法获得良好的学习体验。

回到教育教学场域中来，学校是学生成长与发展的重要场所。"教学过程的基本任务是使学生学会实现个人的经验世界与社会共有的'精神文化世界'的沟通和富有创造性的转换，逐渐完成个人精神世界对社会共有精神财富具有个性化和创生性的占有，充分发挥人类创造的文化、科学对学生'主动、健康发展'的教育价值。"① 教育教学应当指向人的生命成长与精神发展，但在将学生在升学考试中的表现作为评判学生发展状况最为重要标准的学校教育中，学生学习的动力不再是为了更好地去认识外部世界，取而代之的是在学业水平测试中取得高分、通过升学考试获得文凭……"知识学习的本意荡然无存，学习意义的异化到达极致"②。教育教学的目标由"促进学生全面、健康、自由、个性地发展"转为"使学生在升学考试中获得高分"，人们对积累知识量的追求取代了人们对知识之于个体发展意义的思考，为追求所谓的"教学效率"，课堂教学将"灌输与被灌输"作为主要模式，"课堂教学承载着学校教师、学生、家长太多的期望和寄托，学校寄希望于依托课堂教学（使学生）在升学考试中'拔得头筹'，通过培养'高分'人才为学校赢得良好的社会评价与声誉；教师寄希望于通过知识的传递使学生考出好成绩从而获得高升学率，为自己的绩效考核和评职评聘'增光添彩'；学生寄望于能获得高分，顺利通过一次又一次的升学考试，最终跨入高等学府"③。在这样的价值导向与发展氛围下，师生生命的整全性、发展性以及生命价值被漠视，教师"作为教学

---

① 叶澜．重建课堂教学过程观——"新基础教育"课堂教学改革的理论与实践探究之二[J]．教育研究，2002（10）：24-30+50.

② 鲁洁．一个值得反思的教育信条：塑造知识人[J]．教书育人，2005（19）：19-21.

③ 刘志军，等．生命的律动：生命教育实践探索[M]．北京：中国社会科学出版社，2004：40.

主体的生命自主性和自由创造力的表达"① 被压抑，被异化成为"忠诚执行者"和"熟练技术工"；教育不再关注学生作为"完整的人"的成长与发展，学生被当作工具性的存在丧失主体自主发展的权利，学生成为被知识"异化"的人，学校教育成为把人"机器化""容器化"的帮凶。在异化的教育世界中，教学过程不再是使学生生命价值得以彰显的过程，教育教学关注学生是否会做题、是否能取得高分，没有人关注作为发展主体的学生究竟在教育过程中获得了什么，学生不明白学习的意义更体会不到学习的乐趣，"不爱学""不想学"，更"不会学"，试问这样的课堂教学怎会对学生产生足够的吸引力，怎会吸引学生主动参与到课堂教学中来，主动谋求自身的成长与发展？

美国弗吉尼亚大学心理学教授威林厄姆（Daniel T. Willingham）曾在《为什么学生不喜欢上学？》（*Why Don't Students Like School?*）一书的开篇，提出这样一个问题，"我认识的很多教师都是因为儿时热爱学校才选择了这个职业。他们想让学生也感觉到他们当时接触知识时一样的兴奋和狂热，当他们发现有些学生并不怎么喜欢上学，也没有办法激励他们的时候，他们的沮丧之情也就能够理解了，为什么难以让学生爱上学校呢？"② 威林厄姆教授用简短的语言说出了教师的困惑，简而言之这个问题就是"为什么学生不喜欢上学"或者"为什么没有更多学生喜欢上学"。其从认知学的角度对这个问题进行了思考，认为"其中一个重要的原因是学校能否持续地让学生体验到解决问题的那一种愉悦感"③。威林厄姆教授认为学校教育中亟待解决的问题就是深入思考教师在教育教学过程中"能做什么"才能让每个学生都能获得"解决问题的愉悦感"。试想一下，课堂教学如果能像学生爱玩的游戏一样，重视学生的"用户体验"，通过主题设置、情境模拟、任务驱动等方式，激发学生主动体验的兴趣与欲望，在教学情境中，通过教师的有效引导与帮助、同伴之间的交流合作与分享，吸引学生主动参与教育教学过程，激发学生自我发展的需要，使学生产生良

① 毛玥，卢旭. 教师主体性发展的困境及其突破 [J]. 中国教育学刊，2016（8）：91.
② 威林厄姆. 为什么学生不喜欢上学？[M]. 赵萌，译. 南京：江苏教育出版社，2010：1.
③ 威林厄姆. 为什么学生不喜欢上学？[M]. 赵萌，译. 南京：江苏教育出版社，2010：14.

好的"用户体验",其又怎会不具备生命力?又怎会让学生无法在教育教学过程中实现个体的发展呢?

(二)教学改革指向学生个性发展

在知识经济时代、"互联网+"时代、创新驱动时代到来的今天,信息化社会和多元开放的世界格局为学校教育和学生发展提供新的机遇,也提出新的要求。党的二十大报告明确指出,"教育、科技、人才是全面建设社会主义现代化国家的基础性、战略性支撑",要"深入实施科教兴国战略、人才强国战略、创新驱动发展战略","坚持教育优先发展……加快建设教育强国……坚持为党育人、为国育才,全面提高人才自主培养质量,着力造就拔尖创新人才,聚天下英才而用之","全面贯彻党的教育方针,落实立德树人根本任务,培养德智体美劳全面发展的社会主义建设者和接班人"①。党的二十大报告为教育教学改革与发展指明了新方向,要培养德智体美劳全面发展的社会主义建设者和接班人,需要创新人才培养方式,全面提高教育质量;全面落实以学生为本的教育理念,改进学科教学的育人功能,着力培养学生的创新精神与实践能力;强调创新课堂教学模式,关注个体学习发展的过程,培养学生具备终身学习、发展的能力。

2019年颁布的《中共中央 国务院关于深化教育教学改革全面提高义务教育质量的意见》指出,"强化课堂主阵地作用,切实提高课堂教学质量","优化教学方式。坚持教学相长,注重启发式、互动式、探究式教学,教师课前要指导学生做好预习,课上要讲清重点难点、知识体系,引导学生主动思考、积极提问、自主探究。融合运用传统与现代技术手段,重视情境教学;探索基于学科的课程综合化教学,开展研究型、项目化、合作式学习。精准分析学情,重视差异化教学和个别化指导。各地要定期开展聚焦课堂教学质量的主题活动,注重培育、遴选和推广优秀教学模式、教学案例"。基于此,课堂教学应当尊重并重视学生在学习过程中的多元理解和独特体验,强调学生在学习发展过程中的"参与""经历"

---

① 习近平. 高举中国特色社会主义伟大旗帜 为全面建设社会主义现代化国家而团结奋斗——在中国共产党第二十次全国代表大会上的报告 [M]. 北京:人民出版社,2022:33-34.

"活动""操作""实践"等，引导学生在具体情境中获取经验、发展认知，掌握解决问题的途径与方法；要以学生实现真正意义上的生命成长与发展为中心，以学生认知发展与成长规律为基础，创新课堂教学模式，关注学生在课堂教学过程中是否主动参与，是否有所体验，是否有所收获，"所获"究竟对个体发展具有何种意义。

基于时代发展的必然要求、教育教学变革的自身需要、学生生命发展的主体需求，教育教学迫切需要真正做到以学生的发展为中心，重视学生在发展过程中的身体参与与情感体验，重视学生学习态度的养成，重视学生通过探究、实验、行动等方式习得知识经验并形成在具体情境中发现问题、解决问题的能力，重视个体学习过程的意义生成与价值形成。教育的目的不只在于知识的积累与技能的发展，还在于行为习惯的养成、情感态度的发展以及价值信念的形塑，其核心在于促进个体实现生命的成长与发展。学习是"学习者在有意识思考各种经验的基础上发展知识、技能和态度的过程，是体现学习者内心价值和焕发其生命活力的发展过程"①，因此课堂教学不仅要关心教师在教育教学过程中"教了什么"，更重要的在于关注学生在学习发展过程中究竟"获得了什么"，将学生"从自己的体验中所获得的学习结果视为最佳的学习方式"②，重视学生的亲历、感受与体验。

学生要获得真正意义上的自我成长与发展，离不开学生在课堂教学中的主动参与，以及在参与中的亲身实践与体验反思。体验"是在对外部世界的深切感受和深刻体悟的基础上，对事物产生情感并生成意义的活动"③，在体验过程中主体对外部世界产生了解、形成感受，进而获得领悟、实现理解，即主体从内在出发与外部世界产生关联，从而丰富知识经验、提高认知水平、具备自主学习能力、陶冶情感并形成正确的理想价值观，因此体验是学生实现意义建构和价值生成的重要环节和手段，是学生具备实践能力、形成创新精神的重要基石。个体体验对于学生发展具有重要作用，课堂教学不应只是一个使学生认识外部世界的过程，更应该是一

---

① 王嘉毅，李志厚. 论体验学习 [J]. 教育理论与实践，2004（12）：44.
② 王嘉毅，李志厚. 论体验学习 [J]. 教育理论与实践，2004（12）：44.
③ 杨四耕. 体验教学 [M]. 福州：福建教育出版社，2005：4.

个使学生获得主体体验的过程，体验是促进学生自我发展，实现个体价值的重要方式。因此关注学生在学习成长过程中的独特体验与多元理解，对促进学生发展和课堂教学变革具有重要的意义。

二　研究问题与目的

时代发展对人才培养提出了新要求，党和国家颁布的一系列教育教学改革政策也都指向学生全面、个性的发展，但在实际教育教学场域中，依旧存在课堂教学无法唤起学生主动参与的兴趣，学生不明白学习的意义更体会不到学习的乐趣，不爱学、不想学，更不会学的现象。学生发展需要个体在主动参与、深度投入、积极体验、获得意义的过程中得以实现。关注学生在学习成长过程中的独特体验与多元理解，对促进学生获得经验、形成能力、掌握方法、形成情感态度价值观等具有重要的作用。在此背景下研究探讨体验教学，意在让课堂教学真正做到以学生发展为中心，重视学生在发展过程中的情感体验，重视学生学习态度及方法的养成，重视学生通过探究、体验等方式获取知识并形成发现问题、解决问题的实践与创新能力，重视学生学习发展过程中的意义生成与价值形成。

本书以"体验教学"为对象，拟解决的问题是"体验教学是如何发生的"，围绕这个问题，探究体验教学的含义、特征与价值，找寻体验教学研究的思想基础，完成对体验教学发生机制的探讨，根据其发生机制在理论层面探讨如何进行体验教学的设计、实施与评价，并结合课堂教学案例对其进行实践反思，最终回答"体验教学是如何发生的"这一问题，即通过对体验教学进行理论探索与实践反思，完成对体验教学本质内涵、发生机制、实践样态的思考与分析。

（一）厘清体验教学的本质内涵

本书通过借鉴哲学、心理学、教育学等相关领域的研究成果，厘清体验教学的含义、特征、价值，探究到底什么是体验教学，它具备怎样的特点，对学生发展具备怎样的意义与价值等，即以"体验教学"为对象，思考"是什么""为什么""怎么做"等问题，因此本书拟解决的问题包括：什么是体验教学？为什么要体验？如何实现体验教学？

（二）探究体验教学的发生机制

本书拟从理论层面考察体验教学的构成要素及要素间关系，探讨体验教学的发生机制，探究在教学过程中教师应该如何进行体验教学的设计；在课堂教学过程中运用哪些策略能够促进学生体验的发生；怎样评估教学过程中学生是否主动参与，通过亲历是否有所体验，通过体验是否有所收获，学生的体验"所获"具有何种意义。

（三）分析体验教学的实践样态

通过对具体课堂教学案例的研究，分析教师在教学设计、实施、评价等环节如何"做"，能够更好地促进学生学习体验的发生；分析在教育教学实践中，能够体现体验教学理念的课堂教学是什么样的、具备怎样的特点等。

三　研究意义

体验是体现学习者内心价值和焕发其生命活力的重要方法，是促进学生自我发展、实现其个体价值的重要手段。研究体验教学，具有理论和实践两方面的意义。体验教学强调学生主体性及能动性的发挥，强调对学生亲身体验与感悟理解的关注，强调对学生情感世界的陶冶和升华，强调对学生精神成长的关注。研究体验教学能够使各方主体更好地思考教育教学之于个体发展的意义，有利于推动课堂教学的变革。

（一）理论意义

1. 从本体论的角度考察体验教学的本质内涵

体验教学重视个体在发展过程中的亲历、体验和获得，重视个体通过体验来弥合人与外部世界的分离，促进个体的自我发现和价值生成，实现精神成长与生命发展。体验教学的价值在于从学生生命成长与发展的角度探寻教育之于个体生命的重要意义，突破学校教育中传统教学设计只为僵化且未知的"将来"而忽视个体鲜活且实在的"现在"的局限，改变传统课堂教学"重知识习得轻个体发展"的惯性思维，转变教育评价重知识量的积累而忽视内生情感体验的现象。本书通过对学生学习发展过程中亲历、体验、理解的关注，关注学生作为"完整的人"在学习过程中知识的建构、能力的培养、情感态度价值观的形成以及对生命意义的探寻。

2. 从关系论的角度论述体验教学诸要素间的相互作用

课堂教学不是教师单向度的知识灌输或经验授受的过程，而是教师通过创设合理、具体的教学情境，引导学生通过亲历、体验、行动、反思、应用等实现自我发展与生命成长的过程。课堂教学的核心在于促进学生的个体能动性参与，在亲历的基础上激发学生的深度情感体验，从而获得对自我及外部世界的体验认知，实现意义生成。课堂教学的效果并不是由单一要素所决定的，而是教学目标、课程内容、教学方法、教学情境、教学评价、师生参与等多种要素共同作用的结果。研究体验教学需要将理论探索与实践反思紧密结合，以动态、发展、过程性的眼光探究体验教学诸要素间的关系，从而明晰能够吸引学生主动参与、体验感悟，实现意义生成的课堂教学具备怎样的特征。

3. 从过程论的角度阐释体验教学"如何实现"

一种教育理念，一定要在实践中展开，才能凸显其意义价值，并使其自身的科学合理性得到有效的检验。研究体验教学的目的在于改变课堂教学中不恰当、不合理的思维方式与行为方式，变革重知识传递轻情感体验、重技能掌握轻价值形成、重升学考试轻过程方法的现象，促使课堂教学真正关注学生的自我体验与自我发现，彰显学生的生命价值与精神成长。体验教学对于学生发展的意义和价值如何体现，最为关键的是看其在真实的课堂教学场域中如何呈现，具有怎样的实践样态，其特殊性和必要性体现在何处。本书通过对课堂教学案例的深入分析，探讨在课堂教学实践中如何实现体验教学，如何才能让体验教学的理论内核在教学实践中发挥其特有的价值。

（二）实践意义

1. 探索体验教学的发生机制，促进个体成长发展

传统教学偏重知识的传递而忽视学生的学习过程与学习方法的掌握，偏重关注学生纸笔测试的表现而忽视学生情感态度价值观的形成，这样的教学看不到学生生活的独特性、体验的个体性以及精神的完整性。教育的

根本目的是促进学生完整、健全人格的发展，一个有完整、健全人格的人，其身体与心理、认知与情感、过程与方法、信念与价值观应当是有机统一、高度整合的。开展体验教学，目的在于引导学生在学习发展过程中产生思考、作出判断、生成意义，所需要的不仅仅是个体智力活动的参与，还包括个体对情感、态度、信念等的有效调动。就认知与情感的关系来说，认知与情感都是个体生命发展过程中不可分割的有机组成部分，脱离了情感的认知是没有活力与生命的，且往往使人在认知过程中沦为工具性的存在，因此忽视情感之于个体发展的重要意义，单纯着眼于认知发展的教育教学，无法使学生实现整全的人的发展。能够促进学生完整、健全人格发展的教育教学必须以学生已有发展水平为基础，必须同学生的生活世界和自身体验发生联系。体验教学着眼于激发学生内心深处对生命的热爱与追求，让学生在获取知识养分的同时，实现生命成长。

2. 反思体验教学的运行策略，推动课堂教学变革

在传统课堂教学中，学生以"被灌输"的方式接受知识、积累经验，既不理解知识的内在结构，也不理解知识之于个体发展的意义，这样的知识经验以平面、抽象的方式存在，难以内化成为学生个体的体验与感悟，这就需要在学生与外部世界间建立一个有效的媒介，这就是学生的个体体验。学生的意义建构与自我发展无法靠外部力量的强制实现，学习不是被动接受现成知识经验的过程，因此关注个体作为"完整的人"在学习发展过程中的体验，能够使学生感受到发展的自主性，变"要我发展"为"我要发展"。体验教学关注和尊重学生意义世界的建构，意在营造一个能够开发潜能、唤醒精神、激发体验、彰显主体性与发展性的活力场。实施体验教学，有利于改变传统教学中有碍学生自由、全面、个性成长的教学思想与教学行为，引导学生在自身已有认知结构与生活经验的基础上，积极主动建构外部世界与自我发展的意义关联，从而使自身具备自主思考和独立判断的能力，收获充分的情感体验，形成自我正确的价值判断。

第一章

体验思想的历史渊源

体验教学来源于体验学习（experiential learning），体验学习也被称为"体验性学习"或"体验式学习"，出现在20世纪三四十年代，发源于杜威的"经验学习"与"做中学"思想。在此基础上推动体验学习向前发展的是牛津大学的哈恩（Kurt Hahn）博士，他指出学校教育不能满足学生和谐发展的需要，因此他将视角放在如何补救学校教育上，通过为学生提供挑战、突破和冒险的机会，激发学生对群体活动的热情，培养学生的生存能力。他认为："我把教育的最主要的任务当成是生存的品质：富有进取心、好奇心、永不言败的精神、韧性、自我判断的能力，尤其是同情心。"[1] 后来哈恩将这种教育方法运用于英国海员的短期训练中，并在1934年创办外展训练学校。二战以后，体验式训练被广泛推广，培训对象由最初的海员扩大到其他群体，训练内容也从之前针对体能的生存训练扩展到个体人格、心理训练等。20世纪60年代户外体验式培训引发了美国教育界关于体验式学习的研究热潮，美国联邦政府教育部将户外训练的模式与方法融入学校的教育。体验学习理论由美国组织行为学教授大卫·库伯（David Kolb）于1984年在其专著《体验学习——让体验成为学习和发展的源泉》（*Experiential Learning: Experience as the Source of Learning and Development*）中正式提出，以杜威的经验学习论、库尔特·勒温的群体动力学、皮亚杰的认知发展学为基础的"体验学习圈"，将学习定义为"体验的转

---

[1] 王灿明.体验学习解读［J］.全球教育展望，2005（12）：15.

换并创造知识的过程"①，认为"体验学习圈"是由具体体验、反思观察、抽象概括和行动应用四个阶段构成的学习系统②。该研究成果正式拉开了体验学习与体验教学研究的序幕。体验教学发展至今，研究成果颇丰。

虽然体验教学作为一种教学模式出现在课堂教学中仅有数十年，但体验思想却潜藏在漫漫历史长河中。鉴往而知来，从古至今，无论是我国还是西方的思想发展史中，都曾出现过体验教学思想的萌芽。哲学、心理学、教育学等诸多领域的学者针对体验展开论述，为体验教学的产生与发展提供了丰富的思想养分。

一　哲学中的体验思想

（一）中国哲学中的体验思想

在我国思想文化发展历程中体验具有"具身性"，如《淮南子·汜论训》中提到的"故圣人以身体之"，或是《荀子·修身》中关于"好法而行，士也；笃志而体，君子也"的表述，都将"身体"作为体验的载体，即认为体验是从身体出发的，个体在已有经验的基础上实现的对外部世界和内心世界的认识、感知与体悟。中国哲学中的体验思想有着深厚的历史积淀，儒家的"悟"、老庄的"道"、禅宗的"自悟"、玄学家的"自然"、王守仁的"致良知"等哲学观念，都强调将学习过程视为一个内心自觉、体验感悟的过程，蕴含着丰富的体验思想。

1. 儒家思想中的体验观

儒家思想在我国文化发展过程中占据着举足轻重的地位，以孔子、孟子为代表的思想家们的诸多论述，对我国教育发展也产生深远的影响。以孔子为代表的儒家学派将"仁"视为个体发展的最高境界，重视知识经验的学习和良好道德品质的形成。孔子认为每个人都有接受教育获得发展的权利，在教育教学过程中要注重发挥个体的主动性和积极性，重视学生独

---

① 库伯. 体验学习——让体验成为学习和发展的源泉 [M]. 王灿明，等译. 上海：华东师范大学出版社，2008：33.

② 库伯. 体验学习——让体验成为学习和发展的源泉 [M]. 王灿明，等译. 上海：华东师范大学出版社，2008：45-49.

立思考和自省能力的培养。孔子认为在人通向"仁"的过程中，需要经历一个内省反思的过程，内省与反思既包括对自我内心世界的省察，也包括对外部世界的体认与再思考，这个过程会产生个人之于外部世界的感受和体验，这是获得知识经验、形成完善道德品质的必由之路。在教学方法上孔子倡导因材施教和启发诱导，因材施教强调个体在学习发展过程中的独特性，启发诱导强调以教师的"导"促学生的"悟"，其中"悟"是指学生对知识的感知与体悟。在儒家教育思想中"悟"是达成教育目的、实现自我发展的重要手段，在教学活动中以启发式教学的思想来体现"悟"的要义。在教育教学过程中教师要做到"不愤不启，不悱不发，举一隅不以三隅反，则不复也"①，未到学生苦思冥想仍旧理解不了的程度教师先不要去开导他，不到学生已然明白但找不到合适言辞表达的时候教师先不要去启发他，如果学生还不能做到举一反三，教学就先不要往下进行了。孔子的论述强调在教学过程中要给予学生自我体验、感悟、理解、表达的机会。启发诱导要建立在学生自身需要的基础上，通过激发学生的学习兴趣使学生产生强烈的求知欲望，引导学生独立思考、主动探究，能够做到"众恶之，必察焉。众好之，必察焉"②。每个人都要有自己对于事物或现象的独特感受和独立思考，不能"亦步亦趋""人云亦云"，教育者要注重学生在知识学习和道德形成中的独特体验与自我反思。儒家教育中有关体验的思想，最宝贵的历史价值就在于它关注个体的独特体验和内省感悟，强调人的内心自觉。教育过程重在启发人的悟性，个体成为"仁"者要经历主动参与、积极思考、体验探索的过程，在这个过程中孔子强调人对知识的主体意向性理解，强调知识之于人的道德情感的重要意义。

在道德养成过程中，儒家强调"为仁之本"是爱父母兄弟的自然情感，而"仁"就是情感体验的结果。人的情感体验随个体经验的不同而不同，生活经验不同、看待事物的立场角度不同，对同一事物或现象的体验也不尽相同，"仁"实际上是个体对外部世界体验结果的提升。有了这种体验，人才能感受到真正的心理满足，才有可能成为"仁"者。孔子之

---

① 《论语·述而》。
② 《论语·卫灵公》。

后，孟子将"仁、义、礼、智"四种道德观念视为人的内在固有本性，这四种道德观念来源于"四端"，即"恻隐之心、羞恶之心、辞让之心、是非之心"分别为仁之端、义之端、礼之端、智之端。这四种情感是道德人性的内在基础，而道德观念是人内在情感体验升华的结果。

2. 道家文化中的体验观

儒家学说着眼于人的伦理道德，以"仁"为道德发展的最高境界。与儒家不同，老子的"道论"是一种自然性、生命性的哲学，"道"着眼于人的"自然"之性的张扬。

道家的代表人物老子将"自然"的精神贯穿于生命的全过程中，将自然精神渗透在人的生命成长之中，强调在自然中体察"道法自然"，呼唤人与自然的和谐共处，追求"天道合一"与"物我合一"，强调人生命的自然成长性，追求主体自由、完整地成长与发展，关注主体精神的巨大生命力。道家崇尚自然，提倡对"无"的追求，所谓"无"不是取消任何认识、排除任何情感，而是主张个体通过体验获得对"道"的感悟。因此认识"道"最根本的方法就是"体道"，即强调直觉体验，老子提出"静观"的方法，"静观"既不是通过感性直观去体察外部世界，也不是基于理性直观来分析客观事物，而是以个体体验为基础的、融合感性与理性的冷静分析，强调在自我体验中实现"静观"与"体道"。

庄子明确阐述了关于"体道"的问题，认为"夫体道者，天下之君子所系焉"①。大道没有是非与主客体之分，"天地与我并生，万物与我为一"。庄子把"体道"看作不同于一般认识的最高认识，想要"体道"，就要对事物进行直接体验，在自我体验中，消除"物我之分"与"内外之别"，在主体与外部世界充分融合的基础上才能真正进入"天人合一"的境界。总的来说，"体道"是建立在自我感知、体验基础上的认知，它不是基于概念的分析，也不是依托逻辑的推理，而是从内心世界出发对人存在的体验与感悟，是经由对人固有本性的发挥从而实现的精神升华②。

3. 禅宗思想中的体验观

禅宗是具有中国文化特色的本土佛教代表，在坚持佛教基本立场的同

---

① 《庄子·知北游》。
② 蒙培元. 中国哲学主体思维 [M]. 北京：东方出版社，1993：105-106.

时，将佛教思想与传统思想，特别是儒家的心性学说和老庄思想结合在一起，形成了独特的哲学理论。禅宗强调"自悟"的参禅方法，用引导和启发的方式让学习者体悟禅法的要义。禅宗认为，不可说的东西并非无法用语言言表，其关键在于"如何说"，怎样通过禅的语言得以表达。"不言而教"不是消极的教学方法，而是强调激发学生的主体感受，通过个体浸润式的体验实现理解，达到"顿悟"。

"悟"是禅宗思想的精髓，是不依靠逻辑思维过程而直接把握对象特点和性质的思维方式，在体验中实现"心领神会"。禅宗思想认为一切既有的文字与逻辑推理都是悟道的"魔障"，一切感性知识与理性知识都是一种虚幻的假象，而"悟"是不拘于感性也不拘于理性的。悟道者通过自身生活经验实现对现象的自悟，通过自悟实现对"道"的"悟"，即放弃通过逻辑、理性思维达到对"道"的体认，禅不能说、不说破，而且也说不透、说不破，只能依靠主体的直觉性体验实现领悟。

不能将禅宗的顿悟、体验片面理解为修道者通过苦思冥想获得认识，其意在使个体在日常生活中以实践的方式顿悟，使其生命存在的意义得到澄明。禅宗思想关注人的体验和内在生命，强调对生命本真状态的体验与感悟。换句话说，禅与个体本身的生命存在联系：对禅的追求基于个体生命的本性，但却超越个体一切的欲求；基于生命个体的深切体验，但却超越个体生存的感性经验。

4. 魏晋玄学中的体验观

道家思想中的"有无之辨"，揭示了世间万物无不由对立且互化的两方面构成。老子在《道德经》中有这样的论述，"三十辐，共一毂，当其无，有车之用。埏埴以为器，当其无，有器之用。凿户牖以为室，当其无，有室之用。故有之以为利，无之以为用"。道家充分肯定"无"的存在及意义，在此基础上玄学发展了道家"无"的思想，认为"无"就是超越人生及世间的"有"从而实现对"无"的追求，主张个体在情感的顺应与张扬中去把握生命意义，在玄学思想中人的个性、情感及独特的生命体验得到充分的肯定和认同。

玄学认为"无"是一种万物本原的抽象存在，"无"只有通过"体"和"悟"的方式才能实现。魏晋时期崇尚自然，强调自然人格的塑造，这里的"自然"包含两层含义，既指自然的世界，也指向人自然精神的实现。玄学家们不否定外物对于个体的影响，但追求的生命状态是摆脱外物的"役使"实现人的自然性发展，张扬个性、寄情山水、尊重情感，通过个人的审美体验实现对人性的彰显，因此"悟"是玄学之士特别强调的生命体验方式。玄学强调要顺应个体天性的自然、自由发展，把个性从"外物役使"的束缚和禁锢中解放出来，使人的个性能够自由和谐发展，并把亲近、游览自然作为实现自由、超脱世俗的重要途径和方式，反对压抑和摧残人的自然本性。玄学思想反映在教学上形成了"穷理得意"的教学观，即从认识具体的文字材料开始，但又不拘泥于文字材料，通过"体"和"悟"的生命体验方式把外部世界同化到主体内部世界中，最后达到"既忘其迹，又忘其所以迹者，内不觉其一身，外不识有天地，然后旷然与变化为体，而无不通也"① 的境界。

5. 王守仁思想中的体验观

明中叶著名的教育家王守仁是宋明心学的集大成者，他将"致良知"作为教育教学的目的，认为良知是"心之本体"，"良知"虽然人人都有，但这种"有"只是就其存在状态而言的一种可能存在的"有"，要想真正拥有"良知"，就必须以经验积累为基础，在已有经验基础上实现对经验的反思并付诸行动，也就是说强调经验和体验之于生命主体"致良知"的重要意义，认为良知是通过个体实践中的体验而非经由教师讲解而获得的，人如果获得"良知"就会"完完全全，无少亏欠，自不觉手舞足蹈，不知天地间更有何乐可代"②。获得良知的人主体人格精神实现高扬，个体的生命存在价值得到肯定。王守仁认为，"知行工夫本不可离……故有合一并进之说"，其中"知是行的主意，行是知的工夫"③。"知之真切笃实处即是行，行之明觉精察处即是知。"④ "知行原是两个字说一个工夫。这一个工夫，须著此两个字，方说得完全无弊病。"⑤ 这些论述阐明教学过程

---

① 《庄子·大宗师注》。
② 《王阳明全集》卷三。
③ 《传习录·答顾东桥书》。
④ 《传习录·答顾东桥书》。
⑤ 《王文成公全书》。

是多种因素并进的知行合一的过程，不能把知、行割裂开来，知与行本就是相互包含、相互促进的，认知经由行动获得，行动以认知为基础，教学过程是个体知、行乃至整个生命推进的过程。在知识的获取方面，王守仁认为通过他人的知识传授获取知识只是知识习得的一个重要途径，从认知效果来说，还是经由受教育者自身的实践体验与思考感悟而得的知识更加丰富、深刻、真实和有效。

6. 蔡元培思想中的体验观

蔡元培认为，"夫新教育所以异于旧教育者，有一要点焉，即教育者非以吾人教育儿童，而吾人受教于儿童之谓也"①。他批判旧式教育摧残儿童的个性，把儿童当作"物"来对待，认为教学应尊重儿童，遵循儿童的自然发展规律，关注儿童个性的发展及健全人格的形成，强调让儿童自由成长。

在教育目标上，蔡元培强调德、智、体、美、劳"五育并举"，并突出强调审美教育对于认知促进、情感陶冶的作用。他在《教育大辞书》中提到，"美育者，应用美学之理论于教育，以陶养感情为目的者也"。他认为，审美教育有益于儿童个性的充分发展，有助于激发儿童的潜能与创造力，还可以丰富科学知识，使儿童在学习科学知识的同时具备勇敢活泼的气质，使人的精神有所寄托，从而使人生充满生机且富有意义。因此在教育教学过程中蔡元培主张把科学课和美育课有机结合起来。

蔡元培进一步指出，文化从大的方面来说由科学与审美两个部分构成，科学教育给人以知识，美育激发人的美感；科学教育助推物质文明的发展，美育助力精神文明的建设；科学教育指向对人的实践能力的培养，而美育在于激发人们认识世界并改造世界的情感与愿望。缺少美育的熏陶，不仅无利于科学的进步，也无益于个体人生的发展，他提到，常常看见专攻科学不涉美术的人，陷入无聊无趣的状态，他们通过低劣俗气的娱乐进行排遣，难免生出厌世之情。在这样的人生观与世界观作用下，他们对生命感到了无生趣，对社会没有感情与责任；就是对于所治科学，也不

---

① 陈学恂. 中国近代教育文选 [M]. 北京：人民教育出版社，1983：348.

过是亦步亦趋的"依样画葫芦",决没有创造的精神①。怎样改善或杜绝这种现象呢?蔡元培指出要在知识求索的同时涵养感情,也就是说专治科学的同时兼治美术。有了审美追求,个体就不会觉得人生"了无生趣",审美情操能够使个体感受到人生的意义与价值,同时对美术的兴趣也能为治学过程增添"勇敢活泼的精神",因此他提倡把科学与美育融合起来,使"治科学的人,不但治学的余暇,可以选几种美术,供自己的陶养。就是所专研的科学上面,也可以兼得美术的趣味"②,从而养成健全的人格。蔡元培对审美教育的重视,体现了其对人作为完整个体本身的重视,体现了其对人的认知、情感、态度、意志等的全面关注。

(二) 西方哲学中的体验思想

在西方的语境中,英语中与体验相对应的单词是 experience,意为去证明 (to prove) 或是去验证 (to test),通常是指从感觉而非推理得来的经验结果,可译作经验、经历、阅历或由经验获得的知识或技术等。德语中 er-leben 的词源为拉丁语 experior,一些英译者经常把德语 erleben 一词译作 life-experience 或 experience of life (生命体验),包含经历、亲见、经受、遭遇等含义,指个体从自己的内心世界出发,主动积极地去感受外部世界,从而实现对生命意义与价值的"获得"。体验一词包含三层含义,首先体验可以是过去生活经历对现在所具有的影响,尽管"过去"已经过去,但人们在提及某件事或某段经历时依然会说"这对我来说是个特别的体验",强调过去与现在之间的绵延性;其次,体验在"现在"语境下可以表达"我正在经历",个体本人就是亲历者;最后,体验的表达指向主体与外界事物或外部世界的有机结合,当人们说"我认为这件事对我而言是一个奇妙的体验",并不是在体验中的"我"与客体分离的情况下说的,而且将体验的主体与客体、体验的结果与过程融为一体。此外,体验不仅关涉描述认知的经验,还关涉情感、价值与意义的生成,不仅是日常生活中的基本概念,也是哲学领域的重要范畴。

---

① 蔡元培美学文选 [M]. 北京:北京大学出版社,1983:137.
② 蔡元培美学文选 [M]. 北京:北京大学出版社,1983:136.

1. 古希腊时期的体验观

古希腊以和谐教育为主要理念，为的是通过教育把个体培养成为身心和谐发展的人。以雅典教育为例，教育教学重视音乐、体操，强调个体身体、审美、智力、意志方面的训练。雅典音乐教学不仅旨在使学生掌握乐理知识或弹唱技能，更旨在通过音乐的熏陶，达到陶冶学生审美情操，涵养个体品格的目的；体操教学不仅着眼于学生体力的提升，更要求学生能通过体操训练，使得身体协调发展，并在训练中锻炼精神意志，从而具有坚韧不屈的品质。此外，雅典教育还强调使受教育者能言善辩、具有广泛的兴趣爱好、具备深厚的文化素养，在知识获取、理性形成方面，强调实践、情感等在知识获取、理性形成过程中的重要作用，关注学生在实践活动中的过程体验与情感生成。雅典教育的目标是把受教育者培养成为有强健体魄、审美能力、高尚情操、深厚文化素养的"身心既美且善"的和谐发展的公民，而这些都需要通过在教学实践活动中实现。雅典教育强调实践、活动等在实现个体和谐发展中的作用，对后世产生了深远影响。

提到古希腊的思想史与教育史，不得不提苏格拉底的"产婆术"。苏格拉底之所以采用"产婆术"作为教学方法，是因为他认为知识是不可通过"复制"获得的，也不能经由他人的灌输直接传给学生，因为知识与真理本就存在于每个人的内心世界。在教学过程中如果就一个问题与学生展开讨论，苏格拉底会首先抛出问题，只给予学生思考问题所必要的支持，但不会把所谓正确的结论直截了当告诉学生，而是通过问答、交谈或辩论的方式引导学生展开充分的思考，在学生思考与表达的过程中，即使学生陷入逻辑两难的境地，其也不会直接指出学生对问题的思考错在什么地方，不会直接告诉学生这样思考为什么错了，而是继续抛出引导性的补充问题，使学生自己发现答案的荒谬之处，从而陷入无法自圆其说的境地，继而使学生一步步地通过自我体验、感悟接近正确的结论。教师在教学过程中并不是知识的拥有者或权威代表，而是新知识的"产婆"，其角色在于把存在于学生内心的知识巧妙导引出来，即引导学生获取存在于内心深处的真理。总的来说，"产婆术"重视让学生感受认识和探求事物与知识本质的过程，让学生在获取观念的同时，拥有探寻知识、追求真理的体验，学生探求真理的过程伴随体验的产生，体验的产生又有助于学生正确认识自我与真理。

古希腊另一位哲学家、教育家柏拉图对于学习过程的论述中也蕴含关于体验的思想。柏拉图对学习过程的论述从人的特点出发，认为人由肉体和灵魂两部分组成，肉体在形成后一直存在，而灵魂早在人取得肉身人性之前就存在于理念世界中了，灵魂具有认识世界洞察真理的潜能，只是当灵魂投生到人的肉体之上时受到玷污，原有的理念被暂时忘记了，学习的任务就在于促使人回忆起那些被遗忘的知识与理念。柏拉图还强调理性之于个体的重要性，他指出，人可以通过理性对感官知觉所能获取的集合体进行有机统一，从而实现对理念的认识。这个过程是个体回忆的过程，直击灵魂并伴随回忆时所见到的一切。这种回忆超越我们感知到误以为真实可信的东西，回望作为真正本体的理念①。柏拉图认为学习的过程不是对物质世界的感受，而是对理念世界的回忆，学习知识就是要接近内存于心的最高理念，教育只起到诱发的作用，知识是通过自己的内心对原有东西的"回忆"。总的来说，柏拉图认为学习是对理念世界的回忆，知识不是外授而是内发的，个体通过内在体验完成学习过程。

亚里士多德对灵魂的论述是其阐述教育目标的基础，他认为人的灵魂包括三部分，分别是植物的灵魂、动物的灵魂和理性的灵魂。植物的灵魂是人的灵魂最低级的部分，表现为具有生长、发育等生理方面的功能；动物的灵魂表现为除了具有植物灵魂的生长功能，还具有本能、情感、欲望等感觉运动功能，是灵魂的中级部分；此外灵魂的高级部分——理性的灵魂表现为人具有选择、思维、判断、反思、理解等能力，是人之所以为人的根本所在，也是教育所追求的终极目标。教育的最终目的在于发展人的理智，在亚里士多德看来，身体及情感发展的目的是为理性的灵魂的发展创造条件。亚里士多德强调使个体成为身心和谐发展的人，重视音乐教育在陶冶性情、涵养理性方面发挥的重要作用，认为教育不仅要促进人的身体发展，也需要通过德育支配人的本能、情感与欲望，更重要的在于实现人的理性的灵魂的发展。体育需要在身体训练中完成，道德品质的培养与

---

① 北京大学哲学系外国哲学史教研室．西方哲学原著选读［M］．北京：商务印书馆，1982：75.

理性的获得需要学生在实践、活动中实现。总的来说，亚里士多德的教学方法表现出以身体之、实践中做的特点。

2. 生命哲学思想中的体验观

在哲学领域，对"体验"或"生命体验"的关注由来已久，其共识在于从主体内在的、鲜活的、带有强烈感情色彩的直觉感知中实现对生命意义与价值的把握。在哲学领域对体验论述较多、较深入的包括狄尔泰、伽达默尔、海德格尔等，他们从认知论或本体论的角度出发，将体验视作生命体验，认为体验是人存在的基本方式。

狄尔泰将体验定义为"生命是一种不可抑制的、处于不断生成流变之中的永恒冲动，只能依据内在的体验加以把握；在体验中所体验到的是，我在世界之中，世界也在我之中；体验者与其对象不可分割地融合在一起"①。狄尔泰指出体验与生命直接关联，是生命最基本的存在形式，体验活动为"我"存在，具有独特的品格，并不是以表象物的形式形成之于"我"的对立面，也并非如感觉物一般被给予于"我"，它是内属于"我"让"我"直接拥有的，同时体验离不开内省思维，只是在思维中，它才成为对象性的②。狄尔泰强调"体验"对于人认识客观世界的重要性，与此同时也指出体验仅仅是认知的第一步，因为"体验如果不通过'表达'进行外化是无效的。人的心灵内涵的体验是通过'表达'来使人得到'理解'的"③。表达的过程是对体验活动的总结，要将表达总结出来还需要理解的参与，所以狄尔泰对意义认知世界的理解可以归纳为"体验—表达—理解"，"体验—表达—理解"是狄尔泰哲学体系的核心与精神科学的主要方法论。

狄尔泰认为体验与人的生命共生共存、不可分离，是生命最基本的存在形式，生命存在于体验表达的本质中。狄尔泰批评传统教育是"看不见人""看不见生命"的教育，将人看作知、情、意分离的片面的人，只重视知识的教育，忽视人的情感态度。他将体验作为教育教学过程中各种存在关系的重要纽带，不否认科学客观的立场和方法，但反对教学过程仅仅

---

① 邹进. 现代德国文化教育学 [M]. 太原：山西教育出版社，1992：174–175.
② 邹进. 现代德国文化教育学 [M]. 太原：山西教育出版社，1992：163.
③ 邹进. 现代德国文化教育学 [M]. 太原：山西教育出版社，1992：146.

停留在知识教育的层面上，因为人是身体与精神相统一的生命体，只有融入了情感的心灵体验才能真正深入人的精神世界，促使学生在感知体验的过程中实现心灵相通与互相理解，才能真正彰显人生命的价值与意义。儿童的体验不仅包括身体体验，也包含丰富的内心体验，个体只有通过体验自己生活、学习、成长过程中的各种"遭遇"，才能丰盈内心，实现个体外在行为与内在情感的充分沟通，实现精神世界和生命活动的意义与价值。

在狄尔泰的思想视界中，体验是生命最基本的存在形式，也就是说，体验与人的生命共生共存、不可分离[①]。要理解狄尔泰的"体验"概念，先要理解他对于生命的阐释。在狄尔泰看来，生命不仅指人的身体活动，更涵盖了人的精神活动，是一种转瞬即逝、不可遏制、具有能动创造性的冲动；生命的本体不是客观外在的，而是感性的、鲜活的、处于不断生成中的；生命是过去、现在、将来不断延伸、不断推进、相互统一的过程，已经"过去"的过去作为现在的重要组成部分仍对"现在"产生意义，而"具有统一性的生命的意义在'现在'所形成的一个最小单位，就是'体验'"[②]。生命的绵延与流变决定了人们无法用抽象的概念把握生命，只能依据内在体验得以表达。作为生命存在基本方式的体验，不是一种外在的东西，而是个体独特的、凝聚着内在统一感知的、与人的生命相联系的行为，"每一次体验都是在生活的延续性中产生，并且同时与其自身生命的整体相联"[③]。在狄尔泰看来，体验不同于经验，经验以主客二分对立为预设，而体验与客体水乳交融难分彼此，主体全部进入客体，客体也以满含生命力的方式与主体构成新的关系[④]。在体验的过程中没有主体和客体之分，主客的融合而非对立原本就是体验产生的基础。

伽达默尔认同狄尔泰对体验的理解，同时更加强调体验与生命的内在关系[⑤]，认为体验不仅是个体认知的基础，还构成生命过程本身。生命和

①　邹进. 现代德国文化教育学 [M]. 太原：山西教育出版社，1992：174-175.
②　李红宇. 狄尔泰的体验概念 [J]. 史学理论研究，2001 (1)：88-99.
③　安延明. 狄尔泰的体验概念 [J]. 复旦学报（社会科学版），1990 (5)：47-55.
④　谢地坤. 走向精神科学之路——狄尔泰哲学思想研究 [M]. 南京：江苏人民出版社，2003：29.
⑤　伽达默尔. 真理与方法 [M]. 洪汉鼎，译. 上海：上海译文出版社，1994：86.

体验的关系不是包含与被包含的关系，也不是一般与特殊的关系，生命与体验组成的统一体内在于生命整体及其关系中①。由于体验本身是存在于生命里的，由此生命整体也存在于体验中。体验在人的生命活动中偶然出现、转瞬即逝，具有个体性、不确定性与无目的性，但就是在这种"出其不意"中，个体生命的鲜活与意义才得以展现与提升。体验与生命具有相互统一性，生命通过体验获得连续性，体验是个体生命得以展现的核心，体验本身存在于生命的全部整体，而生命的全部整体又包含且存在于体验之中。伽达默尔认为体验是发生或正在发生并且继续存在的东西，"如果某个东西不仅被主体经历过，而且这种经历的存在还获得一种使自身具有继续存在意义并对'之后'产生持续影响的特征，那么这就属于体验"②。体验是个体经由自身经历得来的，对外部世界和自我的认识和体会在亲身经历和直接感知中展开。此外，当我们谈到体验时，其不仅仅指个体"经历"了什么，而且这种经历产生于对现在和未来的深切感受与深刻体悟中，如果没有后者，那么这种经历就只是"经历"而非"体验"，即体验不仅具有"直接性"，还具有"持存性"，体验的结果是获得某种意义，而这种意义又使其获得继续存在的价值，体验存在于生命中，生命也在体验所获得的意义中展开。

海德格尔从本体论的角度对体验展开探讨，将体验视为存在者存在的前提，认为"唯就存在者被包含和吸纳入这种生命之中而言，亦即唯就存在者被体验（er-lebt）和成为体验（er-lebnis）而言，存在者才被看作存在着的"③。存在不是与主体对立的客观实体，存在本身是主体与客体、主观与客观的有机统一，体验是对存在真理的领悟，体验本身也包含主客体的统一。海德格尔认为体验是"领会"，人通过领会把握存在的意蕴，体验是一种展开的状态，存在的彰显所需要的不仅仅是知识的累加和认识的深入，还需要个体的不断感悟与体验。因此体验需要超越主客关系，通过置身于世界之中并与世界融为一体，从而达到"物我两忘"之境。在海德格尔看来，存在是生命主体一种最根本、最原始的状态和体验。体验不是一

---

① 伽达默尔．真理与方法［M］．洪汉鼎，译．上海：上海译文出版社，1994：89.
② 伽达默尔．真理与方法［M］．洪汉鼎，译．上海：上海译文出版社，1994：78.
③ 海德格尔选集（下）［M］．倪梁康，译．上海：上海三联书店，1996：903.

种单纯的认知或智力活动，"而是贯透在世的所有本质环节来领会掌握在世的整个展开状态"①。体验是体验生存本身，生存就是有所体验地生存，这是主体与客体之间的一种特殊的关系状态，是人类在历史性和有限的生命活动中不断超越当下存在的一种基本存在形式。在这种观念下，教育不能无视学生的存在与体验，教育不是理智知识和理性认知的简单堆积，而是对人灵魂的促发。教育过程应当让受教育者在充分自由的实践中实现自我的成长与发展，其中实践的特性经由自主行动和不断尝试与体验得以体现。

3. 美学思想中的体验观

美学中研究较多的"体验"主要指审美体验，将人从根本上视作一种开放性的、可能性的、超越性的存在，将审美视作最能体现人的本质特点的一种活动方式、人最具本真性的存在方式。审美活动具有整体性，以比较纯粹的形式集中表现着为人所专有的一些本质属性，审美体验因个人特质的不同表现出鲜明的主体性和个性化特征，在这个过程中个体需要全情投入，通过心灵的充分感知使得自身内在的精神活动经由情感体验得以表征。如果说审美是人的存在方式之一，那么这种"存在"满含情感的光芒，此外"审美带有令人解放的性质"②。在审美活动中主体能全面地敞开自己的生命状态，以本真的面貌认识外部世界，从而实现对自我的认知与反思，深刻地领悟人生的独特意义，并在一种更高层次的开放视野中完整地把握自己存在的种种可能性，因此审美活动本质上也是人的一种精神活动。

审美体验指"主体在具体审美活动中被某种具有独特性质的实体对象所深深地吸引，情不自禁地对之进行领悟、体味、咀嚼，以至于陶醉其中，心灵受到动摇和震撼的一种独特的精神状态"③。基于体验与生命的密不可分性，审美体验就是个体以全身心投入的方式观察感知外部事物与对象，从而形成对外部世界和生命本质更为深刻的感受与体悟。审美体验能

---

①　海德格尔. 存在与时间［M］. 陈嘉映，王庆节，译. 北京：生活·读书·新知三联书店，1999：171.

②　黑格尔. 美学（第一卷）［M］. 朱光潜，译. 北京：商务印书馆，1979：147.

③　朱立元. 美学［M］. 北京：高等教育出版社，2005：9.

让人感受到生命的丰满与激越，给人带来生命意义的升扬，其本就是一种生命体验。狄尔泰从哲学的角度看生命，认为生命是个体从生到死的体验的总和，认为体验概念包括三个层次——"身体体验（感知的）、审美体验（精神的）和反思体验（理解的、生命的）"，审美体验是沟通个体身体与精神世界的桥梁，是精神体验走向生命体验的基石①。人的生命具有二重性，因此人有认识自我、不断超越的渴求，人对自身和外部世界的认识不是抽象的、概念性的，而是"诗意的领悟与反思"，生命就在领悟与反思中实现意义的生成。狄尔泰认为审美体验是激发人想象力与创造力的根基，因而强调通过艺术的、诗意的方式体验生活。伽达默尔认为通过审美体验，审美主体与作为审美对象的客体形成一种超越时空境遇的浑然一体状态，"主体通过艺术活动获得的审美体验具有饱满的意义，这种意义不只因为审美对象实现意义显现，还代表着主体生命意义的丰满。一种艺术活动的审美体验总是蕴藏着个体无限的整体经验"②。审美体验具有直接性，产生于人的本能，超越了知性的限制，因而可以直接表现个体生命的整体性。审美体验是"直接的所与"，是生活本身，是人生存的一种最本真的表现方式，是一种饱含意义的艺术，审美艺术就是使个体实现超越性的完美方式。伽达默尔认为欣赏者与艺术作品之间具有同时代的关联性，欣赏者赋予艺术作品永恒的生命力，审美体验不仅仅是去发现艺术作品最初的意义，而且是通过体验领悟和理解艺术作品没有被领悟的内容和情感，超越其自身拥有的最初的意义，因此对艺术作品的审美体验，是一种二度体验和二度创作。

审美体验以直觉的方式得以形成，是在自然、原始的感性直觉基础上形成的对直觉的超越，是个体以自我生命历程为基础经过沉淀积累后的直观感受和在此基础上的基于直觉的反思，是感性现象与超感性意义的有机统一。除了直觉外，审美体验还包括情感价值的维度，情感价值是"人的生命的激荡，人因这种激荡，特别是这种激荡得到适当形式的表现和抒发而获致一种精神上的满足感"③。在审美体验中，"自然的、感性的事物以

---

① 李红宇. 狄尔泰的体验概念 [J]. 史学理论研究，2001（1）：88-99.
② 伽达默尔. 真理与方法 [M]. 洪汉鼎，译. 上海：上海译文出版社，1994：89-90.
③ 张世英. 哲学导论 [M]. 北京：北京大学出版社，2002：128.

及情感之类东西本身具有尺度，目标与谐合一致，而知觉与情感也被提升到具有心灵的普遍性，思想不仅打消了它对自然的敌意，而且从自然里得到欢欣；这样，情感、快感和欣赏就有了存在理由而得到认可，所以自然与自由，感性与概念都在一个统一体里找到了它们的保证和满足"①。审美体验渗透的"情思"是感性与理性的合一，在直觉与情感的基础上，"审美带有令人解放的性质"②，"解放恢复了感性的审美性能，使其解释出自由创造的崭新性质"③。

二　心理学中的体验思想

体验在心理学中主要是指由直觉、感受、想象、联想、情感、领悟、态度、理解等诸多心理要素构成的一种特殊心理活动。体验需要有认知成分的参与，但仅有认知还不能构成体验，因为体验的产生需要个体以已有生活经历和全部心理结构感知、理解事物，并在自我与事物之间产生联系从而引起情绪、情感反应，也就是说体验是个体在心理结构的作用下，使自我与一定的感知经验发生联系并伴随情感的表达与意义的生成的过程。存在心理学重视本真体验之于个体发展的重要意义，本真状态是个体自然状态的流露，是个体在顺应本性的基础上实现对外部世界的适应与超越，在这个过程中个体固有潜能能够得到充分激发，个体创造力能够得到最大限度的实现。本真体验是个体对外部世界和内心世界的独特感悟，是个体生命展开的重要方式，弥合了个体存在的有限性与潜能发挥的无限性之间的裂痕，能使个体在自由选择和行动实践过程中，通过与外部世界的相互作用充分发挥自己的固有潜能，成为一个自然发生的人④。

除了存在心理学对个体本真状态的阐述，在心理学中人本主义的观点也体现着体验的思想。人本主义的核心观点在于对个体主体性的确认，认

---

① 赫伯特·马尔库塞. 审美之维［M］. 李小兵，译. 桂林：广西师范大学出版社，2001：51.

② 黑格尔. 美学（第一卷）［M］. 朱光潜，译. 北京：商务印书馆，1979：75.

③ 赫伯特·马尔库塞. 审美之维［M］. 李小兵，译. 桂林：广西师范大学出版社，2001：122.

④ 杨韶刚. 存在心理学［M］. 南京：南京师范大学出版社，2000：158.

为教学要以学习者为中心，学生实现自由、全面发展是教育教学的根本目标①，教育要促进学生的学习和进步，帮助学生发展个性，学习的过程就是学生自我实现的过程。在这样的观点下，人本主义认为教学不仅在于让学生获得关于外部世界的知识经验，实现能力的发展，还在于在教学过程中引导学生在自主探索的基础上，通过对外部世界的认知与体验，实现对自我潜能的充分发挥，增强主体意识，不断提升与超越自我，最终实现自我完整、全面的发展。心理学中的体验思想以罗杰斯的情意发展与马斯洛的高峰体验为代表。

（一）罗杰斯的情意发展

美国心理学家罗杰斯从人本主义心理学的角度来论述教育教学中的体验。罗杰斯强调情感发展对认知学习及人格培养的重要作用，认为人的存在是认知与情感的统一，人的发展不仅仅在于知识的增长，即单纯的认知发展不代表人格的健全发展。健全人格的形成需要认知发展与情感发展相结合，因此将"情意"融入教学活动与教学过程，能够实现促进学生健全人格形成的目的。在教育教学和学生自我成长发展过程中，罗杰斯强调要重视学习者的个人经验，认为学习活动与人的生活经验相联系是教学目标得以实现的关键。他指出教育要促使个体实现自我发展，要以知识的获得为基础，而知识不仅包括理性的认识，还包括体验着的认识，即个体对自己的能力、态度、情感以及生理方面等认识的整合，体验是自我知觉与所处环境以及整个外部世界产生联系的重要方式，是健全人格形成的重要条件。罗杰斯将人的情感体验作为研究的重要内容，认为多少年来我们的教育所指向的是知识的习得与智力的发展，漠视学习过程以及个体潜在发展能力的培养，忽视个体发展过程中情感的生成，而这恰恰是个体存在最重要的部分②。罗杰斯认为认知与情感在个体自我实现过程中缺一不可，并强调对人情感活动的关注，有情感参与的认知活动，能够使认知活动本身变得"卓有成效"，教育教学过程中忽视学生的心理因素以及学生的主动体验，会阻碍学生个性的发展和自我实现。不同于将教学看作一种简单的

---

① 莫雷. 教育心理学 [M]. 广州：广东高等教育出版社，2002：158.
② 张其志. 罗杰斯的创造性教育思想简述 [J]. 外国教育研究，2000（4）：16.

认知过程，而忽视学生作为一个完整生命个体有情感发展与情感交流需求的观点，罗杰斯认为认知是情感产生的前提，情感又是认知的动力，教学过程应该是一个知情合一的过程，是认知与情感相互影响、相互促进的统一的过程。

罗杰斯重新认识情感在教育教学中的重要作用，认为学生对知识的掌握过程伴随着情感的生成，情感不仅能促进学生认知的发展以及潜能的开发，还能使学生体验到生命的价值，因此忽视适宜的情感教育是对学生生命成长的阻碍。罗杰斯把学习分为无意义学习和有意义学习，其中无意义学习只涉及个体发展的某一方面，比如心智的发展或认知的发展，是不包含情感参与的于个人发展无意义的活动；有意义学习关涉个体完整生命发展的过程，重视学生在学习发展过程中整个身心的投入和体验，在意义学习过程中，个体是一个直觉与反思、理智与情感、概念与意义高度统一的发展体。罗杰斯认为理想的教学过程应是充满情意的，在这个过程中学生能够充分发挥自身的主体作用，调动所有的感官与心理活动主动参与教学活动从而实现人格的健全发展，教学过程因师生情感的参与与滋润焕发出强大的生命活力。在师生观上，罗杰斯反对以往教学中将教师视作知识的拥有者与权威的观点，将师生间的交往互动看成在权威与压制下的单向传递过程，罗杰斯认为教师是学生学习过程中的引导者和帮助者，他将教师比喻为"应学生之呼声而共鸣的侍者"，同时罗杰斯强调教师作为完整个体参与教学活动，同样以情感作为基础，即教师是带着情感态度进入教育教学场域的，师生之间的情感会在教学活动中相互作用，教师不同的情感态度会引发学生的不同反应。在师生交往的过程中，教师应当充分尊重学生的主体性，接受并包容学生的想法与观点，尊重学生的情感体验，并在教学活动中开诚布公地表达自己的感觉和体验，辩证对待学生在发展过程中的优点和不足，能够发现并欣赏学生身上存在的闪光点，宽容学生在成长中存在的不足，帮助学生实现改进，从而促进学生发展。罗杰斯对情感的关注还在于他将师生、生生关系视作教学过程的本质，认为人类天然渴求真实、亲密关系，这是人类的本能需求，这种情感欲望在人的成长发展过程中自然流露，不同个体的情感体验能够通过某种方式实现表达和分享。在这样的观点下，罗杰斯将移情作为建立良好师生关系的重要方法，认为如果教师能够换位思考，站在学生的角度设身处地地在具体情境下对学生的情感进行体验，就能实现对学生的理解。教师通过理解能够实现良好师生关系的建构，从而满足学生在学习发展过程中对真实、亲密关系的需求。

（二）马斯洛的高峰体验

在马斯洛的思想体系中，需要层次论是基础，自我实现论是核心。总的来说，他把人的需要分为七个层次，最高一级的需要是创造与自由，马斯洛称之为"超越性需要"。人在自我实现时所产生的极度自豪、狂喜、圆满等感受，就是马斯洛所指的弥合生活世界与意义世界裂隙的"高峰体验"。马斯洛认为，"这种体验可能是瞬间产生的、压倒一切的敬畏情绪，也可能是转眼即逝的极度强烈的幸福感，或甚至是欣喜若狂、如痴如醉、欢乐至极的感觉"[①]。高峰体验包括广泛的种类，不仅仅指艺术体验、审美体验，它还表现为"存在爱的体验，也就是父母的体验，神秘的海洋般的或自然的体验，审美的知觉，创造性的时刻，矫治的和智力的顿悟，情欲高潮的体验，运动完成的某种状态，等等，这些以及其他最高快乐实现的时刻"[②]。在这些时刻人得到了自身存在价值的瞬间领悟和享受，也窥见了生活的奥秘、事物的本质以及终极真理。

高峰体验之于个体的意义在于，高峰体验产生时人会具有释放性、创新性、审美性及独特性。在高峰体验产生时个体能最好地、最完善地运用自己的全部智能，对真实的自我本质、自我现有的及潜在的力量形成全面认识，更接近自身成为更完善人的存在核心。高峰体验的瞬时性、强烈性、实现性会使人在产生高峰体验后达到对存在价值的认知与领悟，从而使自我迈向完善的状态，实现自我的高度统一，也就是马斯洛所说的，"他更真正地成了他自己，更完善地实现了他的潜能，更接近于他的存在核心，成了更完善的人"[③]。高峰体验的出现可能是短暂的，但这不代表它的作用转瞬即逝，高峰体验的强烈性与实现性可能会给个体留下深刻的印象，同时这种影响可能会长期存在并影响个体的长远发展。这是一种终极

---

① 马斯洛，等. 人的潜能和价值 [M]. 林方，主编. 北京：华夏出版社，1987：366.

② 马斯洛. 存在心理学探索 [M]. 李文湉，译. 昆明：云南人民出版社，1987：65.

③ 马斯洛. 存在心理学探索 [M]. 李文湉，译. 昆明：云南人民出版社，1987：88.

体验、目的体验、存在体验，这种状态并非源于某种神秘的、莫名的外界联系，而是自然而然产生的，与人格的成熟与自我实现之间有着密切的相关性，其产生与我们实实在在的生活息息相关，且具有相当的普遍性。

马斯洛通过研究发现，人在高峰体验时会出现一种与一般认知存在显著差异的认知表现，从哲学层面来说，这种认知既体现着认识论层面的意蕴，也具有存在论的意味，马斯洛将其命名为"存在认知"。这种存在认知是包含了人的注意、感知、判断、选择等的完整认知，通过心理活动的作用实现对认知对象的选择、分类、概括与抽象，这体现出选择性认知的特点。存在认知不仅仅包括人对于经验认知时所表现出的特质，还伴随着情绪的表达和情感的生成，认知时的情绪反应具有"特殊的惊异、敬畏、崇敬、谦卑等色彩"。马斯洛从存在心理学的视角展开对"存在认知"的研究，实际上是对人在认知过程中直觉感官与情感参与不可或缺的再次强调。谈到对高峰体验形成因素的认识，马斯洛认为高峰体验来源于个体活生生的现实生活，它有可能发生在每个个体身上，从发生人群上来说具有普遍性，同时对于每个个体来说，这种高峰体验随时都有可能发生。这种体验无法以理性的、系统的、确切的方式产生并得以表达，但是它所具有的不确定性并不能掩盖其对人产生的重大意义，高峰体验的强烈性可能会使个体发展发生永久性的变化。此外高峰体验具有不确定性，它的产生不由个体主观意志所支配，通常以"突如其来""意料之外"的形式发生，虽然我们无法预估它出现的时间与情况，但可以通过运用有效的手段，营造适当的外部环境来引发个体高峰体验。

再说高峰体验的产生，马斯洛认为高峰体验的产生与个体人格成熟度、自我实现的需求有密切联系，人格成熟度能够决定个体认知外部世界时的出发点，人越是具有成熟度高的人格，就越体现出和谐统一的心理状态，越是和谐统一的心理状态，越容易引起个体高峰体验的产生。高峰体验体现出来的价值对教育教学活动具有重要启示，利用有效的外部刺激促使学生在学习发展过程中产生高峰体验，有益于促进学生健全人格的形成，推动其自我实现。诱使、刺激主体产生高峰体验的因素很多，马斯洛指出，"可以来自爱情、和异性的结合，来自审美感受（特别是对音乐），来自创造冲动和创造激情（伟大的灵感），来自意义重大的顿悟与发现，来自女性自然分娩和对孩子的慈爱，来自与大自然的交融（在森林里、在海滩上、在群山中等等），来自某种体育运动（如潜泳），来自翩翩起舞时……"①。

三　教育学中的体验思想

（一）卢梭思想中的体验观

卢梭生活在"随着观念的升华、知识的革新、思想的激流勇进而迸发出无限激情与创造才华"② 的法国启蒙运动时期，启蒙运动尊崇理性，抨击压制人权的封建政治，谴责戕害人性、灭绝心智的文化教育。作为 18 世纪法国著名的教育家，卢梭批判封建专制制度，提倡自然主义教育，认为教育的目的在于培养自由人，卢梭的自然教育带来了一场"发现儿童"和"儿童发现"的革命。

卢梭认为发现是人的基本冲动。儿童天性好动，而好动与好奇心之间有必然联系，好动会诱发好奇心，如果能引导好奇心，就可使之转化为寻求、发现知识的求知欲。自然的求知欲不是指向被他人尊为学者，而是产生于人对同自己息息相关的事物的自然的好奇心。卢梭提倡的发现基于自然的求知欲，基于人天然的兴趣和好奇心，发现是儿童的天性，儿童对学习的热爱来自内在自然生命的本性，而非外在因素。卢梭指出"人类不是一个消极被动的有感觉的生物，而是一个主动的有智慧的生物"③，"人不仅有感觉的能力，还有归纳、比较和判断的能力，所以人是主动的"④，人能够通过自由的、自觉的实践活动与周围的事物互动，主动实现自己的意志。"他所知道的东西，不是由于你的告诉而是由于他自己的理解。不要教他这样那样的学问，而由他自己去发现那些学问"⑤，"问题不在于告诉他一个真理，而在于教他怎样去发现真理"⑥。在此基础上，卢梭认为大自

---

① 马斯洛，等 . 人的潜能和价值［M］. 林方，主编 . 北京：华夏出版社，1987：368.

② 钱弘道 . 为卢梭申辩——卢梭政治法律思想的评判［M］. 北京：北京大学出版社，1999：4.

③ 滕大春 . 卢梭教育思想述评［M］. 北京：人民教育出版社，1984：28.

④ 于凤梧 . 卢梭思想概论［M］. 北京：北京师范大学出版社，1986：65.

⑤ 卢梭 . 爱弥儿：论教育［M］. 李平沤，译 . 北京：人民教育出版社，2001：217.

⑥ 卢梭 . 爱弥儿：论教育［M］. 李平沤，译 . 北京：人民教育出版社，2001：281.

然是人类知识的源泉，儿童应当从自然的环境中获取经验和感受，通过感觉认识周围事物，通过实践积累经验，通过比较和判断获取对事物清晰正确的观念，形成思考和判断能力。感觉是人获取知识的主要来源，因而卢梭肯定直观教学对于儿童发现学问、探究学问所起到的重要作用，主张通过直观教学，引导儿童在充分亲近自然、生活的基础上，通过丰富的直观感受，探究事物与现象的本质内涵。

总的来说，卢梭倡导的教学方法是让学生在体验中学习，通过感官体验形成观念，进而形成健全而独立的心灵。卢梭指出，"如果他从来没有在干燥的原野上跑过，如果他的脚没有被灼热的沙砾烫过，如果他从来没有受过太阳照射的岩石所反射的闷人的热气，他怎能领略那美丽的早晨的清新空气呢？花儿的香、叶儿的美、露珠的湿润，在草地上软绵绵地行走，所有这些，怎能使他的感官感到畅快呢？"① 在卢梭看来，让儿童在活动体验中亲近自然，必然能使儿童在获得成长发展所需要知识的同时，使其固有的天性与潜能得到充分的发挥。教学活动不是一味追求知识的获取，而是在实际活动体验中获得健全、全面的自然发展。"我的目的不是教给他各种各样的知识，而是教他怎样在需要的时候取得知识，是教他准确地估计知识的价值，是教他爱真理胜于一切。"② 总的来说，卢梭认为发现是儿童的天性，发现教学在于培养儿童自主性，重视儿童兴趣及内部动机，重视发现情境的创设，认为教师是学生发展的指导者，发现行为是内容和形式的统一，是个体主动建构的过程。

（二）杜威思想中的体验观

"体验学习"的雏形源自杜威的"经验学习"与"做中学"思想，其中"经验"是杜威教育哲学的核心概念。

在杜威看来，教育即生长，即"经验的改造或改组"。在杜威的思想体系中，"经验"是教育哲学的核心概念。杜威审视传统二元论思想中将经验视作零散的、偶发的、隶属于人的主观精神的观点，认为这种观点预设了人与外部世界的对立。在这种二元对立的基础上，经验被视作一个静

---

① 卢梭.爱弥儿：论教育 [M].李平沤，译.北京：人民教育出版社，2001：218.
② 卢梭.爱弥儿：论教育 [M].李平沤，译.北京：人民教育出版社，2001：284.

态的概念，这种静态表现为经验的过去性，即经验处于逝去的时间范式下，没有通向未来的创造性与开放性。与此相反，在杜威的概念体系中，经验是连接过去与现在并通向未来的中介，经验内在地表现了生命活动的样式，表现为一种主体与外部世界相互作用、彼此依存的生存关系。生命体与外部世界的关系是水乳交融、互相融通的，构成一种关系性的存在，这种关系性的存在经由经验得以表达，是生命活动得以开展的前提。生命就是主体面对外部环境展开经验的历程。

杜威的经验概念包含两重性质。首先经验不是主体对外部世界简单认识的反映，经验包括存在论角度的含义，因此经验的内涵本身具有生活的基础，这种观点从根本上超出了传统认识论对经验的狭隘定义。同时经验也包含动词的意味，杜威的经验概念包含了生命历程的含义，是一种生命主体活生生的探索性历程，经验通过生活本身的生长性获得力量，不需要等待外部力量的规范与规约，因此经验也包含"方法"①。也就是说，在杜威的概念体系中经验既包括经验的事物，也包括经验的过程，强调有机体与环境以及人与自然、社会之间的相互作用。在这样的经验观点下，杜威探讨了课程组织过程中逻辑经验与个体心理经验之间的关系，认为逻辑经验具有它的立场、观点、方法及存在本身的意义与价值，但这并不是儿童最后经验到的东西；从经验的发展阶段与最终作用来看，它既是个体发展的结果，也是个体生命展开的过程，因此逻辑经验的作用在于通过抽象、概括、分类等，促使过去的经验服务于儿童所有的生命成长与发展②。杜威并不否认逻辑经验的重要作用，认为客观的、系统的逻辑经验在人类经验传承过程中发挥着巨大作用，但同时他也认识到个体心理经验的情境性、不确定性、过程性和相对性。在杜威看来，经验与"生活"密切联系，生活总是在不断变化的，所以经验需要持续改造和更新。在这个过程中，教育就成为促使经验持续传递与更新的重要工具。杜威认为"不论对于学习者个人或者对于社会来说，教育为实现其目的，必须从经验及始终是个人实际的生活经验出发"③。个体要获得对外部世界和内心世界的认

---

① 陈怡. 经验与民主——杜威政治哲学基础研究［M］. 上海：复旦大学出版社，2002：38.
② 张华，石伟平，马庆发. 课程流派研究［M］. 济南：山东教育出版社，2000：56-57.
③ 约翰·杜威. 经验与自然［M］. 傅统先，译. 北京：商务印书馆，2005：8.

识，就必须在实践中做，在亲历中体验。在学校教育中，"教师的任务在于安排那些不会使学生厌恶，而是能唤起更多的活动、体会到比眼前更多快乐的经验活动，并能激发其去获得更多有价值的未来经验"①。也就是说，经验唤起学生成长的动力、立足现在并指向未来，是学生"经历"了一个主体与外部世界相互交往，包含了情感体验、心理变化等有机活动的过程。指向学生完满经验获得的事物与材料，都应该是学生体验的内容。

（三）派纳思想中的体验观

20 世纪 70 年代在概念重建运动的推动下后现代课程研究逐渐兴起。"后现代主义哲学反对普遍化、总体性、本质论、基础论和表象论等，而肯定多元性、多样性、差异、非中心、零散化、机遇、混沌、不确定性、流动和生成性等。在后现代课程观下，知识具有价值性、情境性与个体性；课程并非静态的开发结果，而是开发过程本身；教师是课程的创生者、促进者与合作者，学生是课程的发现者、诠释者和建构者，师生在课程实施过程中是平等的对话者。"② 美国教育家派纳是概念重建主义学派中存在经验课程范式的主要代表人物，倡导课程理论的多样化和跨学科性，并提出课程领域概念重建理论。

派纳批判传统的课程理论坚持自然科学的"假设—演绎"逻辑，否定人的自由意志和人类行为的自主性，认为在这种"工具理性"思维下，课程被先定并被窄化为"原则""程序"；课程实践被窄化并固化为"践行""操作"；课程理论成为价值无涉的工具性"大纲"；标准化的考试成为课程体系的唯一标尺，教师和学生的个性特点被全然遮蔽，在权威与"霸权"的作用下表现出被动的、无意识的受控状态③。课程的理论和实践走向了标准化与技术化，课程研究以"何以更加有效"为旨归，盲目追求课程与教学的系统化与程序化，教师好似工厂流水线上的操作工，学生成为流水线上等待出厂的产品，学习沦为现代科技作用下不断被"开发"的技术④。

---

① 约翰·杜威. 民主·经验·教育 [M]. 彭正梅，译. 上海：上海人民出版社，2009：283.
② 李广，马云鹏. 国际课程研究范式的多维转换 [J]. 外国教育研究，2008（12）：40.
③ PINAR W F. What Is Curriculum Theory？[M]. New York and London：Routledge，2012：142.
④ PINAR W F. What Is Curriculum Theory？[M]. New York and London：Routledge，2012：142.

派纳认为，"在学习历程中促进学生'自我意识觉醒'比客观知识的获得更为重要。学生是意义的负载者，教师应尊重学生的意识及其主体性"①。教学是师生在充分交往、互动的基础上实现价值创造与意义生成的过程，在这样的理念下，派纳提出指向个体自我意识觉醒的"存在经验课程"。"存在经验课程"强调知识的创生性、情境性与诠释性，认为知识与人的意识觉醒与存在意义密切相关，在本质上体现出动态性与开放性，而非独立于个体的普遍的、静态的、程序化的客体。因此教育教学的主要内容并非学科知识，而是基于个体生命体验的创生与超越。正如派纳所言："我和学生们并不怎么需要外在于我们的学科内容。我们从不同的源泉着手工作。我们从内部入手。"② 需要强调的是，对于个体意识觉醒与生命体验的强调并不是说政策指令、学科知识、课程材料等不再重要，而是说我们不能将视线只聚焦于此，要发挥它们固有的强大的效应，我们需要结合对丰富的内部经验的"搜寻"③。"从根本上来说，存在体验课程代表直接过程和间接过程之间的转换，前者是不加调节的经验，后者是对同一经验的再构。这代表着通过自我（ego）与非自我（non-ego）之间的会话达成'自我结构'的扩展。"④ 生命体验既包括教育领域的体验，也包括教育之外的对生命、生活的体验，这些生命体验都是学生发展中重要的"课程"资源，是特殊的"增量课程"。

四 对体验思想与体验教学研究的反思

（一）对体验思想的反思

回溯我国历史文化发展过程，虽然没有明确出现"体验"这一概念，

① 姜同河，杨道宇．派纳存在体验课程的理论逻辑及其批判 [J]．外国教育研究，2010（4）：65-68．
② 派纳．自传、政治与性别：1972—1992 课程理论论文集 [C]．陈雨亭，王红宇，译．北京：教育科学出版社，2007：4．
③ 派纳．自传、政治与性别：1972—1992 课程理论论文集 [C]．陈雨亭，王红宇，译．北京：教育科学出版社，2007：9．
④ 派纳，等．理解课程：历史与当代课程话语研究导论 [M]．张华，等译．北京：教育科学出版社，2003：544．

但体验思想的萌芽却由来已久。很多经典著作中有关于"体验"教学思想的论述。虽然这些思想产生的历史时期、文化背景、哲学指向不同，但是它们都注意到直觉体验与情感发展对个体认知发展与道德培养的重要性，都在不同程度上强调了体验之于生命发展的重要性，在人才培养方面具有思想的共通性。考察中国传统文化中儒、道、释三家的思维方式可以看出，三者都具有体验之思的特点，儒家的"悟"、老庄的"道"、禅宗的"自悟"、玄学家的"自然"、王守仁的"致良知"等哲学基本观念，皆强调对事物与现象的经验直觉与体验反思，皆蕴含着丰富的体验思想。体验在中国传统哲学中以对事物进行整体的理解和把握来表现，但同时"它倾向于对感性经验作抽象的整体把握，而不是对经验事实作具体的概念分析。它重视对感性经验的直接超越性，却又同经验保持直接联系，即缺乏必要的中间环节和中介；它主张在主客体的统一中把握整体系统的逻辑化和形式化，因而缺乏概念的确定性和明晰性"[①]。在这里我们暂且不说中国传统思想在认识外部世界时所存在的不足，只着重探讨其思想内涵对体验思想的借鉴意义。具体来说，以孔子为代表的儒家思想肯定了人存在的独特性，认为人的成长是一个包含大量个人体验与感受的内省反思的过程，关注学生在知识学习和道德形成中的独特感受与自我反思，强调人的内心自觉，重视学生的认知体验、道德体验、审美体验。道家强调"道法自然"，把自然看作一个不可分析和证明的整体，以人的自然之性为基础，追求人的生命实现自由、完整的成长与发展，认识"道"的根本方法就是"体道"，即直觉体验，主张个体化的、自我实现式的体验，强调自我体验对"自然之性"与"精神自由"的重要性。禅宗思想关注人的体验和内在生命，强调"自悟"的参禅方法，用引导和启发的方式让学习者体悟禅法的要义，通过个体浸润式的体验实现理解，达到"顿悟"的境地，体验来源于真实的生活世界，顿悟是在日常生活中以实践的方式领会生命的真谛。玄学主张通过生命体验的方式来把握超越有限去追求无限的"无"，崇尚自然与自然人格的塑造，既不否定具体文字知识在认识外部事物中所发挥的基础性作用，又强调通过直觉体验从整体上去把握万物，玄学的体

---

① 蒙培元. 中国哲学主体思维 [M]. 北京：东方出版社，1993：183.

验思想侧重审美体验，崇尚个性自由，更突出地将体验生活、感受生活纳入人的生命本质。宋明心学的集大成者王守仁将"致良知"作为教育目的，强调学习过程中亲历的作用，聚焦体验对知识获得的促进作用，认为后天经验的积累以及基于经验的体验与反思是获得"良知"的重要途径，强调获得的经验性和体验性以及认识主体的生命意志和情感投入，认为教学是"知行合一"的过程，受教育者亲身实践体验获取的知识远比从教师讲授中得来的知识更加丰富和深刻。

西方哲学中的体验思想各有侧重。虽然古希腊哲学强调教育最终的目的是获得理性，但同样重视实践、情感在个体发展过程中的重要作用。学习的过程不是对物质世界的感受，学习知识的目的是要接近内存于心的最高理念，教育只起到诱发的作用，要重视让学生感受认识和探求事物与知识本质的过程，让学生在获取观念的同时，拥有探寻知识、追求真理的体验，学生探求真理的过程伴随体验的产生，体验的产生又有助于学生正确认识自我与真理。人的智慧内在于己，知识不是外授而是内发的，个体通过内在体验完成知识学习的过程。在生命哲学家看来，体验是生命存在的方式，体验既具有认识论的含义，也包含本体存在论的意蕴。体验不仅是个体认知的基础，还构成生命过程本身，由于体验本身是存在于生命中的，由此生命整体也存在于体验中。体验在人的生命活动中偶然出现、转瞬即逝，具有个体性、不确定性与无目的性，但就是在这种"出其不意"中，个体生命的鲜活与意义才得以展现。体验与生命相互统一，通过体验生命建立起连续性。从本体论来说，体验是存在者存在的前提。存在本身是主体与客体、主观与客观的有机统一，体验是对存在真理的领悟，体验本身也包含主客体的统一。体验是体验生存本身，生存就是有所体验的生存，是主体与客体之间的一种特殊的关系状态。

在心理学领域，虽然罗杰斯和马斯洛都是人本主义心理学的代表人物，但他们的观点中所包含的体验思想各有侧重。罗杰斯将人的情感体验作为研究的重要内容，其教学观突出了对人情感活动的重视，认为认知是情感产生的前提，情感又是认知的动力，教学过程应该是一个知情合一的过程。罗杰斯认为理想的教学状态应是充满情意的过程，在这个过程中学生能够投入所有的心理因素参与教学，充分发挥个体的主体作用。此外，罗杰斯将人际关系看成教学过程的本质，认为人类本能地渴求亲密的和真实的人际关系，因此主张用移情理解的方式去建立师生之间的关系，希望教师能从学生的立场感受出发进而达到对学生的理解。马斯洛认为高峰体验能够弥合生活世界与意义世界之间的裂痕，能够使人得到自身存在价值的瞬间领悟和享受，也窥见生活的奥秘、事物的本质以及终极真理。高峰体验产生时人会具有释放性、创新性、审美性及独特性，它的出现可能是短暂的，但这不代表它的作用转瞬即逝，高峰体验的强烈性与实现性可能会给个体留下深刻的印象，这种印象可能会长期存在并影响个体长远发展，这是一种终极体验、目的体验、存在体验。人在高峰体验时出现了一种与一般认知存在显著差异的"存在认知"，其是包括了人的注意、感知、判断、选择等的完整认知，通过心理活动的作用对认知对象进行选择、分类、概括与抽象，这也体现出选择性认知的特点，也就是说存在认知不仅仅具有人在经验认知时所表现出的特质，还伴随着情绪的表达和情感的生成。高峰体验来源于个体活生生的现实生活，它有可能发生在每个个体身上，从发生人群上来说具有普遍性，同时对于每个个体来说，这种高峰体验随时都有可能发生。高峰体验对于教育教学活动的启示在于教师要思考如何利用特定外部环境的有效刺激让学生在学习发展过程中经历高峰体验从而产生更好的学习效果，使个体获得全面、完整的发展。美学中的审美体验将人从根本上视作一种开放性的、可能性的、超越性的存在，将审美视作最能体现人的本质特点的一种活动方式，是人最具本真性的存在方式。审美活动以一种整体性的、比较纯粹的形式集中表现着为人所专有的一些本质属性，审美体验因个人特质的不同表现出鲜明的主体性和个性化特征，在这个过程中个体需要全情投入，通过心灵的充分感知使得内在的精神活动经由情感体验得以表征，深刻领悟人生的独特意义，并在一种更高层次的开放视野中完整地把握自己存在的种种可能性。

杜威的经验学习论是体验学习及体验教学思想的发源。经验学习论重视学生的亲历体验，从生命个体与外界环境的互动这一角度来理解经验，使经验超越了一般认知的含义，而具有主动实践、自主探究的特征。杜威审视传统二元论思想中将经验视作零散的、偶发的、隶属于人的主观精神的观点，认为这种观点预设了人与外部世界的对立。在这种二元对立的基础上，经验被视作一个静态的概念。与此相对，在杜威的概念体系中经验是连接过去与现在并通向未来的中介，经验内在地表现了生命活动的样式，表现为一种主体与外部世界相互作用、彼此依存的生存关系。生命体与外部世界的关系是水乳交融、互相融通的，是一种关系性的存在，这种关系性的存在经由经验得以表达，是生命活动得以开展的前提，生命就是主体面对外部环境展开经验的历程。杜威的经验概念包含两重性质。首先经验不是主体对外部世界简单认识的反映，经验包括存在论角度的含义，因此经验的内涵本身具有生活的基础，这种观点从根本上超出了传统认识论对经验的狭隘定义。同时经验也具有动词性意味，杜威的经验概念包含了生命历程的含义，是生命主体活生生的探索性历程，经验通过生活本身的生长性获得力量，不需要等待外部力量的规范与规约，经验也包含"方法"。也就是说在杜威看来，经验既包括经验的事物，也包括经验的过程。

以杜威为代表的经验学习论、以皮亚杰为代表的认知发展理论以及以乔姆斯基为代表的转换生成语言学的发展，以及人本主义理论、后现代课程理论的出现，改变了人们将学习视作基于行为主义的刺激与反应联结的过程，认为学习者学习的发生基于直接经验及其行为和反思的观点。20世纪80年代初大卫·库伯提出"体验学习圈"理论，此后体验学习理论被广泛应用，其思想的核心要义在于认为学习是通过经验转换实现知识生成与能力增长的过程，是一个由体验、反思、概括和检验组成的循环链，学习过程鼓励学习者亲自实践和体验。目前人们对体验教学的研究日益具体，相关的体验教学实践也如火如荼地展开。

（二）对体验教学研究的反思

哲学、心理学、教育学等诸多领域对体验的论述，为体验教学的产生与发展奠定了扎实的基础，下述将对"体验教学"的相关研究进行梳理，明晰针对体验教学，学界开展了哪些方面的研究、主要结论是什么，并针对体验教学的研究现状进行反思与讨论。

无论是国内还是国外，体验思想都具有悠久的历史，但将其应用在学校教学领域却始于20世纪30年代，尤其在我国，体验教学及其相关研究的起步更是稍晚一些。目前针对"体验教学"的研究内容主要集中在体验教学的理论研究、体验教学的模式研究以及体验教学的应用研究三个部分。通过对国内外主要研究成果的梳理可以发现，国外针对体验教学的研究主要集中在实践应用领域，而我国的研究起始于对体验教学的理论研究，随后逐步开展相关应用研究。

1. 体验教学的理论研究

（1）从生命发展的角度阐述体验教学

叶澜在对传统课堂批判审视的基础上构建了新的课堂教学观，探讨课堂教学中情感体验、生命体验之于个体成长与发展的重要意义，认为教学不仅仅是教师传授知识、学生获取知识的过程，其应当被看作师生生命有意义的构成部分，是他们人生中一段重要的生命经历，课堂教学应该是师生全身心地投入去感受生命的涌动和彰显生命活力的过程。从生命的高度，用动态生成的观点来看，教育教学不应把认知功能从生命的完整性中分割出来，将教育目标局限于"认识方面"，而应全面体现包括情感体验在内的培养目标。课堂教学应当蕴含巨大的生命活力，让课堂有"真正的生活"，因此课堂教学应当让学生在参与、感受、认知、体验、理解外部世界的同时，收获丰富的亲身体验和生活经历，从而满足其生命成长与发展的需要[1]。

钟启泉从"整体教育"的层面提出教育的十大原则，其中包含"重视体验性学习"。强调体验之于学生学习的重要意义在于，学习本就是学生利用丰富的感知与世界实现沟通并积极作用于世界的过程。能使学生增长能力的体验是帮助学生揭示世界丰富含义的重要因素，教育要同社会生活、学生个体经验相联系，引导学生"沟通"外部世界与内心世界，只有实现了对自身的认识，才会让外在知识真正发挥其之于个体健全、自然成长的作用，不至于成为"浅薄的无意义的东西"，课程应当是向学习者提供生命世界所渗透的经验，而不是塞给学生预先嚼烂的片段式、限定化的"经验"[2]。

朱小蔓认为情感是人内在的、独特的、真实意向的表达，是真正属于

---

① 叶澜. 让课堂焕发出生命活力——论中小学教学改革的深化 [J]. 教育研究，1997（9）：3-8.

② 钟启泉. "整体教育"思潮的基本观点 [J]. 全球教育展望，2001（9）：13.

个体的，一个人要对某一事物或现象形成真正的价值认同或以此为基础形成健全、完满的人格，需要以一定的认知为基本条件，但从根本上来说，这也是一个人的内在情感品质提升与外在情感能力增长的过程，表现为人情感的变化与发展。体验是促进情感发展的重要方式，体验本身具有生动性与情感性。在教育教学过程中应该充分激发学生的一切感官，通过学生的主动参与与体验反思，让语言符号与学生已有生活经验融为一体，使学习成为深化个人体验的生命方式，体验本就是人生命意义的表达①。

张楚廷认为教学不仅是一个特殊的认识过程，同时也是一个综合认知、感受、体验的过程。体验不同于认识，体验之中包含认识以及情感态度的广泛参与。体验之于个体的价值在于使人在当下的行动中实现超越，在存在的变化中体会精神的升华，是生命意义彰显的重要途径，因此在学校教育中，要创造良好的条件，使学习者通过体验习得知识经验，产生情感、态度与信仰②。

张华从课程哲学的观点出发，认为体验是人、自然、社会整体有机统一的"存在界"，是立足于人精神世界的意义建构与价值生成，是个体存在的澄明以及对世界的理解和超越。体验课程是一种指向个体发展的个性化课程，其终极目的是人的自然性、社会性、自主性的健全发展，因此自我、自然与社会就成为体验课程目标和内容的基本来源，除此之外，体验课程还包括科学、道德和艺术的文化维度，其中科学指向自然和人的自然性，道德指向社会和人的社会性，艺术指向自我和人的自主性③。

高慎英关注体验与学习之间的内在联系，认为对体验的关注能够恢复知识与情感、知识与活动、身体与心灵之间的本真关系。学生在知识学习过程中产生情感，能使其作为学习的"当事人"对外部世界产生"热情求知"的欲望，进而能够主动参与并体验学习的全过程；学习发生在一定的教育教学情境中，体验的过程也是在一定的情境中进行的，因此要让学生在活动中学习、在游戏中学习；学习的发生离不开身体与心灵共同的参与，因此让学生亲历试误、在真实的情境中体验，能够实现学生身体与心

① 朱小蔓.情感教育论纲［M］.南京：南京出版社，1993：150-153.
② 辛继湘.体验教学研究［D］.西南师范大学，2003：14.
③ 张华.经验课程论［M］.上海：上海教育出版社，2004：55-83.

灵的有机统一。总的来说，体验是学生作为完整生命个体实现全面发展的重要方法①。

（2）从教学过程的角度研究体验教学

辛继湘在《体验教学研究》中从生命本体论的视角对体验教学展开研究，从教学过程的本质、目标取向、师生关系、课程内容等方面阐述了体验教学的基本特征及基本理念，并对体验教学在人文和科学课程中的实施提出了建议②。王升在《发展性教学主体参与研究》中明确指出，"教学活动过程就是学生生命体验的过程"③，强调体验之于个体生命发展的重要意义。高慎英和刘良华在合著的《有效教学论》中提出体验学习是学生亲自参与知识的建构，并在亲历过程中体验知识和体验情感④。孙俊三在《从经验的积累到生命的体验——论教学过程审美模式的构建》中指出，"体验是人对生命意义的把握，教育的目的不仅是实现经验的积累，还在于个体通过不断领悟世界的意义进而理解人生命本身存在的意义，因此教学模式的建构应以人的生命体验为核心"⑤。闫守轩在《论体验教学的生命机制》中认为，体验教学是基于生命、以生命发展为依归的教学，并从自由、交往、宽容和情感四个方面探讨了体验教学的生命机制，具体来说，自由、宽容分别是体验教学展开的前提与基础，情感和交往分别是体验教学展开的场域与关键。体验教学的生命机制以自由为前提、以交往为关键、以宽容为基础、以情感为场域⑥。杨四耕在《体验教学》一书中认为体验是新课程倡导的学习方法，在完成对体验教学的概说及理论基础的梳理后，从理论与实践相结合的角度对体验教学展开研究，研究的主要内容包括在体验教学中如何设计目标、情境、活动，在教学过程中如何引发并调节学生体验，以认知促体验和以情感促体验的策略如何使用，体验教学

---

① 高慎英.体验学习论：论学习方式的变革及其知识假设 [M].桂林：广西师范大学出版社，2008：7.

② 辛继湘.体验教学研究 [M].长沙.湖南大学出版社，2005：154-225.

③ 王升.发展性教学主体参与研究 [D].北京师范大学，2001：25.

④ 高慎英，刘良华.有效教学论 [M].广州：广东教育出版社，2004：69.

⑤ 孙俊三.从经验的积累到生命的体验——论教学过程审美模式的构建 [J].教育研究，2001（2）：35-38.

⑥ 闫守轩.论体验教学的生命机制 [J].教育科学，2006（3）：36-39.

评价的方法以及注意问题，研究认为体验教学对各学科教学均具有重要的借鉴意义，是实现学生全面发展的重要手段①。钟启畅在研究体验课程所需的教学法内容知识时认为，体验的形成需要在"做"中实现，而"做"不仅需要来自脑的思考，还需要身体行动的参与。钟启畅强调：学习是学习者亲自参与的知识经验实现内化、建构的过程，对知识的体验伴随情感的生成，学习者是学习的亲历者而非旁观者；在体验过程中学习者要通过自己的实践探索与反思体悟实现对知识的再审视，学习应当是一个满含情感的主动求索过程；体验活动不是由外部强压给学生的，而是以"自然"的方式呈现给学生的，对个体发展来说体验活动具有真实性与意义性；经由体验所产生的知识生成要通过不断的实践与反思，形成之于个体内化的意义；体验式学习不仅注重个体当下的发展，更关照学习者未来的成长与发展②。陈亮在其博士学位论文《体验式教学设计研究》中，从目标、内容、过程和组织四个方面对体验教学设计进行了系统的研究和深入的阐释，并总结了体验式教学设计的四大基本原理：第一，体验式教学是一个"为学而教"的教学系统，目的在于使学生通过教学活动实现知识经验的增长与实践技能的提升，具备问题解决的能力并形成正确的人生观与价值观；第二，体验式教学是一个教师与学生之间通过交往形成的不断生成的多维系统；第三，体验式教学是一个无序与有序复杂交织并不断更新的自适应系统；第四，体验式教学是一个兼具整体情境与动力作用的教学系统③。

（3）体验在情感道德教育中的作用研究

体验教学的研究在学校道德教育领域取得丰硕成果，相关研究强调体验在情感教育、道德教育中的作用。朱小蔓在思考体验在认知领域和情感领域的作用时，把体验作为情感教育理论中的一个重要范畴，认为体验既包括认识论的含义，又兼具本体论与价值论的意义，个体通过体验达成对认知的理解，同时体验本就是人的基本生存方式，也是人追求生命意义的重要形式④。在《情感教育论纲》中，朱小蔓基于存在论对体验价值进行

① 杨四耕.体验教学［M］.福州：福建教育出版社，2005：65-255.
② 钟启畅.体验式课程的教学知识［M］.重庆：重庆大学出版社，2012：113-128.
③ 陈亮.体验式教学设计研究［D］.西南大学，2008：79-86.
④ 朱小蔓.情感教育论纲［M］.南京：南京出版社，1993：150-153.

探讨，认为"在道德教育中体验学习具有特殊的意义与价值"，同时指出"在我国学校德育中，体验式德育可以作为一种理想的范式"①。基于现代认知心理学的研究，朱小蔓认为人的认知发展与情感发展在感受体验的范围、内容以及水平方面存在不同，教师在教育教学过程中应珍视学生感受的能力、感受的欲望及其细致性与独特性，在课堂教学中要创设具有强烈感染力的情境，让学生通过直觉、记忆、联想、想象等，形成审美意象和审美体验，以认知学习过程促进情绪感受的丰富。教育教学场域不是冷冰冰的符号场或概念场，每一次教学都应形成一个丰满的情感场，吸引学生积极参与，尽情表达情感体验，从而真正让学生成为认知发展与情感发展的主体②。

　　鲁洁、王逢贤在《德育新论》中强调了情感体验在道德教育中的重要作用，指出"个体道德品德的学习与形塑是通过'情感—体验'的方式完成的"③。班华在《现代德育论》中强调了活动体验之于道德教育的重要作用，认为经由活动、通过体验的德育模式是深化开展道德教育的重要思路，针对该模式的研究还应当深入到如何将知识学习与活动体验相结合、经验体验的理性化与反思性研究等层面④。刘惊铎在《道德体验论》中提出了"体验是道德教育的本体"⑤的哲学命题，认为应当从生存实践的视角出发对学校道德教育进行探讨，研究道德体验是如何发生的、怎样引导学生表达已有的道德体验、如何进行道德体验评价以及道德体验教育的特征与类型等基本理论问题。刘惊铎重点论述了道德知识与道德体验之间的关系，认为道德体验教育并不排斥道德规范知识的传输和学习，道德规范知识的学习是道德体验发生的重要诱因，但基于知识的学习不是道德教育最重要的方面，更不是道德教育的全部，道德教育应在受教育者和教育者的共同参与、合作交流、开放对话、相互激励、协作创新中展开⑥。

　　通过以上梳理可以发现，针对体验教学进行的理论研究主要包含以下

---

① 朱小蔓．情感教育论纲［M］．南京：南京出版社，1993：15-18.
② 朱小蔓．情境教育与人的情感性素质［J］．课程·教材·教法，1999（1）：7-9.
③ 鲁洁，王逢贤．德育新论［M］．南京：江苏教育出版社，2010：54.
④ 班华．现代德育论［M］．合肥：安徽人民出版社，2001：136.
⑤ 刘惊铎．道德体验论［D］．南京师范大学，2002：85.
⑥ 刘惊铎．道德体验论［D］．南京师范大学，2002：45-63.

几个方面。首先，体验本身是学习者生命存在的重要方式及其意义彰显的重要手段，因而体验应当作为教育教学所要达到的目标之一。教育关注学生的生命体验与全面发展，不只是为了让学生获得知识经验的滋养，还要使学生在充分感受和体验的基础上，实现对生命意义的探寻，通过对外部世界意义的体悟，实现对人本身存在意义的思考。教学的目的是促进体验的不断成长，课堂教学是师生全身心地投入去感受生命的潜在力量并彰显生命的无限活力的过程，是师生生命意义的重要构成部分。其次，体验产生于教学过程中，教学活动展开的过程就是学生生命体验的过程。教学过程不仅是学生对外部世界形成认识的过程，还是学生在教育教学情境中通过不断的体验与感悟，体验生命成长的过程。最后，体验是实现教育教学目标的方式和手段。体验不仅能帮助学生在亲身参与中完成知识的建构，还能让学生在亲历中体验情感与意义的生成。学生的学习发展是知、情、意、行完整投入的过程，所有的教育影响只有通过学生的亲历与体验才能真正成为学生生命成长与发展的有机组成部分。课堂教学应通过创设开放的、具体的、个性化的、有针对性的情境，让学生在亲身经历与实践体验中，实现对自我及外部世界的认识，实现自我生命的成长与发展。

2. 体验教学的模式研究

美国组织行为学教授大卫·库伯从 1967 年开始研究体验学习相关理论，并于 1984 年出版了相关理论专著。大卫·库伯在广泛吸收哲学、心理学、生理学等研究成果的基础上，将学习看作整合了体验、感知、认知与行为四方面的统一过程，强调学习的亲历性、情境性、情感性和整体性，并构建了经典的体验学习的四阶段理论模型"体验学习圈"。

库伯认为体验学习是一个包含四个基本环节的多维度的过程，由具体体验（concrete experience）、反思观察（reflective observation）、抽象概括（abstract conceptualization）和行动应用（active experimentation）组成[①]。也就是说，当个体在学习过程中接触到外部世界时，首先调动身体感官获得对新事物的直观感受，在对事物进行观察、感受之后，个体就会基于具体

---

① 库伯. 体验学习——让体验成为学习和发展的源泉［M］. 王灿明，等译. 上海：华东师范大学出版社，2008：45-49.

体验产生困惑，并尝试思考"为什么是这样的"，当对事物的深入思考到一定程度时，所思考的结果就会凝结成为一个抽象的概念，那么这个概念是否准确合理呢？而后，个体需通过主动实践，在应用过程中对这个概念进行检验，接着又回到具体体验的起点上。也就是说体验发生的过程是，从具体体验经由反思观察与抽象概括再到进一步的体验，经由直接感知形成的具体体验是反思观察的基础，对具体体验进行反思观察并通过整合形成加工后的抽象化概念，对抽象化概念进行积极检验的行为会引发新的体验，在这个过程中学习不是仅由四个环节构成的"闭环"，而是一个循环上升的过程。

从具体体验、反思观察、抽象概括到行动应用，每一个环节与环节之间的衔接与变化，伴随着学习者角色的转变，学习者由具体体验的感知者，到反思观察的观察者，再到抽象概括的思考者，以及行动应用的实践者。在体验学习循环上升的过程中，学习者既有感知又有思考，既要反思还要行动，这就形成了对立统一的两对关系，即具体体验与抽象概括、反思观察与行动应用。从具体体验到抽象概括，反映的是学习过程中经验的获得；从反思观察到行动应用，体现的是学习过程中意义的转化，这两个维度构成了体验学习过程中解决冲突、产生有意义学习的过程机制。

分别来考察这两种关系。首先是经验获得方式，库伯"将通过真实、具体的感受观察获得的直接经验形成的具体体验称为感知，将直击内心的体验经由符号描述与概念解释形成的抽象概括称为领悟"[1]。"经验感知是通过个体实际观察获得的直接经验，这是一个无法由他人代替的转换过程，因此具体体验形成的知识属于个体知识，其中也包括用来解释个人经验和指导实践行动的默会知识；而领悟是以符号描述与概念解释为基础形成的，因此领悟是个体社会化的过程，建立在领悟基础上所抽象出来的是代表社会的、文化的词汇、符号，是显性社会知识。"[2] 这种对于经验获得方式的全新解读，弥合了传统教育教学中个体直接经验以及默会知识与社

---

① KOLB D A Experiential Learning：Experience as the Source of Learning and Development ［M］. New Jersey：Prentice-Hall，1984：41.

② KOLB D A Experiential Learning：Experience as the Source of Learning and Development ［M］. New Jersey：Prentice-Hall，1984：105.

会间接经验及显性知识的分裂关系，重新定义了体验、学习和知识获得的内在关联。其次，体验学习过程机制的第二种关系是反思观察与行动应用，代表着意义转换的方式。分别来看，学习者对具体体验的反思观察，实现对抽象概念的整合；将个体抽象概括的结果应用，实现知识外延的迁移。体验学习的发生既包括经历知识"内涵缩小"的反思观察，也包含经由知识"外延扩大"的过程检验（行动应用），这两个过程缺一不可，"看"和"做"相交替验证、应用与迁移。

体验学习不是一个"单纯的循环"过程，而是一个螺旋上升的过程，因此所有的学习都是崭新的。学习发生在学习循环中的每一个阶段，学习者在循环的每一个阶段都进行着学习。在"体验学习圈"中，第一个阶段是学习者在具体的学习情境中形成具体体验，第二个阶段是学习者通过对自己行动的观察与接收反馈信息进行探究体验，第三个阶段是学习者通过观察和反思生成新的经验与感受，第四个阶段是学习者在具体情境之中验证、检验自己的新经验，从而形成新的具体体验，这也是下一个循环的开始①。可见，"体验学习圈"是一个学习者在体验活动中总结实践经验、发展实践能力的螺旋上升的过程。后续很多关于体验学习模式的研究基于大卫·库伯的"体验学习圈"四阶段模式展开，在实践应用过程中，有研究者注意到个体体验的差异性，认为不同的个体因为原有经验的不同，在一个具体的学习情境中可能没有发生学习，也可能产生反思性学习，因此将关注点集中在结合具体情境特征建构更为详细的体验学习模式，并突出"情境建构"在体验式学习中所发挥的重要作用，代表性的研究成果是柯林·比尔德（Colin Beard）和约翰·威尔逊（John P. Wilson）的《体验式学习的力量》一书。该书基于生态化、整合性的观点，关注个体在体验式学习过程中思想、感觉、情感、身体活动等各个方面的"全人"投入，将周围环境、地点和元素、感觉、情感、智力形态、学习方式等要素视为创设"完整环境"，构建体验学习组合链的重要因素。

综合而言，关于体验学习模式可总结如下。

---

① 库伯.体验学习——让体验成为学习和发展的源泉［M］.王灿明，等译.上海：华东师范大学出版社，2008：18-19.

　　一阶段模式只包含体验这一个构成要素，这种模式认为只要建构学生熟悉并喜欢的情境、组织学生乐于从事的活动就能通过体验激发学生学习的发生。二阶段模式包含体验与反思两个要素，认为对体验进行反思是学习发生的条件，并且将体验中与体验后的反思进行了区分。三阶段模式把体验学习分为体验—反思—计划，这种模式将"计划"作为体验与反思的重要补充环节，认为计划能够使学生在学习过程中有所收获，并对未来解决问题具有的重要迁移作用。四阶段模式把体验学习分为体验—观察—概括—应用四个阶段。六阶段模式认为体验学习要经历体验—诱导—概括—演绎—应用—评价等环节，认为具体体验经由教师的诱导，通过个体的概括、演绎、应用得以完成，在这个过程中还需要评价的反馈和监督作用的发挥。总的来说，一阶段模式只将体验作为学习发生的唯一条件，容易导致对体验学习理解的泛化与形式化；二阶段、三阶段模式没有深入探讨获得具体体验后如何进行反思，也没有对学习意义的转换及知识建构方式做出明确说明；四阶段、六阶段模式的理论根基依旧为"体验学习圈"的四个阶段。无论是哪种模式，都不约而同地指向了体验与反思在学习过程中的重要作用（见表1-1）。

表 1-1　体验学习模式的总结

体验学习模式	构成要素
一阶段	体验
二阶段	体验—反思
三阶段	体验—反思—计划
四阶段	体验—观察—概括—应用
六阶段	体验—诱导—概括—演绎—应用—评价

3. 体验教学的应用研究

　　随着体验学习、体验教学研究的不断推进，针对体验教学的研究不再局限于对体验教学内涵、特点、价值、模式等的探讨，研究向实践、应用、综合化方向发展。国外最早的关于体验学习的实践始于户外培训，在实践经验积累的基础上，牛津大学哈恩博士将体验学习模式作为学校教育的重要补充，认为学校教育在一定程度上忽视了对人生存能力培养的关注，因此他设计并实施了一系列实践活动，为学生提供挑战极限、突破自我的实践机会，从而激发个体参与群体活动的热情，培养个体具备能够应对风险与挑战的生存能力。1934 年哈恩博士针对提高海员生存技巧设计了一套海员培训计划，这套训练计划在提高海员生存率方面取得了良好的效果①。二战后体验式训练逐渐被推广应用，此后库伯、伯纳德（P. Burnard）、杰维斯（Jervis）等人相继在理论层面对体验式学习展开研究，基于理论方面的研究与实践方面的探索引起了美国教育界对体验学习及体验教学的关注②。库伯借鉴杜威和勒温的基础理论构建了体验式教学的新模型，认为体验式学习"是一种适合于不同学习类型的学生，通过体验、反思、概括、应用等环节学习实用有效知识的学习方式"③，并在理论建构的基础上展开应用研究，研究如何在整个教育中应用体验学习模式，其提出的主要策略涉及方案设计、纵向结果评估、课程开发、学生发展和教师发展等环节④。伯纳德认为体验式教学是"直接参与生活事件课程的教育"，需要学习者"直接面临所学习的现象而不仅仅是思考面临的现象或考虑做某事的可能性"⑤。杰维斯在 20 世纪 90 年代中期，试图动态地考察体验式教学的具体过程，在库伯体验式学习模式的基础上通过对成人学习展开具体分析，指明体验式教学究竟发生在何种情境中、在什么情境下才是真正的体验式教学⑥。英国学者柯林·比尔德和约翰·威尔逊建立了关于学习的密码锁理论，认为人的感官和外部环境的相互影响与作用是体验学习发生的重要因素⑦。

---

① 库伯. 体验学习——让体验成为学习和发展的源泉 [M]. 王灿明，等译. 上海：华东师范大学出版社，2008：3.
② 王灿明. 体验学习解读 [J]. 全球教育展望，2005（12）：14-15.
③ BROOKS S E，A J E. Enriching the Liberal Arts Through Experiential Learning [M]. San Francisco：Jossey-Bass Inc.，1979：153.
④ KOLB A Y，KOLB D A. Learning Styles and Learning Spaces：Enhancing Experiential Learning in Higher Education [J]. Academy of Management Learning & Education，2005，4（2）：193-212.
⑤ BURNARD P. Experiential Learning：Some Theoretical Considerations [J]. Journal of Lifelong Education，1988，7（2）：127-133.
⑥ BURNARD P. Experiential Learning：Some Theoretical Considerations [J]. Journal of Lifelong Education，1988，7（2）：127-133.
⑦ 柯林·比尔德，约翰·威尔逊. 体验式学习的力量 [M]. 黄荣华，译. 广州：中山大学出版社，2003：75-116.

在库伯提出"体验学习圈"之后，研究者从不同视角、不同方面对体验学习在实践中应用的策略进行了研究。安·贝克（Ann C. Baker）等研究者从社会学习理论的角度研究互动式体验学习，将对话互动作为促进体验学习的重要方法，认为对话是人类交往的主要媒介，在对话中不同观点、不同思路的碰撞能够推动学习经验的形成，同时重视对话所形成的"空间"（space），认为对话空间可以为学习者提供更多可能的视角，"差异"可以促进学习者经验的形成①。

安吉拉·帕萨雷利（Angela M. Pasarelli）和库伯将体验学习与人的终身学习相结合，将体验学习视作引导学习者生命成长和发展的过程，指出促进学习发展的有效策略，并论述了不同学习模式的选择以及学习"空间"的重要性，指出如何通过这些模式和"空间"的运用将一个经验联系到下一个经验进行创造性学习②。

德维·安克拉（Devi Akella）将库伯的体验学习理论应用于研究教师的自我发展历程中，通过基于个人体验的叙事研究，研究教师如何通过批判性反思，为学生学习提供多样性的见解。此外，德维·安克拉还研究了教师和学习者的种族和出身如何刺激或阻碍课堂知识的同化，以帮助教师在课堂上选择适当的教学方法③。

安吉拉·帕萨雷利和库伯还将体验学习理论运用于学生出国留学项目的研究中，研究认为海外留学生学习、生活在一个陌生的文化环境中，这对其来讲是一个挑战，也对其发展具有丰富的意义。在这个过程中，教师、管理员、寄宿家庭和学生之间需要形成"共同的学习责任模式"，以帮助学生充分吸收和整合学习经验，让学生"最大化"地体验学习发展的全过程④。

---

① BAKER A C, JENSEN P J, KOLB D A. Conversation as Experiential Learning [J]. Management Learning, 2005, 36 (4): 411-427.
② PASSARELLI A M, KOLB D A. The Learning Way: Learning from Experience as the Path to Lifelong Learning and Development [J]. Simulation & Gaming, 2009, 40 (3): 297-327.
③ AKELLA D. Learning Together: Kolb's Experiential Theory and Its Application [J]. Journal of Management & Organization, 2010, 16 (1): 100-112.
④ PASSARELLI A M, KOLB D A. Using Experiential Learning Theory to Promote Student Learning and Development in Programs of Education Abroad [J]. Journal of General Education, 2011 (3): 1-37.

　　体验教学思想在我国最早可追溯到春秋时期孔子的启发诱导、学思结合的教育思想。在当代，体验教学无论是在理论研究还是在实践探索方面都获得了长足的发展。在基础教育阶段，我国对于体验教学理念的梳理和介绍始于 20 世纪 90 年代中期，1999 年我国正式启动了基础教育课程改革，改革的核心指向实现教师教学方式和学生学习方式的变革。2001 年我国颁布了义务教育学科课程的国家标准，将"知识与技能""过程与方法""情感态度与价值观"作为目标领域的重要维度，强调学生在学习过程中通过经历、参与、感受、领悟、操作、实践、考察、调查等实现个体发展。随着基础教育课程改革的不断深入，近年来人们对体验教学的研究日益实践化，关注体验教学理念在教学设计、课程评价等方面的应用。如"情境教学法"实验，幼儿园和中小学对"愉快教育""快乐教学""成功教学法""活动课程"等的探索，"以快乐小队为载体的小学生体验式学习实践研究"，"探究—发现"式学习方式等，都是围绕体验教学展开的实践探索。随着课程改革的逐步展开和深入，关注学生在学习发展过程中的个体体验及多元理解已成为基础教育课程改革的重要理念，相关研究结合教学实践展开对体验教学的探讨。

　　有研究从生命的视角研究体验教学，将体验与生命意义紧密联系，重视学生的生活世界体验，指出要在生活世界中感受生命、在科学世界里阅读生命、在意义世界里超越生命，认为体验教学要让学生进入自然、直观、熟悉的生活世界。体验发生于一定的情境中，因此教师需要创设生活化的情境，引导学生在熟悉的情境下形成经验与体验。此外，体验教学是关怀生命的教学，但基于学生生活世界的体验教学同样需要教学机制予以保障才能促进其有效实现①。有研究基于学习体验的发生结构探讨学习体验的发生发展过程，探讨内容包括学习体验的内容结构、功能及其相互作用。研究认为学习体验的发生结构包含三个层次：历构层、预构层和临构层。其中历构层是过去历次经验与生命感受的汇集，预构层是对学习活动的未来期望，临构层是自我与环境双向建构的产物。历构层强调基于对已有生命经验的感受，并对其予以活化，才有可能生成学习体验；预构层强

---

①　闫守轩．论教学中的生命关怀［D］．南京师范大学，2004：105-117.

调对学习活动行进方向的期望，是推动学习体验发生的重要动力；临构层强调自我与环境的相互作用及双向建构，是学习体验发生的重要基石。体验教学的发生取决于历构层、预构层和临构层三者之间实现相互作用，并在相互作用的基础上实现三个层面的协调统一。基于对学习体验发生结构的探讨，研究认为在体验教学设计过程中，教学目标的设置要考虑学习期望的有效参与，对教学内容的设计要转换为对学生学习内容的开发，教学过程设计时要变灌输、传递为交往、对话，从而有效激发学生学习体验，实现体验教学的初衷①。还有研究专门探究体验教学的教学设计，认为学习是一种真实情境中的实践参与，实践能力提升是体验教学的目标指向，体验教学的设计需要关注四点：目标系统的设置要凸显实践性思维的价值；内容系统的设置要基于情境性、复杂性的实践问题展开；过程系统的设置要以实践性问题解决为核心；组织系统的设置要以学习体验的生成与组织为依凭②。

随着研究的深入，有研究在教育技术视角下审视"体验学习圈"在实践中的运用，通过对 Scratch 程序设计课教学实践的探究，研究儿童如何运用体验的方法学习编程。研究根据库伯的"体验学习圈"理论，将"模仿制作—观察反思—概括知识点—自主创作"作为教学模式，在金华师范附属小学开展教学实践，发现"体验学习圈"视角下的 Scratch 程序设计教学在激发学生参与体验的兴趣、实现编程学习、提升学生表达能力、培养学生逻辑思维和创造力方面效果显著③。此外，还有研究将情境与体验教学有机结合，以唤醒学生的情意，在审视了课堂教学中存在的诸多问题——有境无情，教学缺失真情境；设计不科学，追求形式化；限于"煽情"，证据不足；盲目"电灌"，缺失体验；身在心不在，心在脑不思等后，有针对性地提出了重视唤醒学生情意的体验教学策略，包括四点：一是联结知识与生活，寻求意义；二是倡导学习的自组织，以学生为主角；三

---

① 陈亮，朱德全. 学习体验的发生结构与教学策略 [J]. 高等教育研究，2007（11）：75-77.

② 陈亮. 体验式教学设计研究 [D]. 西南大学，2008：58-119.

③ 朱丽彬，金炳尧. Scratch 程序设计课教学实践研究——基于体验学习圈的视角 [J]. 现代教育技术，2013（7）：30-33.

是关爱个体，在欣赏差异中施教；四是锻炼批判性思维，实施情境体验教学[①]。

还有研究针对具体学科开展体验教学研究，如以学生审美体验为核心的语文阅读体验教学的研究。研究首先明确指出审美体验之于阅读教学的重要价值与意义，认为读者与文本的充分交流需要以审美为中介，个体在文本阅读中的审美体验，能够激发学生对文本的个体体验与个性理解，从而实现唤醒主体精神世界的目的，因此学生阅读能力的培养，离不开个体对文本的审美体验。研究还针对审美体验阅读教学进行经典课例的呈现与分析，探讨审美体验阅读教学实践的样态，最终指出审美体验阅读课教学组织和过程包括四个环节："入境—生情—激思—悟理"[②]。

已有研究成果还包括对大学生课堂体验之于学习方式影响的实证研究。研究基于我国23个省、自治区和直辖市39所高等学校的74687名大学本科生的学情调查数据，采用两水平分层线性模型分析大学生课堂体验对学习方式的影响，通过分析发现，我国大学生的课堂体验对学习方式具有显著影响。学生所学学科类型、年级、性别、学习观等个体特征以及学校类型和所处区域的学校特征也显著影响大学生的学习方式。研究指出转变我国大学生的学习方式，提高高校的人才培养质量，必须改善大学生的课堂体验，深入研究院校差异，依据学科特点创新教育教学方法，尽早做好大学生的心理和学习调适从而提高教学设计的针对性[③]。

4. 体验教学的研究反思

随着大卫·库伯、伯纳德、杰维斯等人展开对体验式教学的理论研究，20世纪90年代中期开始出现了关于体验教学的小范围实证研究，已有研究关注对体验教学概念的探索，关注体验教学的模型建构，结合实践探讨体验教学的适用人群等，但已有研究对体验教学在实际教育教学场域中的运用及其问题和策略的深度探索存在一定程度的忽视。总的来说，目前针对体验教学的研究主要集中在以下几个方面。

---

① 赵传兵. 唤醒情意：地理情境体验教学 [D]. 华东师范大学，2010：45-74.
② 杨进红. 语文阅读教学审美体验研究 [D]. 西南大学，2010：110-117.
③ 郭建鹏，杨凌燕，史ως衡. 大学生课堂体验对学习方式影响的实证研究——基于多水平分析的结果 [J]. 教育研究，2013（2）：111-119.

（1）哲学理论层面的研究

哲学领域对体验价值的研究，从人的生命存在出发，核心观点是认为体验是人生命存在的基本方式。其中，对体验论述较多、较深入的是以狄尔泰、海德格尔、伽达默尔等为代表的生命哲学家以及以多尔、弗莱雷等为代表的后现代主义哲学家。体验教学的理论研究重点在于阐释什么是体验，并从哲学的角度阐述了体验学习的机理。

（2）过程方法层面的研究

针对体验教学的过程方法的研究主要表现为对体验教学的实践探索，已有研究指出体验教学在设计时需要注意哪些因素，探讨如何通过情境设置促使学习者产生体验并生成意义，采用哪些方法策略能够激发学生的体验，体验教学的发生机制是什么，如何通过合理的评价帮助学生更好地获得体验等。

（3）学科教学层面的研究

针对具体学科的体验教学研究，主要研究目的在于阐明体验教学在学校教育的具体学科中是如何"落地生根""开花结果"的，其中不乏针对某一学科或某一学科的某一部分（如语文阅读教学）展开研究的博士、硕士学位论文。研究达成的共识在于：体验学习的发生及体验教学的开展需要考虑外部环境及情境的创设，要根据学习者的实际情况开展教学，重视学生与外部环境的联系与互动，关注学习后的观察反思与概括总结，强调评价之于体验教学的重要作用。研究所涉及的学科包括语文、英语、历史、政治等人文学科，还涉及在物理、化学、地理等自然科学。研究通过具体的课程案例，进行体验教学设计及实践，并对其效果进行评估。此外新技术环境支持下的体验教学也逐渐受到研究者的关注和重视，为体验教学的研究开拓了新视野。

研究至今，国外针对体验教学的研究以大卫·库伯的"体验学习圈"为基础，在研究发展过程中积累了丰富的经验。研究不仅围绕体验学习展开，还关注体验学习理论与其他理论的结合与应用；体验教学不仅作为一种教学思想、一种教学方法或模式在课堂教学中得到运用，而且游戏教学理念等被引入体验教学实践，关注学习者的"沉浸"程度与"高峰体验"。研究不约而同地指向对学习情境的创设，研究一方面针对教学物理环境展开，将未来课堂、体验学习、场馆学习环境设计的基本理念融入对物理环境的创设中，另一方面关注物理环境所提供的空间与技术支持如何得以对学生的体验学习起促进作用，如何推动实现体验学习的"螺旋上升"，让学习体验的发生贯穿学习的每一个阶段与过程。国外相关研究关注对已有理论的探讨与反思，同时重视在实践中开展体验教学的研究，关注体验教学在实际应用中的成效。

虽然我国关于体验教学的思想由来已久，但对于体验教学的研究起步较晚，从翻译国外相关作品开始，国内研究最初关注的是对体验、体验学习、体验教学等相关概念的界定，并从哲学、心理学、美学、社会学等方面对体验教学进行深入的理论探讨。之后国内学者从不同的角度对体验教学进行研究，有研究将体验教学与德育相联系，有研究从教学设计的角度出发，有研究从学习发生的角度入手对体验教学进行阐释，也有研究从不同学科的特性出发对体验教学的机制进行探索。

针对体验教学的研究在体验教学的定义、特点、理论基础等方面积累了一定的成果，可供后续研究进行参考。此外，体验教学在课堂教学实践中的运用是今后研究的重点。怎样判断在课堂教学情境中学生是否发生了体验？体验是否有利于学生发展？如何对体验教学进行有效的评价？这些都是体验教学研究所需解决的问题。为此，本书重点围绕以下问题展开研究。

第一，关注学生体验的发生及意义。体验教学关注学生究竟在课堂教学中获得了什么，这种获得对自我的成长与发展具有什么价值与意义。本书拟关注在体验教学过程中，学生是否投入、是否有所收获，如果没有，为什么教学活动没有引发学生的体验，在此基础上探讨如何才能引发学生的体验；如果学生有所收获，那么收获的是什么，这样的收获对学生来讲有何种意义。

第二，针对具体学科展开研究，探讨体验教学的实践策略。以往研究多是针对单一学科，或针对某一学科的某一部分，如针对语文教学中的阅读部分开展研究。虽然研究成果不少，但让人不禁想问，体验教学是否只适用于某一学科，或只适用于某一学科的某一部分。本书拟对语文、数学两门具有不同特点的学科展开研究，关注学生学习、发展过程中存在的某些共性，以期更有针对性地探讨体验教学的实践策略。

第三，开展关于体验教学的评价研究。体验教学强调个体主动参与教学活动与实践，通过亲历、感知、体验、领悟、反思、理解等过程，实现知识技能、过程方法、情感态度价值观的发展，强调个体发展过程中认知、情感、行为、态度的高度整合与协调发展。那么体验教学到底在课堂教学中发挥着怎样的作用，教师如何判断在教育教学过程中学生有所体验，体验到底对个体发展具有何种意义，是本研究关注的重点问题。

第四，基于案例展开研究。在课堂情境中对教学过程进行深入研究，对课堂教学过程中发生的教学事件进行"追踪"，选取能够较好体验教学理念的课堂案例进行呈现，以期展示在教育教学实践中能够体现体验教学理念的课堂教学是什么样的、具备哪些特点等。

第二章

体验教学的含义、特征与价值

学生是以"完整"的生命个体进入学校教育教学场域的，对外部世界具有独特的感受、体验、想法、领悟。以学生全面发展为目的的教育教学应当关注学生的独特体验与多元理解，关注学生在学习发展过程中认知情感态度的形成以及个体生命的完善。生命的成长与发展需要个体认知与情感、身体与心灵、理性与感性的高度整合和协调统一，生命意义的体现与生命价值的彰显需要个体的主体参与、体验反思、行动创造。体验教学以生命意义的获得与完善为旨归，引导学生在亲历与体验中逐步体会知识的产生、形成与发展的过程，获得积极的身心体验，并彰显自己的个性。体验教学是教学观与方法论的有机结合，从教学观层面来说，体验教学理念强调个体在学习发展过程中主体性的发挥以及个性体验的重要性，强调学生能动性、情感性、创造性的发挥；从方法论层面来说，课堂教学的复杂性及学生发展的多样性决定了体验教学无法使用统一的方法完成所有的课堂教学，但是学生的认知结构与心理发展是存在规律的，把握体验教学的本质特征及核心思想，我们可以探讨在课堂教学活动中如何能够更加有效地吸引学生注意力，激发学生的学习兴趣，使学生通过个体的主动参与与体验反思，实现知识与能力、情感态度与价值观的全面、个性的发展。体验教学强调教师以学生的身心特点和认知发展规律为基础，根据教学目的与内容创设教学情境，引导学生在教学过程中主动参与、深度投入、获得体验、生成意义。体验教学具有主体性、亲历性、情感性、意义性的特点，有利于学生主体地位的确立、学生知识经验的获得、创新精神和实践能力的培养、情感的生成，以及全面发展的实现。

一 体验教学的含义

（一）体验

黑格尔认为："真正的思想和科学的洞见，只有通过概念所作的劳动才能获得。"① 之所以强调概念，是因为它是思维活动得以表达的重要形式和主要工具，概念的厘清能够为研究的深入开展奠定扎实的基础。

对于体验的界定，不同的学科有不同的看法。在哲学中，将体验作为一种认识论进行强调，在于阐明体验是认识主体通过自身的亲历，基于认识活动实现的对客体的把握；从存在论角度对体验展开的论述，核心在于将体验作为个体生命的基本存在方式，认为体验与个体生命"息息相关"。在心理学视界中，体验是一种综合的、特殊的心理活动，体验主体以全部自我实现对外部世界的感知与理解，并因自我与事物的关联生成个体独特的情感反应，在这个过程中还伴随联想、感悟、意义的生成。在美学领域，体验与生命世界和艺术活动相联系，体验被视为生命和艺术的本质表达。从教育学的角度看，体验是主体在对外部世界产生深切感受和反思理解的基础上，产生情感并生成意义的活动。不同领域基于各自独特的研究视角，阐述了对体验及其意义的理解，其共同点在于指向对个体生命完整性的关注，体验与个体的感知、参与、亲历、情意等密切相关，始于个体内心世界并指向个体精神生活，具有复杂性与多维性。体验强调主体与外部世界的交流和融合，强调个体在发展过程中认知与情感、理性与感性、身体与心灵的协调整合，是意义建构与生成的表达。体验既是活动的目标指向，又是活动的方法手段，既产生于活动的过程，又作用于活动的结果。

本研究立足于教育学视角，将体验视为主体与外部世界形成的一种特殊关系状态。体验既是教育教学所要达到的目标之一，也是教学过程的本真体现，还是达成教育教学目标的重要方法及手段。总的来说，教育学视野下的体验具有三个方面的含义：作为目标与结果的体验，强调体验之于个

---

① 黑格尔. 精神现象学（上卷）[M]. 贺麟，王玖兴，译. 北京：商务印书馆，1979：48.

体生命发展的重要意义；作为活动过程的体验，将体验作为教学的基础和切入点，指向学生"过程与方法"的实现；作为活动方式方法的体验，强调教学安排与组织实施可以围绕学生体验展开①。

体验是多种心理活动的综合，是主体在与一定经验的关联中发生的情感融入与态度生成。体验的含义与"感受""经验""认知"等概念具有相关性，但也存在显著差别。

（1）体验与感受的关系

感受指个体在与外部事物接触时受到（的）触动，既包括主体对客体的作用，也包括客体对主体的影响，与体验一样，感受也表达了主体与外部世界的联系，"感受"与"体验"既可以作为动词使用，表示行为的过程；又可以作为名词使用，表示行为的结果。在主客体的相互作用中，主体是"感受"和"体验"的发起者，客体是"感受"和"体验"的作用对象，二者都具有亲历性、独特性的特点。虽然二者存在相似性，但二者在作用程度上存在明显差异。具体来说，感受是主体作用于客体所形成的浅层结果，而体验是主体作用于客体所形成的深层结果，感受是体验的基础，体验是感受的深化，体验的生成要以感受作为基础。

（2）体验与经验的关系

《辞海》里对"体验"的解释既指向主体的亲身经历，又强调通过主体的实践活动实现对事物现象及外部世界的认识②；心理学中的解释为"以主体在认识过程和心理过程中所积累的经验内容为对象，是对经验的带有感情色彩的回味、咀嚼、体认等"③。这两个对体验内涵的解释都指向了个体的亲历和对经验的反思。要理解体验，必须结合经验的定义进行辨析。有研究指出，经验是人类通过实践，在生产劳动和社会生活中逐步积累起来的知识，人类在反复筛选、论证和使用中，验证知识的有效性，这样的知识具有静态性、普遍性、系统性和可接受性，经验通过教育教学活动得以传承，被视作人类认识世界的成果；而体验则是一种包含生命意识的经验，与经验的静态性和普遍性相比，是一种被激活的、受个体主观感

---

① 杨四耕. 体验教学 ［M］. 福州：福建教育出版社，2005：27-28.
② 辞海（第6版）［M］. 上海：上海辞书出版社，1999：2237.
③ 童庆炳. 现代心理美学 ［M］. 北京：中国社会科学出版社，1993：61.

受影响的知识经验，在体验作用下的知识经验具有个性化特征，具有明显的过程性特点，基于个体的"加工""整合"还体现着体验具有创造性，此外个体体验中存在可以通过语言等形式得以表达的经验，也存在"只可意会不可言传"的部分，即体验有时还表现出内隐性的特点①。也就是说，体验能够使相对静止和凝固的知识经验经由个体主观能动性的创造被激活、被深化，从而使原本具有静态性和普遍性的知识经验获得新的意义，并表现出更加强大、深刻的生命活力。所以体验建立在个体既有经验的基础之上，体验以经验为基础，经验能够促进体验的生成与深化，个体越是具有丰富的经验积累，越能产生深刻的体验。

　　经验的积累对个体发展具有重要的意义，强调知识经验的习得与强调个体的亲历体验之间不存在矛盾，二者是有机结合、相辅相成的。个体体验的产生以经验为基础，越是已有丰富经验的个体越容易产生深刻的体验；而体验是对经验的提升与深化，"是一种在经验的基础上所生成的发现了诗意和价值的特殊的经验形态"②。经验的积累有助于体验的深化，而体验的获得可以促进经验的进一步积累与沉淀。体验与经验存在联系，但也存在显著的差异。具体来说，经验更多具有认识论的意味，指客观事物或外部世界通过主体的作用形成知识，而体验不仅包含认识论的含义，还具有生命本体论的内涵，体验立足个体生命，指向价值世界的个体对生命意义的深刻体悟和独特反思。经验的获取强调认知与心理的参与，而体验的获得强调个体作为完整生命个体调动一切感官与心理要素，从而产生的更深刻、更热烈、更活跃、更生动的状态。间接经验可以通过他人传授获得，直接经验在个体亲历与实践中形成，经验可以是共通的，但体验的获得不仅需要他人的有效引导和传授，还强调个体通过主体参与，在亲历中获取，每个人的体验可以不同，也一定存在不同。总的来说，体验与经验最大的区别在于，经验强调的是主体在与外部事物或客观世界相互作用的基础上所形成的认识，而体验强调主体通过亲历在与外部世界"交互"的基础上所形成的对事物的深层次的感受和反思，二者主要的区别在于在认

①　孙俊三. 从经验的积累到生命的体验——论教学过程审美模式的构建 [J]. 教育研究，2001（2）：34-38.

②　张奎志. 体验批评：理论与实践 [M]. 北京：人民出版社，2001：7.

识外部世界的过程中是否有情感生成与独特思考。

（3）体验与认知的关系

体验与认知既存在相似性又存在显著的不同。二者在概念上有相似的部分，即作为两个独立概念在内涵上存在的交集。体验的过程需要有认知的参与，认知的深刻性可以促使体验的产生并使体验之于个体变得"难忘"，体验的生成会进一步促进主体对事物现象或外部世界的认知，并优化认知结构、塑造心理品质。体验的产生一定包含认知的成分，但认知的发生不一定会形成体验，体验也不是单一的认知。体验是包含了情意在内的综合性活动，具有十分明显的情感特征，其情感维度的丰富性是认知所不具有的。体验与认知在认识的出发点、认识过程与结果方面存在不同。

首先来看二者认识出发点的不同，认知指向对客观事物或外部世界的了解与掌握，而体验的目的在于实现对事物或外部世界之于主体存在关系与存在意义的认识与感悟。其次从认识过程来看，认知遵循一定的客观性原则，其立场在于主体意识到自己与对象或外部世界的相对独立性，并在认知过程中保持"一定距离"，避免先验或"偏见"所造成的对对象或外部世界的"曲解"，认知过程需要调动主体的情绪、喜好或情感等，但主体需要尽量不受情绪、情感、喜好等因素的作用从而失去认知过程的"客观性"；而体验反对主客体之间的"对立"，将体验的过程视作一个主客相融相交的过程，事物或外部世界不是一种客观的存在，"在体验世界中，一切客体都是生命化的，都充满着生命的意蕴和情调"①，在体验中不要求主体与事物或外部世界拉开"距离"，相反体验的过程就是拉近主体与外部世界距离、强烈趋近外部世界的过程，在亲近、感受、领悟的过程中，主体实现对具有生命意识和生命意蕴的外部世界的感悟，也就是说在体验的过程中个体有情感的生成，这种情感能够实现个体对自身及外部世界理解的更新。最后从认知与体验的结果来看，认知的目的在于形成对客体或外部世界客观的、准确的、系统的、肯定的认识，而体验的结果是形成对自我、对他人、对外部事物、对鲜活生命的具体的、深切的、独特的理解与感悟，体验不仅产生认识或想法，还生成反思、理解、感悟、态度、情

---

① 童庆炳．现代心理美学［M］．北京：中国社会科学出版社，1993：54．

感、价值观、精神、思想等。体验教学以学习发生的原理为基础，注重让学生通过亲历实现自身的发展。体验的发生离不开认知，从认知对象来说，学生获取知识的主要途径包括对直接经验和间接经验的习得，二者之于个体发展具有同等重要的意义，只是在获取方式上存在不同。具体来说，间接经验是学生通过读书、自学、他人授课等方式获得的知识经验，在这个过程中也伴随直接经验的产生；直接经验是学生通过亲历，在实践中通过深度投入、情感融入、反思概括等方式认识已有知识经验。间接经验和直接经验对于学生获取知识而言都是不可缺少的，二者不可偏废。

重视间接经验的获得而忽视主体的直接经验，会导致如下两种倾向。首先是教学过程强调学生知识掌握的结果，并以知识量的积累作为重要的评价标准，忽视学生知识习得的过程。为了追求知识掌握的高效性，教师习惯采用灌输的方式，要求学生"死记硬背"，从而"高效"掌握人类在发展历程中所积累的文化成果。其次是要求学生通过反复的练习与训练强化学习成果，学生在发展过程中方法的掌握、情感的生成、解决问题的能力等，都不在教学的考虑范围内。知识的存在本身是人类发展过程中的宝贵财富，我们并不否认知识的重要性，但否认以灌输、训练的方法获取知识经验的方式。为此，体验教学强调直接经验与间接经验对人的学习与发展具有同等重要的作用，要改变以灌输、训练为主要方式的教学活动，倡导在教学活动中通过巧妙设置情境，吸引学生主动参与到教学过程中，主动联系自己已有的生活经验，通过亲历产生切身感受，并在反思行动的基础上实现对外部知识与经验的深层次内化，从而达到拓展人精神世界的目的。

"脱离学生体验的学习发生不是真正意义上的学习。体验在学生发展过程中不能被忽略，是学习发生的关键因素。学习的建立源自个体体验，不论学习的外部环境是什么，能够作为刺激学习发生的外部因素是什么，这些因素只有当真正作用于学生并有效激发学生体验，或者说至少在某种程度激发了学生的体验，学生的学习才会发生。"[1] 学习者学习的真正发

---

[1]　柯林·比尔德，约翰·威尔逊. 体验式学习的力量 [M]. 黄荣华，译. 广州：中山大学出版社，2003：20.

生，需要在"体验"中，通过"体验"，并获得"体验"，体验在学习发生的目的、途径、手段中均有体现，对学习者来说，这是一种适应自己发展水平、符合自身发展规律的学习方式。也就是说，学习的发生不仅在于外部因素的有机组合，还在于外部因素在相互作用的基础上创造了怎样的学习条件以及学生在何种情境下发生体验，学习的发生源自体验的生成，体验的生成促进学习的发生。体验不是单一的认知活动，也不是纯粹的心理建构，而是在经验的基础上实现主客合一的复杂过程，也就是说体验是主体通过亲身经历，在实践活动中实现对事物和外部世界的认识，并在此过程中产生丰富的联想和深刻的理解感悟。

（二）体验教学

体验学习以学习者为中心，是学习者以各种知识经验为基础，通过实践反思实现个体知识、技能、情感、态度的发展，焕发生命价值与活力的过程。体验学习将学生在学习过程中的体验所获视为最佳的学习结果[1]。本研究将体验教学界定为教师以学生的身心特点和认知发展规律为基础，根据教学目的与内容创设教学情境，引导学生主动参与、深度投入、获得体验、生成意义的过程。总的来说，体验教学不仅将体验视为一种重要的学习结果（体验产生于教育教学过程中），而且将其视为一种重要的教育方法和手段。

1. 体验是个体学习的重要结果

在我国文化发展过程中，对学生身体力行、亲身感受的重视古已有之，比如荀子曾明确指出，"知之不若行之"；宋代理学家朱熹也曾说过，"读书，不可只专就纸上求理义，须反来就自家身上推究"[2]。这些观点都认为学习的发生是一个知行合一的过程，读书穷理需要与身体力行相结合才能产生良好的效果。之所以说体验教学将体验视为一种重要的教育结果，是因为体验不是单一的认知活动，也不是纯粹的心理建构，而是在经验的基础上实现主客合一的复杂过程，也就是说体验是主体通过亲身经历，在实践活动中实现对事物和外部世界的认识，并在此过程中产生丰富

---

① 王嘉毅，李志厚. 论体验学习 [J]. 教育理论与实践，2004（12）：44.
② 《朱子语类·学五·读书法下》。

的联想和深刻的理解感悟。对体验展开关注的出发点在于对人的生命完整性的认识，在学生学习发展过程中，学习是调动主体一切感官参与的手脑并用、心手合一的过程，正如怀特海（Alfred North Whitehead）所说，"在教育教学中教师应当展现生活，因为生活与个体认知与情感发展密不可分，教师必须让学生感到他们真的学到了某种东西，而不仅仅是在表演智力的小步舞"①。德国哲学家海德格尔也认为，"真正的教师除了学习本身以外一无所教"，"'学习'，我们现在顿悟，不是有用信息（或知识），而是获得本身"②。体验本身就是个体生命存在的基本方式，体验与生命整体相关联，学习基于体验发生，体验是重要的学习结果。学生并不是单纯的知识灌输"容器"的肉身存在，而是具有情感态度、具备选择判断、能够实现自主反思的完整生命体。体验教学要引导学生在亲历中生成体验及其意义，强调生命个体在教学活动中所具有的主体性，学习的发生不是外部强制灌输或传递的结果，而是学生通过主动、自发地实践、体验、反思来实现生命的成长与发展，找寻生命存在的意义与价值。

体验作为一种重要的教育结果，不仅仅表现在外显的行为动作和表达出来的情感态度，还包括内隐的感受、体验与思考。"存在于世界的每一个个体都是作为独特自我而存在的，每个人因各自人生阅历、性格气质的不同，会产生不同的体验视角，最终指向不同的表现层面。"③体验是生命存在的基本方式，体验本身不仅影响人的认知水平、行为表现，也影响人的性格气质，是教学活动中重要的教育目标之一。体验可能对个体发展产生积极的影响，也可能造成消极的结果，体验本身有积极与消极之分，因此体验教学的开展要求教师在教学活动中引导消极体验走向积极体验，从而使体验真正发挥其之于个体发展的重要作用。同时，教育结果对个体体验的关注不代表"纵容"学生的一切体验，因为这样不仅会造成体验的泛化与形式化，同时也无法达到促进学生全面发展的目的。正如美国教育家

---

① 怀特海. 教育的目的 [M]. 徐汝舟，译. 北京：生活·读书·新知三联书店，2002：10-17.
② 马克·莱索. 我们仍然需要面向思的教育——海德格尔论技术时代的教育 [J]. 蒋开君，译. 教育学报，2011（1）：3-14，31.
③ 裴娣娜. 现代教学论（第一卷）[M]. 北京：人民教育出版社，2005：285.

杜威所说的，"如果学生每一次实践中的行动都来自教师的'强制'，也就是说他做什么、怎么做，都根据书本或他人的指令来确定，这样的情况下教育目的无从谈起。但同时，还需要注意一种倾向：就是在引导学生自我表现的情况下，允许学生'任性'而为，或在不连贯的活动中实践，对教育的目的的实现来说也是'致命'的"①。所以体验教学不是简单组织些活动，让学生动手动脑，也不是说一定要在"红火热闹"的活动中让课堂显得"气氛热烈"，体验教学的开展要围绕能够如何促进体验的发生以及体验意义的生成，这也是个体获得全面发展的重要途径。

将体验作为重要的教育目标之一，不是要否定知识存在的重要作用，而是反对以往教学中过于强调接受学习，强调死记硬背与机械训练的现象，反对将学生视为物化的工具性存在，认为"学生是用知识一片片搭建起来的，充斥于学生心灵的唯一就是知识"的行为和观点②。将知识作为发展的唯一目标，异化了学生生活的意义，遮蔽了人的情感、态度、价值观。体验教学关注个体在发展过程中情感的发展与德行的养成，但这并不意味着对学生知识获得与认知发展的忽视。教育的目的在于促进个体全面、健全的发展，而认知、情感、道德都是个体发展的重要组成部分，缺一不可。

2. 体验在教育教学过程中产生

体验教学关注学生主体性的发展，在教育教学场域中，教师与学生都是具有独立人格、有发展需要的生命个体，不仅有着对知识经验的渴求，还具有丰富的内心世界和独特的情感表达。体验教学关注个体的生活世界与内心世界，关注学生在学习发展过程中的独特体验和多元理解，在教育教学过程中，教师与学生在教学活动中平等相遇，教师是学生成长发展的引导者与支持者，是"平等中的首席"，学生是自我发展过程中的主体。教育体验的内涵就是将体验视为人在教育活动中的基本生存方式，师生通过在交往中的互相交流、理解，敞开精神彼此接纳，实现精神的交流与意义的分享。学生学习发展的动力不是获得高分或通过升学考试，而是为了自身的发展，是内在成长的需要。体验教学把学习的主动权交还给学生，

① 约翰·杜威. 民主主义与教育 [M]. 王承绪，译. 北京：人民教育出版社，2001：112.
② 鲁洁. 一个值得反思的教育信条：塑造知识人 [J]. 教育研究，2004（6）：3-7.

关注学生个体体验的生成与发展，充分调动学生的一切感官参与教学活动，从知识的接受者变为知识的拥有者。在体验教学中，体验的内容是多元且开放的，所有能够促进自我发展的资源都是体验的内容，同时体验教学在时空和信息上的无限延伸促使课堂变得生动有趣，满含生命力与创造力。

体验根植于人的"精神世界"和"完整生命"，通过教学交往个体实现自我与他人、与自然、与社会的有机统一，从而实现对自我生命的更新与超越。在教学过程中，交往的互动性与过程性，造就了人与自然、人与社会、人与自身关系的丰富性、多元性，扩大了人的生命内涵，提升了人的价值。通过交往个体生成独属于自我的体验，基于对体验的充分交流分享，人与人之间相互理解，这种理解反过来又丰富了个体的内在体验，建构人们的精神世界。师生在教育过程中交往着，在交往过程中体验着，在体验过程中理解着，在理解过程中分享着，在分享过程中创造着，体验本身也就是个体生命成长与精神发展的过程，通过体验、理解与表达，人们感受着生活和生命的意义，扩展着体验者本身存在的意义边界，每一次交往、体验和理解都是一次新的视域融合，带给个体看待自我与外部世界新的视野，丰富个体的人生经验，扩大个体的精神世界。

3. 体验是一种有效的教学手段

以往教学秉持客观主义的知识观，将具有客观性、普遍性、确定性的人类对客观事物的认识成果视作教学内容，为了提高知识传递的效率，将教学活动简化为线性、平面、机械的过程。体验教学秉持生成的知识观，知识被看作认知主体通过参与、行动、实践与外部世界发生交互作用时涌现和生成的产物[1]，因此知识不仅具有客观性、普遍性、确定性，还具有主观性、文化性、不确定性、分布性、境域性、价值性、动态性等属性[2]，在这样的知识观下，教学过程不再是对知识的灌输与接受，"从学生发展过程与结果来理解教学中的知识及其产生，即知识产生过程是学生对教学所选知识的再生产过程"[3]。从这个角度来说，知识作为教学活动的主要内

① 张良. 具身认知理论视域中课程知识观的重建 [J]. 课程·教材·教法，2016（3）：65-70.

② 郭元祥. 新课程背景下课程知识观的转向 [J]. 全球教育展望，2005（4）：15-20.

③ 廖哲勋. 构建新的知识观，深化课程改革 [J]. 课程·教材·教法，2016（6）：12-19.

容，不仅包括人类积累的认知成果，也包括分布在真实生活世界的情境化知识以及存在于主体体验经验中的默会知识。因此教学活动应当基于知识的丰富性与完整性，观照知识之于个体生命的关系，让知识真正与学生个体建立联系，促进知识的内化，从而焕发个体生命的意义。在知识内化与创造的过程中，体验是一种重要的方法与手段。

体验教学的过程强调学生以完整生命体的形式参与教育教学过程，学生能在教师的引导下，在已有的知识结构、生命体验的基础上，在对话与交往的过程中通过体验、思考与感悟对教学内容进行理解与创生，使其内化于自我的生命之中，从而获取知识、陶冶情感、生成意义。教学过程不是教师单向度的知识传递，也不是对预设知识内容的灌输，而是以预设的教学内容为基础，通过主体对知识背后的经验、智慧、精神的感悟、体验、理解与超越，实现个体的自我发展。学生主体的参与与体验能够还原知识的整体性，让学生充分理解知识及其与情境、实践之间的联系，建立知识与学生个体经验的联系，促进学生对知识的内化与创造。体验教学将教学视为一种互动、对话和创造的过程，教学内容也从去情境的、分科的、预设的知识逐渐转向情境化的、整体的、生成的知识。

此外体验以直观感受为基础，包含强烈的直觉成分。有学者指出，很多伟大的令人称奇的发现，不一定符合已有的逻辑法则，相反，不少发现起始于具有创造性的直觉并经由猜测获得①。当然这样的猜测不是充斥主观性的毫无根据的随意猜想，而是建立在一定知识基础上的假设。体验的产生与个体以往生活经验、知识的积累以及个体认知结构密切相关，体验并不是不建立在任何知识基础上的"无中生有"，而是个体在对知识系统全面认知与内化的基础上，进行充分假设与验证，同时并不拘泥于此，而是在此基础上通过反思实现认识上的飞跃，实现问题解决与实践创新。体验教学强调课堂教学的体验性、交往性、协作性，在师生互相学习、共同进步的文化中，在民主、平等、宽容的氛围中，在经验共享中创生知识和发展意义，体验教学尊重主体性、体现创造性、追求人性化，对于学生来说，个体的发展不再以"等待灌输"的被动接受形式实现。体验教学关注

---

① 王梓坤. 科学发现纵横谈 [M]. 长沙：湖南教育出版社，1999：127.

并鼓励学生通过个体体验，实现经验的获得、能力的培养以及个性的发展，体验是学生个体发展和教育教学发挥作用的重要方法与手段。

二　体验教学的特征

体验教学不否定知识的重要性，不否定教师的主导作用，只是更加关注学生在发展过程中的个性体验与多元理解。总的来说，体验教学具有主体性、亲历性、情感性、意义性的特点。

（一）主体性

学生的发展是教育教学活动的出发点和最终归宿，学生是教育的主体，也是发展的主体。以往教学过于注重知识的掌握，通过灌输、传递的方法提高知识掌握的效率，在一定程度上忽视了对学习过程与方法、情感态度价值观的关注。以教师为中心、以知识为中心的课堂教学，忽视了对学生发展主体性的关注，剥夺了学生作为发展主体的能动性。相反，体验教学，充分尊重学生的主体性，尊重学生在发展过程中的主体地位。体验教学以学生为中心，关注学生在学习发展过程中的独特体验与多元理解，关注学生的个体感受、尊重学生的学习风格、形塑学生的情感价值，倡导学生在主动参与中、在具体情境中通过亲历、感受、观察、总结、反思、概括、行动等，发现问题、思考问题、解决问题，从而具备较强的实践能力与创新精神，具备终身学习与发展的能力。

体验是主体生命存在的基本方式，是主体与外部世界实现"相互作用"最直接的方式，没有主体的主动参与、深度投入、情感生成，体验的产生及其意义也就无从谈起。体验不能依靠外部力量的强制、逼迫、监督、命令产生，而只能依靠主体自身的感受、投入、领悟与理解产生，其是一种主动的、自发的行为，是学生主体性发挥的重要表现。体验离不开个体主动性、能动性的发挥，是主体在不断参与、体验中实现自我建构从而提升其主体性的过程。体验与学生的生命直接相连，而每个人的生命都是独特的、不可替代的、不可重复的，因而体验也具有个性化的特征。体验的产生与个体已有的生活经验、人生经历、认知结构、价值取向、个性特征、学习风格等密切相关，面对不同的情境，同一个体会产生不同的体验，面对同一情境，不同个体也会产生别样的体验。体验是个体主体性表达的重要方式，体验教学始于对学生主体性的确认。

（二）亲历性

体验与人的生命密切相关，是个体生存的基本形式。当我们说一个人具有某种体验时，这种体验表明个体曾经亲身经历过，通过亲历产生对外部世界、对生命存在的深切感受与深刻理解，即便是个体经由他人或以旁观的角度了解某种体验，这种了解也只有当个体将其与自身生命相联系时，体验才能真正发生。也就是说，无论是对间接经验的体验，还是对直接经验的体验，只有当一个人真的做到"亲历"，体验才能真正与个体生命直接相关。在体验教学过程中，学生不是一个被动接受者或非参与式的观察者，而是通过亲身经历与切身体会，获得之于个体发展具有重要意义的体验。体验教学不仅关心学生通过教学活动能够获得多少知识经验、认识多少外部事物，还关心学生在学习和发展过程中是否满含热情、是否从内心深处关心外部世界、是否经由教学活动获得行为和思想上的改变等。

亲历性是体验教学的重要特征，体验的发生需要主体亲历获得，体验教学需要学生在主动参与、深度投入、情感体验、意义生成的过程中实现知识技能、过程方法、情感态度价值观的发展。具体来说，体验的发生需要学生在具体情境中调动一切感官，在亲历中产生具体体验，通过反思观察和概括总结，在实际情境中实现对体验的检验。亲历是体验发生的基础，它包含两层含义。首先是实践层面的亲历，也就是说主体通过实际行动亲身经历，比如学生对教学活动的直接参与；其次是经由"心理"活动的亲历，即主体经由心理通过联想、想象、移情等方式"经历"某件事，这种亲历能够实现主体对自身原有体验的回顾或反思，也能对他人的经验体验实现移情或理解。总之，体验教学强调学生以完整生命个体的形式直接参与到教学活动中，通过实践层面的亲历或心理层面的亲历，形成内在于自己的知识、经验、能力、情感、意义等。体验教学倡导学生通过主体参与在具体实践活动或情境中实现对外部世界和自我的感悟，因此在教学中教师应创设良好的情境、组织便于学生实践的活动，为学生提供动脑、动手、动口、动心的机会，使其手脑并用、心手合一，从而在亲身经历中实现个体全面、完整、健全发展。

（三）情感性

体验教学关注学生主体性的发展，以学生亲历为基础，意在使学生通过教学活动获得之于个体发展具有重要意义的体验。教学本来既是一个理性的认知过程，又是一个情感的体验过程，还是人格获得健全发展的过程。体验教学之所以强调学生体验的获得，就是因为体验的获得既以知识的获取为基础，同时又伴随着个体情感的生成，认知与情感是相互促进、彼此依存的。良好的认知体验能够促进学生情感的发展，情感体验的生成又反过来促进学生认知的发展。个体发展的过程原本就是一个知、情、意、行统一的过程，情感体验不仅是认知发展的重要手段，也是个体生命发展的重要组成部分，体验的产生伴随情感意义的生成。体验教学关注学生生命的完整性，关注学生在掌握知识与技能的同时生成包含情感、态度、价值观的体验。

在体验的生成中，情感总是相伴相随的。也就是说对某件事物或现象有体验，必然伴随某种情感的产生。因为体验本就始于情感，体验的起点是主体已有阅历或经验，主体在投入情感的基础上实现对外部事物的体认，从而获得对自我、对生命的深刻感悟；而体验生成的结果，也伴随更深刻的情感体验，即体验始于情感并最终指向情感[1]。在体验教学中，学习者体验的产生离不开情感的支持，同时通过体验学习者自身的情感能够得到深化。体验的这种情感性使得体验与生命相连，超越一般的认知和经验，是个体在生成生命意义的同时收获有深刻反思理解的"意义性情感"[2]。

（四）意义性

体验教学是通过个体亲历、主动参与教学活动从而形成个体独特体验，最终生成意义的过程，也就是说体验教学关注体验的意义性，关注生命个体在发展过程中经由教学生命意义得到了何种扩展与彰显。体验教学并不否定知识之于个体发展的重要性，但并不将教学过程视为一个简单的

---

① 童庆炳 . 现代心理美学 ［M］. 北京：中国社会科学出版社，1993：67.

② 陈佑清 . 体验及其生成 ［J］. 教育研究与实验，2002（2）：11-12.

认知过程，教学不仅仅要传递知识，还需要引导学习者明晰知识之于个体发展的重要意义。举例来说，学生在学习知识时，如果没有理解知识及其背后的意义，那么知识的学习未必能真正发生，这种学习不会对个体发展带来什么作用，同时在知识被淡忘以后，很难再留下什么，相反，如果人们在学习知识时理解其之于个体、之于生命的意义，即使在学习行为发生以后知识被暂时遗忘，知识所生发的意义也可以伴随生命始终，对个体产生深远的影响①。对学生发展来说，体验是知、情、意、行相结合的，是身体与心灵、情感与认知的协调统一发展，体验伴随着情感的产生，也伴随着意义的生成，是一种探寻意义的精神活动。

从美学角度来说，体验是一种指向意义的活动，这种意义不仅将个体的感觉、直觉、情感、选择、反思、行动、判断有机融合在一起，是对人充分发挥主体性的确认，也是对人生命存在的印证。体验的生成以意义的产生为标志，是产生于个体内心深处的、以意义为旨归的心理历程②。意义的生成不是先定的，也不存在于体验之外，而是在体验中通过主体与外部世界的相互作用得以产生③。所以体验产生的意义性不仅表现在体验过程主体能够更好地实现对外部世界的认识，同时这种认识与情感的交汇也会使个体生命的精神力量得到激活、唤醒与提升。体验的生成需要一个过程，同时意义也存在于过程中，体验学习的发生是学生在教师所创设的教学情境和活动中通过亲历、实践与行动，并结合自身已有生活经验和认知水平，最终获得知识的建构、能力的发展、情感的升华、意义的生成，是学生自我发展、自我实现、拓展生命意义的过程。

三 体验教学的价值

关注学生体验的教学以学习者为中心，将学生的体验所获视为学习结果，致力于使学习者在有意识思考各种经验的基础上发展知识、技能、态

---

① 朱小蔓. 教育的问题与挑战——思想的回应 [M]. 南京：南京师范大学出版社，2000：179.
② 李泽厚. 美学四讲 [M]. 合肥：安徽文艺出版社，1999：543.
③ 王岳川. 艺术本体论 [M]. 上海：上海三联书店，1994：152.

度、情感、价值观，体现学习者内心价值和焕发其生命活力。在体验教学中，教师根据教学目的与内容，以学生的身心特点和认知发展规律为基础，通过创设合理有效的教学情境，引导学生亲历、参与、关注、感受、体会、领悟、理解，通过体验与反思，实现知识建构、能力发展、情感陶冶、意义生成、人格健全，最终实现自我完善与发展。体验教学有利于学生主体地位的确立、有利于学生知识经验的获得、有利于学生创新实践能力的培养、有利于学生情感意义的生成、有利于学生全面发展的实现。

（一）有利于学生主体地位的确立

以往的教学活动为追求知识传递的效率，将教师与学生视为工具性的物化存在，教师的主要职责在于讲授和传递书本知识，学生则成为被动的知识传递的接受者，在这个过程中学生要做的就是成为一个大容量的"器具"，将教师注入的"水"悉数装进来。知识传递的高效与否，在于教师是否"一滴不剩"，学生是否"一滴不漏"。教学成为一种单向的"施加"，学习成为一种被动的接受。这样没有生命的知识授受过程忽视了个体生命，学生的发展被界定为知识的增长或认知能力的发展，忽视了生命个体原本所具有的鲜活性、丰富性，知识之外的外部世界与个体发展完全绝缘。在这样的教育教学活动中，学生毫无主体地位可言，更谈不上实现成长与发展。体验教学正是通过对学生体验的强调，发挥教学活动之于生命个体完整发展的重要作用。体验教学强调教师基于教学目标与学生已有发展水平和生活经验，通过创设合理有效的教学情境，吸引学生主动参与教学活动，使其在亲历体验中实现知识建构、能力发展、情感陶冶与意义生成。体验教学强调体验的目的在于确立学生发展的主体性，因为一切教育影响只有通过学生的主体活动才能内化为主体的发展。

（二）有利于学生知识经验的获得

美国学者古德莱德曾提出五类课程，分别是理想课程、正式课程、领悟课程、运作课程和体验到的课程。体验到的课程指学生在课程实施的过程中实际感受到的课程，是课程实施的最终结果。五类课程表征了课程理想经由课本知识的形成最终落实在学生实际体验形成的层层递进的过程，这个过程也表明了学生知识的获得需要将课本知识通过自己对知识的体验理解，实现对知识的重组和内化，最终将教材知识转化为个体知识。个性化知识的获得过程与结果，才表征成为学生体验到的课程。体验教学并不否定知识存在的重要意义，知识是学生认知发展、情感生成、价值观形成的重要基础，是学生具备实践能力与创新精神的重要基石。但体验教学反对以知识灌输的方式让个体获得之于自身发展毫无意义的知识经验，强调以主体参与、深度投入、产生情感体验等方式形成内在于个体的知识经验。作为教学活动的设计者和引导者，教师不能将预定的、割裂的、片面的、已经嚼碎的知识直接呈现给学生，而是要引导学生参与知识生成的过程，引导学生在发挥主体性、能动性的基础上实现知识的建构与认知能力的发展。体验是将知识内化为学生内在知识结构的重要通道，也就是说体验不仅有利于知识经验的获得，而且能活化知识经验获得的过程，从而发挥知识获得对于个体意义建构与自身发展的重要作用。

（三）有利于学生创新实践能力的培养

当前课程改革突出强调对学生实践能力及创新精神的培养，但是在将学生"物化"的教育教学场域中，学生被视为"容器化"的存在，教学活动关注有形知识的获得，不关注知识生成的过程，不关注知识之于个体发展的意义。学生若长期只接受教师给予的现成的、嚼碎的结果，会慢慢失去独立思考、勇于质疑的精神与态度。亚里士多德认为哲学产生于三个条件——闲暇、惊奇与自由，创新又何尝不是如此呢？没有独立思考的时间、机会与权利，没有对知识及其产生的完整认识，没有对知识深入探究的欲望，又怎么会具备实践能力与创新精神？体验教学将体验视为创新精神和实践能力得以产生的重要途径，因为只有当个体在学习发展过程中产生积极的体验，明晰知识对个体发展的意义，了解知识的生成过程，具备主动学习的兴趣，形成体验探究的习惯，才能真正具备创造性解决问题的能力。在被允许体验的环境中，学生的思想才可能自由生发，学生的潜力才有可能被充分激发。体验是基于主体亲历的个体化活动，与个体自我意识、情感态度和价值观的形成密切相关。体验教学有助于学生创新意识的培养与创新思维的形成。就体验产生的具体过程来说，没有具体的经验，就不会有深刻的感知。体验是个体形成问题解决能力，具备实践能力与创新精神的基石。因此体验教学对个体体验的关注有利于学生创新精神和实践能力的培养。

（四）有利于学生情感意义的生成

以往的教学重视知识的获得，而忽视学生是作为完整生命个体进入教育教学场域的。在异化的教学活动中，教师只关注学生是否获得了知识，是否能在考试中取得好的成绩，不在乎学生在学习发展中具有何种体验，不在乎知识的获得到底对个体发展有何意义，不在乎学生是否在学习发展过程中产生积极的情感体验，不在乎学生是否愿意主动学习、乐于学习。教学既是一个理性的认知过程，又是一个情感的体验过程，还是人格获得健全发展的过程。体验教学之所以强调学生体验的获得，是因为体验的获得既以知识的获取为基础，同时又伴随着个体情感的生成。认知与情感是相互促进、彼此依存的。良好的认知体验能够促进学生情感的发展，情感的体验又反过来促进学生认知的发展。举个例子，学生在解决问题的过程中不仅能够获得知识经验，增长能力，同时也能在问题解决中获得自我效能感，认为面对学习这件事，"我能""我行""我可以"，问题解决给学生带来的良好体验，又能促使学生主动解决下一个问题。认知的发展与情感意义的生成相辅相成、互为促进。学生在教学活动中想要获得知识经验，需要通过"我"与外部世界的充分沟通和融合，各种知识与经验只有经由亲历与体验，才能真正内化成为个体精神世界的重要组成部分。个体发展的过程原本就是一个知、情、意、行统一的过程，情感体验不仅是认知发展的重要手段，也是个体生命发展的重要组成部分，体验的产生伴随情感意义的生成。体验教学关注学生生命的完整性，关注学生在掌握知识与技能的同时生成包含情感、态度、价值观。

（五）有利于学生全面发展的实现

体验教学关注学生作为完整生命个体的发展，即个体是身与心、知识与能力、认知与情感、态度与价值观协调发展、高度统一的完整生命体。之所以强调体验的重要性，在于体验的发生需要个体调动一切感官参与教学活动，"手脑并用""心手合一"，从而实现知识技能、过程方法、情感态度价值观的全面发展。此外，体验不是要否定教学活动中知识获取的重要性，而是否定将知识增长作为唯一教学目标引导教育教学全过程，否定以灌输的方式传递知识。体验教学强调知识获取过程中个体能动性的参与，关注知识获取之于个体发展的重要意义，关注以往容易被忽视的学习过程或情感体验，也就是说，体验教学不只看重学生在学习过程中获得的有形知识，更关注体验过程本身之于学生态度、行为、情感、价值观的意义。对学生的发展来说，无论是认知、技能的发展，还是情感、态度、价值观的形成，都是通过主体与外部世界的交互作用得以实现的，体验正是主客体相互作用的途径和方法，是实现个体潜能向现实转化的中介，发展经由体验实现。体验教学的目的在于促进个体实现全面发展，全面发展不仅体现在学习能力方面，也表现为健全的人格、健康的生活、社会责任感、实践能力与创新精神、终身学习的愿望与能力等方面。

第三章

体验教学的思想基础

通过对体验教学思想进行梳理可以发现，对"体验"论述较多、较为深入的包括狄尔泰、莫里斯·梅洛-庞蒂、罗杰斯、奥苏贝尔、杜威以及大卫·库伯。本研究将狄尔泰的"体验思想"和莫里斯·梅洛-庞蒂的"身体哲学"作为研究的哲学基础，将罗杰斯和奥苏贝尔关于"有意义学习"的论述作为研究的心理学基础，将杜威的"经验学习论"与大卫·库伯的"体验学习圈"理论作为研究的教育学基础，它们分别对"为什么体验"以及"如何实现体验"做出了回应，为体验教学奠定了深厚的思想基础。

一 体验教学的哲学基础

近代欧洲处于理性主义一统天下的时代，我们不否认理性主义在人类发展历程中所起的重要作用，但"物极必反"，19世纪以来人类对理性主义的极度崇拜，不可避免地造成了人的感性与理性之间的分裂，使个体丧失生命的整全性，异化了人存在的价值和意义。如何找回失落的精神世界，重塑生命的完整性，走出人自身生命的异化成为人们需要面对的重要问题。在此背景下，生命哲学以反实证主义和非理性主义的姿态进入人们的视野。生命哲学起源于19世纪末20世纪初，兴盛于20世纪50年代，在对以理性主义为特征的哲学的批判基础上强调生命的独特性、整全性以及超越性，并重新思考人的生存状态以及人对生命意义和价值的追寻。

生命哲学理论认为，人是一个双重存在的独特的复杂生命体，是"种生命"与"类生命"的统一。人作为一种自然的存在物，既具有"种生命"与生俱来的共有的生物功能，也具有人类所独有的"类生命"特性，"这种特性使得个体的生命存在得到肯定、生命力量得到彰显，这种力量是个体的自由属性，无需被证明"①。人存在的独特性不仅体现在人与动物之间存在不同，同时还体现在不同个体在生理与精神方面存在显著不同，更确切地来说，人的独特性着重体现在人与人思想和精神层面的差异。每个人生活在不同的环境中，而个体之于环境所产生的不同感受与体验正是个体存在的证明。个体感受不同、体验不同，其表达和理解也会迥然相异。生命是不断绵延、流动、扩展的，现在是"过去的连续进展，过去总是紧紧咬住未来，逐渐膨胀，直至无限"②。因此生命的本质在于不断变化、生成与创造。生命的绵延与流变给予人生命发展无限的可能性，同时个体本身具有"生命冲动"，这种冲动是一种生命中固有的、不可阻挡的、向上的欲望，是整个宇宙创造进化的驱动力，有了这种冲动，生命才会有改变和发展。生命冲动使人既有物质的、世俗的需要，又有精神的、价值的追求，与物质需求相比，精神发展的需要是人之所以为人最本质的特点。人的生命是一个不断激发个体潜能使个体超越本身的自在性与规定性，去追求自为性与创造性实现的过程。生命的超越性源于人生命发展的需要，个体通过在环境中的不断尝试与探索，努力改善已有生存状态，利用有限的生命去追求无限的可能性，从而实现生命发展的超越。生命主体的生存不仅仅体现为"活着"，还体现为在生命过程中生命主体对现有状态的不断否定与更新，对本真状态的不断超越与生成。总的来说，生命的变化发展给予人生命发展无限的可能性，基于可能性表现出的超越性是人生命的本质特征。

狄尔泰将自己的哲学命名为生命哲学，由此可见"生命"是狄尔泰的主要论题。在狄尔泰那里，所谓的生命特指人的生命，"在人文科学中，

---

① 费迪南·费尔曼. 生命哲学 [M]. 李健鸣, 译. 北京: 华夏出版社, 2000: 51.
② 柏格森. 创造进化论 [M]. 王珍丽, 余习广, 译. 长沙: 湖南人民出版社, 1989: 8.

我仅仅将'生命'一词用于人的世界"①，人通过感觉、知觉、思想和意识行动来与现实相接触，一切知识经验都源于人与现实世界的作用，作用的结果既包含人对外部世界的认识，也包括人对自我的认知。狄尔泰认为个体通过对外部世界的感知产生经验，在经验的基础上通过内省与反思，并结合社会知识与文化财富使自身经验得到丰富与发展，形成"内在经验"，也就是"体验"。"体验"是狄尔泰生命哲学思想的核心，伽达默尔认为，"正是狄尔泰首先赋予这个词以一种概念性功能，从而使得这个词不久发展成为一个受人喜爱的时兴词，并且成为一个令人如此容易了解的价值概念的名称，以至许多欧洲语言都采用了这个词作为外来词"②。狄尔泰的"体验"与我们一般意义上谈论的"经验"不同，他认为传统意义上的经验预设着主客体的对立，而对体验的强调会弥合主客体的二元对立，它指向个体在生命历程中，通过自身与外在环境的相互作用形成具有统一意义的共同体。生命历程是由各种体验构成的，体验包括人的感觉、直觉、情感、实践和反思，但体验又并不是它们的简单相加，而是建立在感觉、经验基础上的反思与领悟。

要理解狄尔泰的体验概念，还需要对他的时间概念有所了解。狄尔泰在体验概念中所阐述的时间与我们描述自然事件所运用的时间概念有所不同，我们对时间的描述是基于人对时间进行的人为且机械的划分。举例来说，在描述自然事件时所采用的时间划分对每个人来说都是相同的，比如说学制三年，就是说学生需要经历三年的学习时间。在这种划分标准下时间是匀速流淌的，从过去到现在并指向未来，而狄尔泰却认为这种适应自然的时间观念不适应于体验概念，体验概念中的时间是充满情绪体验与情感表达的时间，狄尔泰称之为"具体时间"。举例来说，我们问不同个体过去一年时间流逝的快与慢，不同的个体会有不同的"感受"，因为在过去一年中不同个体经历了不一样的生命历程，所以会产生不同的"时间体验"。我们体验到的是现在，但这个现在是一个流动的过程，包含过去，

---

① H. P. 里克曼. 狄尔泰 [M]. 殷晓蓉，吴晓明，译. 北京：中国社会科学出版社，1989：84.

② 伽达默尔. 真理与方法（修订译本）[M]. 洪汉鼎，译. 北京：商务印书馆，2010：93.

观照现在并指向未来，体验并不仅仅指现在"意识"到的，还包括与现在牵连的过去与现在指向的未来，体验作为一种结构性的关联体，将过去、现在和未来连接在一起。活的体验是一种存在于意识之中的动态统一体，也是一个重要的生命过程①。狄尔泰将体验表现出的动态统一体命名为"生命历程"，他指出"生命历程由个体所有存在内部关联的体验构成，每一个独立的体验与生命历程发生联系，即指体验是生命的有机构成，这种关联性的存在指向生命的存在与精神的彰显"②。狄尔泰认为流逝的过去不是仅仅过去了而已，而是作为一种构成存在于现在中，从某种程度来说，过去也具有现在性。体验作为生命在时间流程里的一种构成单位，与个体的生命与时间紧密相连。在狄尔泰看来，对一个具体生命而言，时间以内在体验的形式得以表达，体验并不是按照简单的逻辑顺序排列，而是作为一个整体的各个部分被个体"体验"，由于体验与生命同行，所以体验也就成了"发生在时间之中的一种过程"③。

狄尔泰认为体验与人的生命共生共存、不可分离，是生命最基本的存在形式，人只有通过体验才能把握生命，因为生命存在于体验表达的本质中。体验不仅包括身体体验，也包含丰富的内心体验，通过体验自己生活、学习、成长过程中的各种"遭遇"，个体实现外在行为与内在情感的充分沟通，实现精神世界和生命活动的意义与价值。在狄尔泰看来，生命不仅指人的身体活动，更涵盖了人的精神活动，具有一种转瞬即逝、不可遏制、具有能动创造性的冲动，生命的本体不是客观外在的理性实在，而是感性的、鲜活的、处于不断生成中的生命体验，生命是过去、现在、将来不断延伸、不断推进、相互统一的过程，已经"过去"的过去作为现在的重要组成部分仍对"现在"产生意义。生命的绵延与流变决定了人们无法用抽象的概念把握生命，只能依据内在体验表

---

① 威廉·狄尔泰. 诗与体验 [M]. 胡其鼎, 译. 北京: 生活·读书·新知三联书店, 2003: 225.

② DILTHEY W. Wilhelm Diltheys Gesammelte Schriften, Bd. 7 [M]. Leipzig: Teubner, 1927: 195.

③ DILTHEY W. Wilhelm Diltheys Gesammelte Schriften, Bd. 7, [M]. Leipzig: Teubner, 1927: 194.

达①。在体验的过程中没有主体和客体之分，主客的融合而非对立原本就是体验的基础。人只有通过生活中的直接体验"意识"到自身的存在，生命的本质才得以彰显。

回顾传统西方哲学史，可以发现一个值得深思的现象，一直以来身体以一种被贬抑的姿态出现在哲学世界中，"身体"在哲学思考中被给予较低的地位。苏格拉底将身与心对立起来，承认人的生命由肉体与灵魂构成，但认为灵魂是人类最为本质的关键性存在，认为应当"限制"身体；提出灵魂"回忆说"的柏拉图认为，肉身只是灵魂的"住所"，人本来是拥有真理的，但由于灵魂受到身体的玷污，忘却了原本拥有的知识，因此学习实质上是一个回忆的过程；基督教认为身体具有"原罪"，灵魂才应该受到赞美；黑格尔主张"绝对精神"，更是将身体置于"被遗弃"的地位；笛卡尔认为通过感官经验获得的知识是不可靠的，主张知识和真理的获得要通过无躯体的心灵，由此从认识论的角度将身心二分对立。

19世纪以来，随着非理性主义思潮的崛起，以笛卡尔为代表的理性主义哲学不断受到挑战，人们重新审视身体与灵魂、物质与精神之间的关系。梅洛-庞蒂是20世纪法国著名的哲学家，他用"身体"这个全新的视角开启思考，以现象学的方法处理身体与心灵的关系，重视对身心的综合，强调物性和灵性的结合，努力实现对身心二元对立论的超越。在他看来，身体不再是传统哲学家眼中与灵魂产生对抗的"身体"，而是一个整体性概念，身体与心灵彼此依存、彼此造就，人是身体性的存在，一个完整的人应当是身心的统一体。

总的来说，梅洛-庞蒂的身体哲学包含三个核心观点。一是人是身体性的存在。"在成为理性之前，人性是另一种身体性。"② 梅洛-庞蒂认为身体作为一个整体是不可分割的，是人的存在方式，但身体是一种模棱两可的、含糊不清的存在方式③。这种身体所具有的模糊性不是一种消极的状态，相反，正是这种独特的存在方式将人的身心对立予以消解，是身与心

① 邹进. 现代德国文化教育学 [M]. 太原：山西教育出版社，1992：174-175.
② 杜小真，刘哲. 理解梅洛-庞蒂：梅洛-庞蒂在当代 [M]. 北京：北京大学出版社，2011：248.
③ 莫里斯·梅洛-庞蒂. 知觉现象学 [M]. 姜志辉，译. 北京：商务印书馆，2001：257.

之间无限互动的必然结果。个体所拥有的思想、观念、知识、经验等其实是身体被整体运用产生的结果，其产生有赖于身体的感知和体验。也就是说，身体是人一切活动的出发点和基础，也是最终的目的地和结果，因此梅洛-庞蒂强调对身体感知和体验的关注。二是身体是朝向世界存在的。身体将人引入特定的生存情境，使人介入世界从而与他人发生联系并产生一系列的实践活动。作为一种意向性的存在，身体不仅朝向外部世界，也指向内部世界，将人与外界有机联系在一起。因此身体作为人与世界的"界限"，既保持个体的独立，也为人联通外界并与之发生联系提供可能的条件，"既分化也整合着人的内心世界与现实世界"。三是身体是联通外部世界的介质。世界是由人组成的，因此个体的存在不可避免与他人发生关联，"他人始终寓于世界和我们自己的结合处"①，个体的生存与发展需要不断反思自我与外在的关系，而身体作为人与人之间相区分的界限，是人与人关系活动的承载者，也就是说，生活世界正是身体与身体相互区别又相互联系所构成的环境。梅洛-庞蒂继承了胡塞尔的还原理论和海德格尔的存在理论，用身心合一的身体观终结了笛卡尔的二元论，并以身体自身的能动性回答了康德关于认识如何可能的问题，指出知觉是反思的基础，而身体是知觉的基础。梅洛-庞蒂指出身体不只是一个事物，而是所有意识的出发点，脱离了对身体本身的表达，任何对知觉和意识的研究都是形而上学的，身体在身心统一之下完整地表达自身。

梅洛-庞蒂认为身体是具体存在的物质客体，始终与作为主体的"我"在一起，身体知觉到的世界才是真实的。身体是意识与世界得以交流的媒介，既是主观的也是客观的，既是主动的也是被动的，原因在于它具有物质性与知觉性。在其著作《知觉现象学》中，梅洛-庞蒂用"身体图式"这一概念，阐释身体如何存在于世界。"身体图式"表明身体是一个协同作用的系统，将各种器官以及内外两个部分统一起来。梅洛-庞蒂借用格式塔心理学的"完形"思想阐释"身体图式"理论，认为人对事物的知觉形式是完整的、连续的，而非孤立的、间隔的，身体是整体性的知觉结构，身体图式是身体与世界进行沟通的实践体系，即我们在知觉世界时，

---

① 莫里斯·梅洛-庞蒂. 世界的散文 [M]. 杨大春，译. 北京：商务印书馆，2005：156.

并不是把身体的各个器官分开去感知，而是将身体作为一个统一体去知觉。有别于以往认识论将身体看作静态的反应，梅洛-庞蒂眼中的"身体"是以身体图式展开的有机体的完形，身体图式表达的不是静态的存在，而是能够以全新的面貌主动认知环境的具有"我能"生命力的动态反应。

为什么要将梅洛-庞蒂的"身体哲学"作为体验教学的哲学基础之一？身体与体验及体验教学的关系是什么？本研究将在这部分展开讨论与思考。纵观以往教育领域对体验的研究，更多借鉴心理学的相关理论，对体验的界定大多是从心理层面展开。本研究并不是否定将体验看成一种情感产生和意义生成的活动，而是反思哲学中对身体的贬抑以及传统教育教学对身体的忽视，因此增加身体的视角重新审视体验及体验教学。

在教育学领域可以将体验分为实践体验和心理体验，顾名思义，实践体验就是主体在实践活动中通过亲身经历从而获得相应的经验和情感，心理体验是主体从心理层面对他人的亲身经历进行体验。分别来看二者，实践体验是人与外部世界发生相互作用，需要身体在场并以开放的姿态调动身体所有的构成部分共同参与实践活动。反过来说，如果身体在场却以非敞开的姿态面对实践活动，那么实践活动的信息就无法传递到主体身上，也就是说，即使实践活动真切发生，但若个体呈现出"拒绝"的状态，那么实践活动对个体体验来说不会产生具有意义的影响。只有个体的各种感官协调配合，共同获取实践活动的全面信息，再由身体作出判断，传达"命令"，实践活动给予个体的刺激才能转化为一种亲身感受，体验才会应运而生。体验源自最初的感受，感受又来自身体的协调运转，从这个角度来说，体验始于身体以"开放"的姿态在场的参与。除了实践体验，个体还会有心理体验。如果我们仔细聆听身体，就会发现身体存在储存经验的记忆，如果我们曾经有被锋利物品刺痛的经历，看到他人被针扎到身体，我们就会回想起过往刺激施于身体后形成的感受，这种被记忆的感受就会在相类似情境出现时被回想起来，这就是心理体验的发生机制。在学校教育教学中，无法做到所有学习内容或对象都让学生亲身经历，但可以通过创设情境，让学生获得心理体验。无论是实践体验还是心理体验的发生，都离不开身体的在场。当然，仅仅由身体产生的感受不足以构成体验，体验离不开意义和情感的生成。同时情感与意义的生成也与身体息息相关，在身体哲学视野下，情感和意义并非心灵的产物而是身体的产物，与身体密切相关且受到身体影响。不仅如此，当个体经由身体获得感受产生体验，其伴随生成的情感与意义还会经由身体得以表达，如动作、表情、神态、语言等。比如在课堂教学活动中，如果学生对教学过程感兴趣，能够对活动或内容作出相应的反应，积极参与、主动思考，那么就可以说明教学活动引起了学生主动参与体验的兴趣；反之，如果学生不断看时间，做与课堂教学无关的事，那么就说明教学活动带给学生消极的体验。因此教学体验活动是否有效，学生通过身体呈现出的反应能够给出一个直观、真实的答案，这也为教师即时诊断教学活动、及时调整教学进度提供有力的参考。

在体验教学中强调"身体力行"，无论是实践体验还是心理体验，个体在活动中经由亲历所获得的结果之于个体来说是最有影响和意义的体验反馈。我们不否认心理、意识等之于体验的重要意义，但同样不能忽视身体体验的存在和价值，因为无论是心理还是意识，都始于个体的身体。身体体验突出强调其所具有的整全性、亲历性和实践性。首先，身体体验的整全性指个体在投入体验活动时身体所呈现的整体性投入的状态，个体的每种感官都以自己独有的"参与"方式"各司其职""通力合作"。此外，身体的整全性还表现在身体所承载的丰富、多样的社会、文化等信息也同感官一样一并投入体验活动。其次，身体体验具有亲历性，体验需要个体身体在场，这个在场包括"现在"在场和"曾经"在场，分别对应个体的实践体验和心理体验，因此，"在场"决定了亲历性是身体体验最显著的特点。如果将学生可获取的经验分为直接经验和间接经验，直接经验毋庸置疑来自亲身体验，同时间接经验也需要个体"亲历"，间接经验中文字符号所表达的概念和意义往往是客观的、普遍的、抽象的、外在于个体经验的，符号所表达的事物要想被理解并转化为个体体验，就必须使个体将它与其所指称的实物或个体已有亲身经历相联系，简言之，间接经验要以个体的亲身经历为桥梁才能转化为个体体验。因此在教育教学中，应当珍视身体体验亲历性所具有的真实性和强烈感之于个体发展和教育教学的重要意义。最后，身体体验还具有实践性的特点。体验中的身体是能动的，只要在体验场中身体以开放的状态在场，个体就会通过感官主动获取信息，并由身体对其进行加工和处理，从而产生体验、生成情感、获取意义，身体实践的过程就是体验获得的过程。总之，身体体验的整全性、亲历性和实践性对教育教学具有重要的启示意义，体验教学强调学生作为完整的个体在学习发展中的主体性和能动性，强调学生的亲身参与与实践对于个体发展的重要作用。

　　总的来说，身体哲学之于体验教学的重要启示在于，改变长期以来身心二元对立的影响，将人看作身心合一的整体，重新看待"身体"是个体生命存在的基础，是认识世界的媒介，是意义生成的载体。同时，对身体的关注赋予体验更深刻的含义，体验的产生离不开身体最初的感知，身体的参与促进体验的生成。

二　体验教学的心理学基础

　　在心理学领域，美国著名心理学家戴维·保罗·奥苏贝尔与卡尔·罗杰斯曾先后提出有意义学习理论。本研究之所以选择有意义学习理论作为体验教学的心理学基础，是因为体验教学反对"物化"的学生观、"机械"的学习观以及"灌输"的教学观，意在通过创设合理、具体的教学情境，促进学生个体的能动性参与，在亲历的基础上激发学生的深度情感体验，引导学生在亲历、体验、行动、反思、应用中获得对自我及外部世界的体验认知并实现意义生成，通过有意义学习的发生实现自我发展与生命成长。值得注意的是，虽然奥苏贝尔和罗杰斯都针对有意义学习进行过相关论述，但基于不同的理论基础，二者对于该理论的阐释存在显著不同，研究不过多评述二者理论中存在的不足和局限，而更多关注有意义学习之于体验教学的重要启示。

　　奥苏贝尔以行为主义与结构论思想为基础，基于认知同化理论将认知发展的内在机制应用于教学领域，将有意义学习界定为"符号所代表的新知识与学习者认知结构中已有的适当观念建立起非人为性的、合乎逻辑的实质性联系"[①]。罗杰斯以存在主义和后现代思想为出发点，基于人本主义

――――――――――――

[①]　莫雷. 教育心理学［M］. 广州：广东高等教育出版社，2002：12.

理论，批判知情分离的教学对人成长与发展进行机械"肢解"的弊端，指出教学应体现"完整的人"的"存在"，将有意义学习界定为"使个体的行为、态度、个性以及未来选择行动方针发生重大变化的学习"，注重学习者本身在学习发展过程中能将自己的情感、身体、注意力、思维等融会贯通，从而促进有意义学习的发生。

可以看出，奥苏贝尔的有意义学习强调新旧知识之间的相互作用；罗杰斯则更加关注新知识与学习者知、情、意之间的关系。以全面、系统、综合的视角考察有意义学习理论之于体验教学的启示可以发现，体验教学在于引发学生有意义学习的发生。知识之于个体成长发展的意义不在于知识机械化、无意义的"量"的积累，而在于学生原有认知结构中的知识观念在与新知识"相遇"的过程中发生"质"的变化，从而使原有认知结构得到重组、改造与更新，这是一个"以其所知、引其新知、使其知之"的过程。同时，有意义学习理论的意义不止于此，个体头脑中固有知识与新知识的再构过程需要个体主观能动性的积极参与，个体主观能动性的充分发挥需要个体全身心投入学习，学习的发生不止于"头脑"，也涉及个人情感，是"完整的人"的成长与发展。个体发展的过程原本就是一个知、情、意、行统一的过程，情感体验不仅是认知发展的重要手段，也是个体生命发展的重要组成部分。个体学习的过程既以知识的获取为基础，同时又伴随着情感的生成，良好的认知体验能够促进学生情感的发展，情感体验的生成又反过来促进学生认知的发展。认知与情感在个体成长与发展过程中是相互促进、彼此依存的。

那么有意义学习如何得以发生？或者说有意义学习发生的条件是什么？奥苏贝尔和罗杰斯基于不同的理论基础进行了阐述。

从奥苏贝尔对有意义学习的表述中可以看到两个关键词：一是"非人为"，二是"实质性"。也就是说，新知识的掌握需要个体在原有知识经验中找到与之相对应的"印象"，通过二者在意识中发生自然的联系产生相应的心理意义，从而实现有意义联结的建立和知识的内化。因此，有意义学习发生的前提是激活个体已有的知识经验，关键是建立新旧知识间的联系，目的是实现知识间的意义转化，从而实现知识的内化和认知结构的重组，获取知识之于个体成长与发展的意义。如果将有意义学习概括为"激活—连接—转化"三个步骤，那么想要激活个体已有的知识经验，首先需要学习者具备有意义学习的心向，需要学习者主观能动性的充分发挥，也就是个体具备"我想学"的需求和欲望，其次个体的认知结构中需要具备有意义学习发生的适当知识基础，也就是"我能学"的前提和条件。具体来说，激发学习者有意义学习的心向，是为了使个体在学习发展过程中，以积极主动的学习态度建立新旧知识间的有效联系，而不是以消极被动的态度参与教学活动，在教育教学过程中教师能够有效激活并充分调动学生的主观能动性，是有意义学习发生的必备条件；同时，学习者能够接受并同化新知识，需要个体已有知识储备的有效参与，包括对处于"潜隐"状态知识的有效激活，从而为新知识找寻固着点提供支撑，形成新旧知识间的联结。

此外，奥苏贝尔还指出，要想实现有意义学习的发生，教育者需要引导学习者在新旧知识之间建立意义联系，在个体已有知识结构的基础上，找到旧知识与新知识相关联的"固着点"，从而使学习者形成建构知识经验的能力及进行逻辑思考的能力。有意义学习理论还表明，新旧知识间建立有效联系并不是学习的最终目的，有意义学习的发生还需要学习者能够将知识内化于自身的认知结构，与头脑中已有知识经验和认知结构融合，这个融合的过程强调个体对于知识的"理解"，这种理解表现为知识间本质性的而非表面性的"合并"。如果说个体在学习过程中只是被动接受他人对于知识的观点和结论，缺乏自身对于知识的明确辨析和合理判断，无法运用现有知识经验对事物或现象做出个体化的解释和判断，无法运用所学知识解决实际存在的复杂性问题，不能对知识进行多角度、多层次的阐释，那么就不能算是实现了有意义学习。也就是说，只有当学习者能够形成系统化的、结构化的、整合化的知识体系，能够在实际生活中运用知识，形成可以广泛迁移的解决问题的能力，才可称学习者真正实现了知识间的意义转化。

奥苏贝尔还指出激发个体内在学习动机，促进学习者有意义学习的三大内驱力。一是认知内驱力。认知内驱力来自个体对外部世界"一探究竟"的心理需求，是对新事物、新知识的好奇，指学习者本身有渴望学习新知识经验并解决问题的心理倾向，是学习动机中最为重要和长久的部分，只有学习者内在具有学习的心向，才会认为学习之于个体发展是必要的，才会主动去学习、理解、钻研。提升学习者的认知内驱力可以促进个体积极投入学习过程，从而更有效地实现有意义学习。二是自我增强内驱力。自我增强内驱力指个体通过完成某些任务来获得一定成就感的需要，比如个体想要通过学习获得较强的能力，在未来工作生活中获得较好的社会地位，随着个体年龄、阅历的增长，这种动机将会更加显著。三是附属内驱力。附属内驱力指个体想要通过较好的学业表现获得他人的认可从而产生的努力学习的心理倾向，不论哪个年龄层次的学习者，附属内驱力都占有一定的比重。

此外，奥苏贝尔还指出，认知结构对于有意义学习的影响主要取决于原有知识的可利用性、新旧知识的可辨别性以及原有知识的稳定性和清晰性。原有知识的可利用性指学生的认知结构中的旧知识可以为新知识的接收和理解提供契合点，即原有知识结构中存在一定的观念可作为新概念的固着点。新旧知识的可辨别性指向新内容与旧的起固定点作用的观念间的区别程度，如果二者之间的区分度太小，学习者容易用新知识机械取代旧知识。新旧知识的可辨别性要求学习者将旧知识与新知识进行类比，找寻二者间的异同，也要求教师在教学过程中注意对新旧知识加以分析归纳，避免学生在学习的过程中产生认知模糊和混乱。原有知识的稳定性和清晰性指向学习者对原有知识的理解是否准确、是否固定，学生对原有知识的掌握不够清晰准确，不仅对掌握新知识毫无帮助，还会造成新旧知识间的混淆，只有学习者对原有的旧知识的意义理解准确无误，才能为新知识的学习提供有力的支撑点。

持人本主义观点的罗杰斯认为每个人都具有与生俱来的发展潜能，这种潜能是"人性的核心"，"在本质上是积极的，向前运动的，理性的和现实的"，教学活动就是要发展学生的潜能，促进学生的自我实现，使之成为"充分发挥作用的人"。在罗杰斯看来，这种"充分发挥作用的人"具有如下人格特征。一是整体性。人是情感与认知统一的完整的个体，不仅身体、心灵、情感、精神等不可分割，而且人的内部世界与外部世界也应该实现和谐统一。二是动态性。人的生命不是一个静止的状态，而是一个动态发展的过程，因此"教育目标务必是培养对变化开放的、灵活的和适应的人，学会怎样学习并且能不断学习的人。只有这样的人，才能建设性地处理某个领域的复杂问题"。三是建设性。人具有无限的潜能，在动态发展的过程中能够对周围的变化作出建设性反馈，这是人"积极向上"本性的体现。四是创造性。有创造性的人富有创新精神，"能够创造性地对各种新旧条件作出健全的顺应"，会不断地趋向自我的实现，"以一种为他最迫切的需要提供最大限度满足的方式行事"。

罗杰斯把学习分成无意义学习和有意义学习，无意义学习发生在"颈部以上"，只涉及心智而与个人情感与意义生成无关；而有意义学习不仅指向个体知识的增长，而且与每个人各部分经验都融合在一起，使个体的行为、态度、个性以及在未来选择行动时发生重大变化。罗杰斯认为如果仅仅将学习看作一种前后有序的认知活动，那学习就是一种左半脑的活动。左半脑被称为"智慧的半脑"，以逻辑为中介，按照线性方式思考问题，但在罗杰斯看来，有意义学习的发生离不开右半脑作用的充分发挥，而右半脑是以直觉的方式思考问题的，在理解细节之前需要先掌握实质。要想使学生的左右脑共同发挥功用，有意义学习是最好的方法。有意义学习把逻辑与直觉、理智与情感、概念与经验、观念与意义等结合在一起。当我们以这种方式学习时，我们就成了一个完整的人，即成了能够充分利用我们自己所有阳刚和阴柔方面的能力来学习的人①。

罗杰斯认为有意义学习包括四个要素：一是学习是自我发起的（self-initiated），即便个体学习发展的推动力来自外界刺激，个体自身要求了解、获得、掌握和发现的需要也是来自内部的；二是学习具有个人参与（per-sonal-involvement）的性质，即学习者的情感和认知等构成一个完整的组成部分投入学习活动；三是学习是渗透性的（pervasive），它与学习者的经验融合在一起，使学习者的行为、态度乃至个性等发生变化；四是学习需要经历学生自我评价（evaluated by the learner）的过程，对学生自评能力的锻炼有益于学生独立思考能力与创造力的培养，学生在自评过程中能够及时发现自身存在的不足，形成反思的习惯，具备对自主学习的"检修能力"。

罗杰斯反对"重知轻情""知情分离"的教育观，认为教学不仅仅是科学知识传授的过程，更多的是思想和灵魂交流与沟通的过程，"如果我

---

① 汪新建. 西方心理学史［M］. 天津：南开大学出版社，2011：201.

们能在隐含知识的层次上进行交流，那么或许就能让思维随之改变"①。有意义学习意在培养人格健全、内心充实并且蕴含巨大生命潜能的个体，在个体自我超越的过程中彰显人的本质力量。罗杰斯基于人本主义的观点，认为有意义学习在于使个体具备自由选择生活及改变未来的能力，有意义学习发生的条件包括如下几方面：一是以学生为中心，在教学过程中应当确立学生的中心地位，将自主选择权交还给学生，让学习者自己选择和决定自己的学习内容，发现问题，承担结果并展开自我评价；二是让学生自主探索并发现学习内容与自我的关系；三是让学生在理解、包容、关爱、和谐的氛围中学习与发展；四是从做中学，设计各种情境，让学生通过亲身体验，理解社会、伦理和人际交往等相关问题，从而具备解决问题的能力，体验学习之于自我的重要意义。

那么有意义学习的学习方式是什么？奥苏贝尔从两个维度对课堂学习进行了划分，根据意义发生的程度，把学习划分为机械学习、有意义学习。机械学习和有意义学习之间存在本质不同，有意义学习的关键在于新知识与学习者已有认知结构中的适当观念间建立非人为的、实质性的联系；机械学习是指学习者仅仅通过不做处理和加工的记忆学习新知识，而不能通过理解内化建立知识间的逻辑关系，所获的"知识经验"是零散的、无联系的，学习者无法对知识经验进行迁移、运用，这种学习是低效、无意义的。根据学习的途径或方式，奥苏贝尔把学习划分为接受学习、发现学习。接受学习指学习者在教师的帮助下"接收"知识，发现学习强调知识的获取方式为学习者亲自去探究、去发现。需要强调的是，无论是发现学习还是接受学习，其结果都有可能是有意义的或是机械的，即不是所有的接受学习都是机械学习，也不是所有的发现学习都是有意义学习，二者仅指向学习方式的不同，正如不同的认知风格取决于学习者的个体独特性，其本身并不存在优劣之分。接受学习的优势在于能在相对有限的时间内使学习者获得相对多的知识经验，帮助学生在自身不具备独立完成发现学习的情况下在认知结构中形成知识间的有效关联；而发现学习能充分调动学生学习的积极性和个体学习的内部动机，有利于学生批判性、

---

① 戴维·伯姆. 论对话 [M]. 王松涛，译. 北京：教育科学出版社，2004：16.

创造性、探索性思维的培养，同时，发现学习必须建立在学生一定的知识积累和能力发展的基础上，也就是说并不是所有的知识学习都适合以发现学习的方式进行。在实际学习过程中，学生可以从自身实际情况出发，选择适合自己且有利于自身发展的学习方式。教师可以根据学习材料的内容和学生的实际情况，鼓励学习者将不同的学习方式有机结合，从而实现知识与能力、过程与方法的统一，促进知识经验的积累和问题解决能力的培养。奥苏贝尔认为有意义的接受学习是课堂学习的有效方式。与接受学习相比，发现学习不能让学生在有限的时间内获得大量具体、系统、综合的有效信息，尤其是在遇到一些抽象、复杂、晦涩的知识时，由教师讲授更加有利于学生的理解与掌握。有意义的接受学习有利于学生获取系统的知识，同时能够培养学生的信息获取能力、综合分析能力、问题解决能力等。有意义的接受学习的发生的条件如表3-1所示。

表 3-1 有意义的接受学习的发生条件

两个方面	四大条件	辅助条件
主观	学习者具备有意义学习的心向	三大内驱力（认知内驱力、自我增强内驱力、附属内驱力）
	学习者具备适当的原有知识经验基础	先行组织者策略
客观	学习材料具备逻辑意义	知识的逻辑意义、潜在意义和心理意义
	新旧知识间建立意义联系、实现意义转化	原有知识的可利用性、新旧知识的可辨别性以及原有知识的稳定性和清晰性

奥苏贝尔根据新学习内容和已有知识内容的概括水平及其内在逻辑联系方式的不同，即新命题与学习者认知结构中的原有概念之间的关系划分了三种同化学习模式，分别是下位学习（subordinate learning）、上位学习（superordinate learning）和并列结合学习（combinatorial learning）。具体来说，当学生将要学习的内容需要在原有概念的基础上形成一个概括水平更高、包容性更大的概念和命题时，即新知识的概括程度比原有知识更高，即为"上位学习"；当学生已有知识结构中的固有相关知识概念概括水平高于即将学习的新内容时，即新知识属于原有知识的范畴，是在其现有基础上的加深或拓展，这种学习就称为"下位学习"；当学生即将学习的知

识与已有知识结构中的知识不能产生从属关系而只是并列关系时，这种学习就是并列结合学习。为了取得更加良好的教学效果，在教学之前教师可以采取多种方法呈现与新知识相关的内容以引起学生的学习心向并调动其已有的知识储备，这种教学策略被称为先行组织者策略。"先行组织者"指的是与新内容相关的辅助性指导材料，教师采用先行组织者策略旨在为学生提供联系新旧知识的认知"固着点"，帮助学生形成对新知识的理解。先行组织者策略具有"依附"与"抛锚"的功能，可以充当"脚手架"帮助引起学习者的注意与兴趣，使其形成积极主动的学习态度，并沟通学习者认知结构中的新旧知识，有助于促进学习者的记忆编码，优化学习者认知结构。总之，教师要适时呈现先行组织者，用以激活学生已有认知结构，为同化学习新知识提供稳定附着点，促进新旧知识间建立内在的逻辑联系，最终使个体同化新知识并使已有认知结构发生重组与完善。

相比于奥苏贝尔对有意义的接受学习的强调，罗杰斯的有意义的自由学习强调"情感"在学习发展过程中的重要地位，强调学习的过程与方法，认为情感是认知发展的重要动力，反对学生对知识经验的无条件顺从。罗杰斯将学习分为两种类型——认知学习和经验学习，他认为认知学习如果仅仅停留在知识记忆层面，而不包括情感的参与，那么这种学习就是一种无意义学习。他同时指出，经验学习的目的在于促进学生经验的增长，激发学生自觉的、主动的、积极的投入，需要学生内在兴趣与需求渴望的共同作用，是有意义学习。罗杰斯认为有意义的自由学习多数是通过"做"来实现的，学生通过自主制定学习计划，亲自参与社会实践，选择自己的学习方向，做出自己的判断，开展自我评价与反思等来增加自我经验，这种学生自主参与的学习方式比被动接受知识经验的学习方式有效得多。在教学策略上，罗杰斯倡导"非指导性教学"，主张教师是学生学习的咨询者、合作者、促进者，为学生自主、自由、自我发现的意义学习提供宽松的外部环境。

三　体验教学的教育学基础

在杜威看来，教育即生长，即"经验的改造或改组"。在杜威的思想体系中，"经验"是其教育哲学的核心概念。杜威审视传统二元论思想中将经验视作零散的、偶发的、隶属于人的主观精神的观点，认为这种观点预设了人与外部世界的对立。在这种二元对立的观点下，经验被视作一个静态的概念，具有"过去性"，即处于逝去的时间范式下的经验不具有通向未来的创造性与开放性。与此相对，在杜威的概念体系中，经验是连接过去与现在并通向未来的中介，它内在地表现了生命活动的样式，表现为一种主体与外部世界相互作用、彼此依存的生存关系。生命体与外部世界构成一种关系性的存在，水乳交融、互相融通，这种关系性的存在经由经验得以表达，是生命活动得以开展的前提。生命就是主体面对事物现象或外部世界，展开经验的历程。有机体依赖环境存活，通过环境展现全部的生命历程，但其并不是"被动活着"，有机体与环境构成的统一能够实现主体与外部世界的真正整合①。

杜威的经验包含两重性质。首先经验不是主体对外部世界简单认识的反映，经验包括存在论角度的含义，经验本身具有生活的基础，这种视角从根本上超出了传统认识论对经验的狭隘定义。同时经验也包含动词性的意味，杜威的经验概念包含生命历程的含义，是生命主体鲜活且实在的探索性历程，经验可以通过生活本身的生长性获得力量，不需要等待外部力量的规范与规约②，也就是说在杜威的概念体系中，经验既包括经验的事物，也包括经验的过程。杜威强调有机体与环境、人与自然之间的相互作用，认为人在与外界客体相互作用过程中获得的经验，是在主体作用于客体的过程中主动获得或建构的。此外，"经验"也是"从做中学"的核心概念，"从做中学"即"从经验中学"，学经验以及经验的一切。

在这样的经验观点下，杜威主张课程的组织应以儿童已有的生活经验为基础。在这里，杜威首先承认学科逻辑经验本身的价值以及它存在的重要作用，但同时强调对个体发展来说，只有当学科促进而不是抑制了儿童经验的生长时才有价值。杜威认为，"逻辑经验具有它的立场、观点、方法及存在本身的意义与价值，但这并不是儿童最后经验到的东西；从经验

①　陈怡. 经验与民主——杜威政治哲学基础研究 [M]. 上海：复旦大学出版社，2002：33.
②　陈怡. 经验与民主——杜威政治哲学基础研究 [M]. 上海：复旦大学出版社，2002：38.

的发展阶段与最终作用来看，它既是个体发展的结果，也是个体生命展开的过程，因此逻辑经验的作用在于通过抽象、概括、分类等，促使过去的经验服务于儿童所有的生命成长与发展"①。可见杜威的经验观既承认逻辑经验的确定性、客观性、精确性，又强调个体心理经验的情境性与不确定性，将经验视为一种探究的结果，具备过程性和相对性。此外，杜威还指出，所有"那些不会使学生厌恶，而是能唤起更多的活动、体会到比眼前更多快乐的经验活动，并能激发其去获得更多有价值的未来经验"②，都应该是学生体验的内容。

杜威反对在教育过程以外强加给教育一个目的，因为"从外部强加的教育目的具有明显缺陷，教师把这些外部目的强加于儿童，在教育教学过程中教师的思想被压抑，教材的经验不能和教师与儿童的智慧紧密相连"③。"一直以来我们将这些强加于学生身上的目的作为教育的准则，使得教师的教学与学生的发展沦为机械的、充斥奴性的活动，盲目为学生所谓的遥远且无意义的未来作准备。"④ 在杜威看来教育即生长，即"经验的改造或改组"，经验与"生活"密切联系，生活总是在不断变化的，所以经验需要持续改造和更新，教育是完成经验持续传递和改造的重要工具。杜威指出，"不论对于学习者个人或者对于社会来说，教育为实现之于经验传递与改造的作用，必须从经验本身以及儿童的实际生活经验出发"⑤。个体要获得对外部世界和内心世界的认识，就必须在实践中做，在亲历中体验。

"经验"是主体与外部世界的交互，是主动与被动的结合，在主客体相互作用的过程中客体会对主体产生影响，这种影响就以指向承受结果的"经验"得以体现。将教育即生活、教育即生长、教育即经验的改造或改组应用在教学上便是"从做中学"。传统教学中儿童处于完全消极被动的地位，教师把教材知识以符号定论的形式直接呈现给学生，学生通过教师

---

① 张华，石伟平，马庆发.课程流派研究［M］.济南：山东教育出版社，2000：56-57.
② 约翰·杜威.民主·经验·教育［M］.彭正梅，译.上海：上海人民出版社，2009：283.
③ 约翰·杜威.民主主义与教育［M］.王承绪，译.北京：人民教育出版社，2001：120.
④ 约翰·杜威.民主主义与教育［M］.王承绪，译.北京：人民教育出版社，2001：122.
⑤ 约翰·杜威.经验与自然［M］.傅统先，译.北京：商务印书馆，2005：8.

灌输获取与自我生活完全无关的、预定的、嚼碎的知识经验，自身的兴趣、爱好、天性、活力、创造才能等被完全压制。杜威反对这种把学习知识从生活中孤立出来的做法，而是注重"做中学"，强调个体基于已有知识经验，在活动中通过自主探究的方式，实现知识获得与问题解决。

对儿童来说，学习不是获得书本里和成年人头脑里已有的东西，儿童学习的过程就是成长发展的过程，就是经验的过程，也就是做的过程，"做中学"倡导在亲历中"做"，通过"做"去获得经验、改造经验、积累经验。与经验紧密结合的是人的意识，人首先采取行动去"做"，"做"完之后需要承受结果，思维的参与就是将结果与"做"有机结合起来，从而使人获得经验知识，如果缺少了这一步骤，"做"就是没有意义与价值的。在这里杜威强调反思思维的重要性。反思思维又叫反省思维，是个体针对某一事物或现象进行的持续不断的思考与再思考，思维在儿童发展的早期产生，贯穿儿童成长始终，好奇心、探索欲、反省思维，都是一个人创造才能的重要组成部分。

在学校教育中"做中学"是要通过一系列的活动或作业实现的，这些活动对儿童来说应当是包含有疑难问题的以问题解决为导向的有目的的实践，需要儿童在这个过程中能够通过自我探究得出有意义的结论。在学校教育中教师需要预设包含目的与意义的情境、活动与作业。在活动中教师给学生提供一个有连续活动与真实经验的情境，作为激发学生经验发生的诱因；情境中要有一个真实的问题，作为经验产生与反省思维的刺激物；儿童面对真实情境中的有效问题，需要调动一切感官与心理，进行必要的观察与尝试，在问题情境经由自主探索，找寻解决问题的办法。在这一系列行为结束后，教师还需要提供给儿童检验结论有效性的机会。总的来说，"做中学"就是通过这样的一系列有计划有目的的活动而得以实现的。

杜威关于经验的论述及其"做中学"的思想为大卫·库伯"体验学习圈"的提出提供了启示。库伯认为学习是一种"体验"，它不是对抽象符号的学习、理解、加工与回忆，而是体验、感知、认知、行为融合统一的过程。在这个过程中学习者在具体的情境中产生鲜活的具体体验，通过反思观察与总结整合，实现对具体体验的抽象概括，此外，学习体验的发生还需要学习者在情境或活动中运用经由抽象概括所形成的理论解决实际问题，以实现对理论的修正与检验，同时生成新的体验，作为下一次学习发生的基础。库伯同时指出，学习的发生一定有体验的参与，但体验的产生本身不足以构成学习发生的全部条件，在这个过程中需要学习者在体验的同时进行不断反思。

库伯总结概括了体验学习的六个基本特征。第一，体验学习是一种过程，而不是结果。库伯认为学习是起源于具体体验的并在反思的不断作用下，经由观察、抽象与概括，在行动中得以实现检验的连续循环的过程。第二，体验学习是以体验为基础的循环过程。学生是带着一定经验进入学习情境的，体验是学习发生的基础，同时也是修正原有经验的重要媒介，学习是一个以体验为基础并不断生成新体验的循环上升的过程。第三，体验学习是运用辩证方法不断解决"矛盾"的过程。学习的发生既包含个体的具体体验，也包括反思观察、抽象概括、行动应用，每一个环节向下一环节的过渡过程都是矛盾冲突得以解决的过程。第四，体验学习是个体适应外部世界的完整过程，不仅发生在所有人类存在的外部环境，也包含在个体所有的生命阶段中。第五，体验学习是个体与环境之间连续不断的交互作用过程。体验学习不再将学习限定在教材、教学及教师，而是强调个人与外部世界的"相互作用"。第六，体验学习是一个体验转换并创造知识的过程，目的在于实现个人知识与群体知识间的有机转化①。

以"手碰针尖"这一情境为例考察体验学习的过程，一个人手碰到针尖会感觉到疼，这种疼为一种具体体验，由于看到伤口并感受到明显的疼痛感，体验者会产生思考，为什么会产生疼痛呢？经过思考，个体会形成对这一类问题的结论，即相同或相似的"尖的事物会伤害我"，之后在生活中遇到新情况，便会运用这一结论，并随之产生新的体验，如"刀片之类锋利的事物也可能会伤害我"，最后这个阶段表现为个体在行动中进行检验。体验学习的四个环节——具体体验、反思观察、抽象概括、行动应用，不是一个简单的平面循环，而是一个"螺旋向上的过程"，行动应用既是一次学习体验的结束，也是下一次新的体验的开始。总结来说，我们

---

① 库伯.体验学习——让体验成为学习和发展的源泉［M］.王灿明，等译.上海：华东师范大学出版社，2008：22-23.

首先在情境中产生具体体验，通过观察我们开始不断思考这种具体体验的内涵与意义，当反思更加深入时我们开始将它转变成抽象的概念；当我们对事物与现象产生自己的想法时，就想看看这些想法正确与否、是否具有"有效性"，于是会通过行动应用的方式进行验证，而主动应用又让我们收获新的具体体验，这是一个不断循环往复的过程。

学习是学习者主动建构知识的过程，在对知识建构过程进行阐释时，库伯援引皮亚杰所提出的"顺应"和"同化"的概念，用这两个概念来解释学习者原有知识经验与新知识相遇时所发生的调整与改变。具体来说，当学习者原有的知识经验与认知结构能够吸收新经验时，知识的建构表现为知识在原有结构上的"增加"，学习者在这个过程中以"同化"的方式实现知识建构；当学习者原有的知识经验与认知结构无法以"同化"的方式"遭遇"新经验时，即学习者无法在原有基础上吸纳新经验时，就会以"顺应"的方式调整和改变知识经验与认知结构。同化与顺应构成了学生主动建构知识的两种方式①。在体验学习中，顺应学习一般发生在具体体验和行动应用环节，学习者在原有经验基础上生成体验，通过反思观察与抽象概括获得理论，并在实践中运用与检验，表现出对经验的"吸纳"；而同化学习一般发生在反思观察和抽象概括环节，学习者需要通过反思观察与抽象概括实现对具体体验的调整与改变。

库伯指出，顺应学习与同化学习是体验学习的两种基本学习模式，此外体验学习还包括发散学习和辐合学习。其中辐合学习指学习者通过搜集、综合各种信息、知识、经验，并尝试结合逻辑思考解决问题，在这个过程中学习者思维表现出辐合思维的特征，对应体验学习，一般发生在抽象概括与行动应用环节，即学习者擅长运用假设、选择、判断的方式来加工知识，具有较强的解决问题的能力。发散学习与辐合学习相对，一般存在于具体体验和反思观察阶段，指学习者在问题解决过程中不是运用逻辑推理能力逐步缩小问题范围并确定解决问题的方法，而是运用"头脑风暴"的方式，以多维发散状的思维模式从多角度观察反思事物，通过丰富的想象

① 刘保，肖峰. 社会建构主义——一种新的哲学范式 [M]. 北京：中国社会科学出版社，2011：226.

力和高度的敏感性实现问题解决，这个过程可以表现出学习者广阔的视野。

根据这四种不同的学习方式，可以将学习者分为发散者、同化者、辐合者以及顺应者。发散者是通过具体体验和反思观察来学习的，也就是说他们在对具体体验的感知与观察方面较为擅长，因此可以想见，发散者在关注情感等的艺术领域表现更为突出；与发散者相比，同化者的学习特长是抽象概括与反思观察，也就是说他们擅长对具体体验进行分析、归纳与总结，此类学习者更擅长自然科学与基础科学的研究；辐合者擅长抽象概括并具备较强的行动力，能够利用演绎推理等解决问题，具备这种学习风格的学习者适合从事科学研究；顺应者是通过具体的体验和积极的实验来学习的，他们擅长按照指令实施实践计划，具备较强的执行力与行动力，能够在新环境中快速适应，这种类型的学习者适合于商业等领域的实践①。不同的学习方式表现出学习者不同的学习风格，其本身不具有优劣之分，学习者使用任何一种学习方式都能产生一定的学习效果，但如果将这些学习风格结合起来，将能够呈现更佳的学习效果。

库伯体验学习理论模型具有如下三方面的特点。首先，体验学习的发生强调以活动与情境为中心。体验学习发生的第一步是产生具体体验，具体体验的产生离不开具体的情境，同时具体体验在经由反思观察和抽象概括之后需要在行动中进行检验。其次，体验学习过程强调反思。反思是体验学习过程的重要阶段，它是学习者产生具体体验之后，使其经由反思观察通向抽象概括的重要环节，也就是说到达抽象概括环节的具体体验中一定包含了反思的因素，如果不对具体体验进行反思观察，那么具体体验只能停留在这一阶段。反思是学习者已有经验与新经验实现统合的过程，通过知识的内化实现经验的外化。最后，体验学习发生的最后一步是行动应用，也就是说个体需要将自身获得的知识经验在实际活动与情境中进行运用，这是一个运用知识解决具体问题的过程，一方面能够检验知识经验的有效性，另一方面也能使内化的知识在外化的过程中得到进一步的改良。因此体验学习过程是学习者不断进行"实践、反思、归纳、应用"的循环过程。

---

① KOLB A Y，KOLB D A. The Kolb Learning Style Inventory—Version 3. 1 2005 Technical Specifi-cations［M］. Boston：Hay Group，2005：3-11.

四　体验教学思想基础的反思

总的来说，生命哲学认为生命具有整全性、独特性、绵延性与超越性，体验是个体生命存在的方式；身体哲学强调体验的产生离不开身体的参与，认为人是一种身体性的存在；有意义学习理论将学习视作知情统一的过程；杜威认为经验具有生命、生存向度的意义，具有"过程性"；库伯体验学习理论认为学习过程是学习者不断进行"实践、反思、归纳、应用"的循环过程。这些观点能够较好地回答与研究相关的两个问题：为什么要体验？如何实现体验？

（一）对"为什么要体验"的回答

生命哲学理论认为，人是一个双重存在的独特的复杂生命体，生命是不断绵延、流动、扩展的，人存在的意义就是不断超越自身的自在性和规定性，给予人生命发展无限的可能性。"体验"是狄尔泰生命哲学思想的核心，狄尔泰的"体验"与一般意义上我们谈论的"经验"不同，经验预设着主客体对立，而体验涵盖了人的感觉、情感、直觉和思想及其领悟和反省。在生命哲学家看来，体验是生命存在的方式，体验既具有认识论的含义，也包含本体存在论的意蕴。体验不仅是个体认知的基础，还是生命过程本身的构成，由于体验本身存在于生命里，由此生命整体也存在于体验中。体验与生命具有相互统一性，个体通过体验建立起生命的连续性，体验成为个体生命得以展现的核心。从本体论来说，体验是存在者存在的前提，存在不是与主体对立的客观实体，存在本身是主体与客体、主观与客观的有机统一，体验是对存在真理的领悟，体验本身也包含主客体的统一，体验是体验生存本身，生存就是有所体验的生存，是主体与客体之间的一种特殊的关系状态，是人类在历史性和有限的生命活动中不断超越当下存在的一种基本存在形式。体验与生命直接关联，是生命最基本的存在形式，人只有通过生活中的直接体验"意识"到自身的存在，生命才获得意义。生命历程包含个人所见、所闻、所思、所感的综合，而体验是生命活动不断向前的重要依凭，人们通过体验经历生活、感悟世界、反思生命。

　　对于处于教育教学场域中的学生来说，其以独特、完整的生命个体的身份参与教学活动，以期超越自身的自在性和规定性，获得生命发展的无限可能性。关涉学习者精神成长的教育以人的价值的实现、情感体验的满足、精神的健康、创造力的激发为旨归。个体生命具有整全性、独特性与超越性，因此学生的生命活动不能被预先设定，而需要在不断地自我发展过程中形成。教育应是知识对话与精神交流、情感沟通的共同体，师生之间通过交往去体悟、内化、创生，让学生获得丰富的情感体验，培养学生健全的人格与健康的生活态度，从而实现个性的自由发展。生命哲学将体验视作人的生命存在方式，首先体验涵盖了人的感觉、情感、直觉和思想及其对它们的领悟和反思，是内在本能与外在环境自称具有统一意义的实在。我们体验到的现在，是一个流动的概念，而体验这一流动的结构关联体构成了个体的"生命历程"，体验是生命历程中的最小单元。处在教育教学场域中的个体是拥有情感、拥有"过去"、拥有"生命历程"的个体，个体的体验与个体生命直接关联，是生命最基本的存在形式，个体只有通过生活中的直接体验"意识"到自身的存在，生命才获得意义。"将体验视作人生命存在的基本形式"，从理论上回答了"为什么要体验"这个问题，教育是人的教育，人生命最基本的存在形式是体验，那么在教育中，要改变教学中只见"知识"不见"人"，重视知识的单向传递，忽视师生主体性的现象，将教师与学生视为"完整的人""具体存在的人"，尊重学生在生命历程中的独特体验和多元理解，由此才能更好地促进个体实现生命成长与发展。

　　如果说狄尔泰的体验思想将体验视作人生命存在的基本形式，意在改变教学中只见"知识"不见"人"的观点，那么梅洛-庞蒂将人视作身体性的存在，意在改变教学中只见"心"不见"身"的观点。梅洛-庞蒂的身体哲学包含三个核心观点。首先，身体作为一个整体是不可割裂的，人是身体性的存在，同时这种存在方式具有模糊性，这种模糊性可以消解人身与心的对立，个体所拥有的知识、经验、思想、观点是身体作为一个整体协调运行的结果，身体是人一切活动的出发点和落脚点。其次，身体的存在具有"朝向世界"的情境性和意向性，身体既指向个体的内在世界，也指向他者的外部世界，身体作为人与世界的"界限"，既标志着个体的独特性和独立性，也为人沟通外部世界并与之发生联系提供可能的条件。最后，生活世界正是身体与身体相互区别又相互联系所构成的环境，身体所具有的能动性是个体生存发展的动力。

"身体哲学"对体验教学的启示包含三点。首先，身体之于个体的重要意义不言而喻，但几乎从西方哲学的源头开始，便"贬抑"身体，并逐渐形成了身心二元、抑身扬心的思维范式，但身体在哲学思想史上所受到的"不公平待遇"，无法遮蔽人是身体性的存在。身体是身心合一的整体，是人生命存在的基础，也是个体认识自我、认识他人、认识世界的媒介。重新审视身体之于个体生命存在的重要性，在于改变身体只是生理性肉体的观点，身体不仅仅为个体生命提供必要的物质载体，也在人的生存发展过程中扮演不可或缺的重要角色。其次，已有针对体验开展的研究，能够从心理层面发现体验活动所包含的情感生成和意义建构，这为体验的研究奠定了丰厚的思想基础，但同时，对于身体不同程度的忽视，也对体验之于身体、身体之于体验的重要意义造成了局限。人是身心合一的整体，可以说任何体验都源于身体最初的感知，体验生成的过程离不开身体的参与。最后，传统教学中不同程度地存在对身体的忽视，身体在个体成长与发展过程中"缺席"，学校教育或重视个体认知的发展，或重视个体技能的掌握，都无不忽视了个体在成长发展过程中的完整性与主体性，忽视了身体在个体成长与发展过程中所具有的潜能及其重要作用，忽视了人原本是一种身体性的存在，其结果是人的异化和教育教学的异化，学校教育的道路上没有身体的身影，学习只发生在"颈部以上"，身体只是教育教学被规训和被控制的对象。对于体验教学来说，重新审视"身体"在个体成长与发展过程中不可或缺的重要地位，要明确个体身体所具有的整全性、亲历性以及实践性，明确如何以学生的身心特点规律为基础，创设合理的教学情境，引导学生在教学过程中主动参与、深度投入、获得体验、生成意义。

总结来说，狄尔泰的"体验思想"及梅洛-庞蒂的"身体哲学"从哲学层面回答了"为什么要体验"的问题，体验是人生命存在的基本方式，同时人也是身体性的存在，体验的生成离不开身体的参与（见表3-2）。

表 3-2 对"为什么要体验"的回答

主要理论	核心观点	对体验教学的启示
狄尔泰的"体验思想"	体验是人生命存在的基本方式	不能只见"知识"不见"人"
梅洛-庞蒂的"身体哲学"	人是身体性的存在，体验与身体密不可分	不能只见"心"不见"身"

（二）对"如何实现体验"的回答

总的来说，基于心理学视角提出的有意义学习理论将学生视为学习的主人，强调学生在学习发展过程中主观能动性和自身潜能的充分发挥，将学习看作知情统一的过程。在认知方面，强调新旧知识间建立非人为的、实质性的联系，有意义学习发生的前提是激活个体已有的知识经验；关键是建立新旧知识间的联系；目的是实现知识间的意义转化，从而实现知识的内化和认知结构的重组，获取知识之于个体成长与发展的意义。在情感方面，罗杰斯把情感维度融入学习过程中，以使学习更加具有个人意义，有意义学习是有情感参与的认知活动，学生作为学习的主体，应在自由和谐的氛围中全身心地投入学习，参与学习目标设置、学习内容选择、学习结果评价，在"做中学"中促进自身潜能发展与自我实现。

奥苏贝尔和罗杰斯分别倡导有意义的接受学习和有意义的自由学习，有意义的接受学习包括"激活—连接—转化"三个步骤，判定标准在于"融会贯通"和"举一反三"，融会贯通是指能在新旧知识间建立实质性联系，举一反三是指能同化、迁移、应用新知识。奥苏贝尔将学习形式划分为接受学习与发现学习。发现学习与接受学习可以是有意义的也可以是无意义的，到底有无有意义学习的发生，取决于学生在学习过程中是否主动将新知识合理地纳入已有的知识经验和认知结构。罗杰斯倡导有意义的自由学习，有意义的自由学习指能够使个体的行为、态度、个性以及在未来选择行动方式时发生重大变化的学习，其特点如下。学习是有意义的，即学习的内容是对学生有着个人价值的"真实问题"；有意义学习是全人投入的，是个体左右脑并用、认知和情感都参与的学习；学习是自我发起的，发现、获得、掌握、领会的感觉均来自内部；有意义学习是自我评价的学习。

杜威和库伯从教育学角度出发展开的论述为体验教学奠定了思想基础。在杜威的概念体系中，经验是连接过去与现在并通向未来的中介，经验内在地表现了生命活动的样式，表现为一种主体与外部世界相互作用、彼此依存的生存关系。杜威的经验概念包含两重性质，首先经验不是主体对外部世界简单认识的反映，经验包括存在论角度的含义，因此经验的内涵本身具有生活的基础，同时经验也包含动词性的意味，杜威的经验概念包含了生命历程的含义，是一种生命主体活生生的探索性历程，经验通过生活本身的生长性获得力量，不需要等待外部力量的规范与规约。经验包含"方法"，也就是说在杜威的概念体系中，经验既包括经验的事物，也包括经验的过程。杜威强调有机体与环境、人与自然之间的相互作用，认为人在与外界客体相互作用过程中获得的经验，是主体在作用于客体的过程中主动获得或建构的。此外，"经验"也是"做中学"思想的核心概念，"做中学"即"从经验中学"，学经验以及经验的一切。学习不是获得书本里面和成年人头脑里面已有的东西，儿童成长发展的过程就是学习的过程，学习的过程就是经验的过程，也就是做的过程，"做中学"倡导在亲历中"做"，通过"做"去获得经验、改造经验、积累经验。

库伯构建了体验学习的四阶段理论模型，把学习看作一个整合了体验、观察、反思与行动四个方面的统一过程，强调学习的亲历性、情境性、情感性和整体性，认为知识的获得、理解、转换是一个完整的、循环的过程。体验学习包括四个基本学习环节，即具体体验、反思观察、抽象概括和行动应用[1]。体验学习是一个不断螺旋上升而非单次循环的过程，学习发生在学习循环中的每一个阶段，学习者在循环的每一个阶段都进行着学习。"体验学习圈"中的第一个阶段是学习者在具体的学习情境中形成具体体验，第二个阶段是学习者通过对自己行动的观察与接收的反馈信息进行探究体验，第三个阶段是学习者通过观察和反思生成新的经验与感受，第四个阶段是学习者在具体情境之中验证、检验自己的新经验，从而进入新的具体体验，这也是下一个循环的开始。体验学习是一个螺旋上升

---

① 库伯. 体验学习——让体验成为学习和发展的源泉 [M]. 王灿明，等译. 上海：华东师范大学出版社，2008：45-49.

的不断循环过程，发生在每一个步骤和每一个阶段的学习都具有全新的意义。可见"体验学习圈"是一个学习者在体验活动中总结并发展实践经验与能力的螺旋上升的过程。

　　总结来说，心理学理论与教育学理论从"学"和"教"两个方面回答了在体验教学中"如何实现体验"这一问题，具体内容如表3-3所示。

表3-3　心理学理论和教学育学理论对"如何实现体验"问题的回答

代表人物	核心观点	学习形式	发生条件
奥苏贝尔	新旧知识间建立非人为的、实质性的联系	有意义的接受学习	具备有意义学习的心向；具备适当的知识经验基础；学习材料具备逻辑意义；新旧知识间建立意义联系并实现意义转化
罗杰斯	使个体的行为、态度、个性以及在未来选择行动方式时发生重大变化	有意义的自由学习	学习是自我发起的；学习具有个人参与的性质；学习是渗透性的；学习是由学生自我评价的
杜威	"经验"	"做中学"	情境—感知—假设—验证—反思
大卫·库伯	学习是体验、观察、反思与行动四个方面的统一过程	体验学习	具体体验—反思观察—抽象概括—行动应用

第四章

体验教学的发生机制

本章拟解决的问题是"体验教学是如何发生的"。第二章、第三章探讨了体验教学的含义、特征及价值，并选取狄尔泰的体验思想、梅洛-庞蒂的身体哲学、奥苏贝尔和罗杰斯的有意义学习理论、杜威的经验学习论以及库伯的"体验学习圈"作为体验教学的思想基础，对"为什么要体验"以及"如何实现体验"进行回应。在这一章，本研究通过考察体验教学的构成要素及其关系，结合学生体验发生的过程，尝试对体验教学的发生机制进行探究，并根据其发生机制在理论层面探讨如何进行体验教学的设计、实施及评价。

一 体验教学的构成要素及其关系

"七要素说"是李秉德先生教学论思想的核心部分，其通过对教学系统要素组成、结构功能的系统研究，揭示了教学要素之间必然的、规律性的联系[1]。"七要素"包括学生、教师、目的（目标）、课程、方法、环境（情境）、反馈（评价），是体验教学活动不可或缺的重要组成部分（见图4-1）。

在教学要素中，学生是教学活动的核心，是教育教学活动的出发点和

---

① 李定仁，徐继存.教学论研究二十年（1979—1999）[M].北京：人民教育出版社，2001：27.

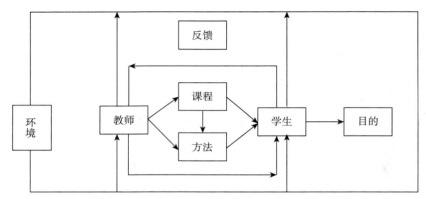

图 4-1　教学"七要素"

最终归宿，教学目的、课程、方法、反馈等都通过最终落实在学生身上得以实现。在这个过程中，教师是学生学习发展的引导者与合作者，教师和学生以"共同体"的形式"共生"于教学系统中，目的的实现、课程的落实、方法的采用、环境的设置、反馈的使用，都通过教师对各要素的有机结合得以实现。此外，"教师的思想业务水平、个性修养、教学态度、教学方法及能力等，构成了教学活动中起主导作用的因素，否则学习活动就变成了自学"①。

教学目的是教学活动必不可少的要素之一，不同层次、不同性质或不同方面的目的形成的完整的体系将落实在学生身上。体验教学具有强烈的过程取向，其核心目的在于通过教学活动促进学生自主参与、深度体验及意义生成。在体验教学过程中教学目的以具体教学目标的形式得以体现。

"教学内容或课程在教学活动中最具有实质性的因素，指的是一定的知识、能力、思想与情感等方面的内容组成的结构"，教学方法是教师课内外所使用的各种教学手段、教学艺术和教学组织形式②。教学内容与方法是有机结合的，内容通过方法得以展现，方法通过内容得以落实。脱离了内容的方法使用，就好比厨师空有一身好厨艺，但没有好的食材，是无法烹饪出美食的；脱离了方法的内容展现，就好比一个不会做饭的人，面对各种新鲜的食材却无处下手。因此在教学活动中，教师要根据学生已有

①　李秉德.教学论（第 2 版）［M］.北京：人民教育出版社，2001：11-13.
②　李秉德.教学论（第 2 版）［M］.北京：人民教育出版社，2001：11-13.

经验水平和教学目标，选择课程内容，并通过巧妙运用各种教学方法、教学艺术、教学手段和教学组织形式将课程内容的效用充分展现。

教学活动发生在一定的环境中，"教学环境包括有形和无形两种，有形的教学环境指校园内外是否美化、教室设备布置得是否完备与整洁等，无形的环境指师生之间、同学之间的人际关系，校风，班风，课堂气氛等等"①。体验教学要激发学生参与的热情，环境是一个重要的因素。每一次课堂教学的开展都有赖于教师对课堂教学情境的设置。在体验教学中有形的环境包括教室布局、针对课堂教学内容的情境设置等，无形的环境包括课堂教学的氛围，师生、生生间的互动与交往等。在体验教学中，所有要素构成的外部环境以情境的形式作用于教学活动，情境是体验教学的基本构成要素之一。

在教学活动中还有一个重要的构成要素就是教学反馈，教学反馈由师生之间信息传递的交互性所决定。教师"教了不等于学了，学了不等于学会了，即使学会了，我们还要分析与了解学生学到了什么程度"②，评价是体验教学的重要组成部分，教师在教育教学过程中依据教学目标，根据学生的表现性行为，对教学活动作出调整，以促进学生体验与意义的生成。体验教学的反馈评价特指在教学过程中教师对学生在教学活动中的参与、投入度展开的评价，评价的目的在于促进学生体验意义的生成，帮助教师根据课堂教学实际情况对教学活动作出调整和改进。

李秉德先生从教学内部七个要素及其影响的关系进行思考，认为教学质量与效果是从学生这个教学活动出发点和着眼点来体现的。不同层次的教学目的受制于社会发展和人本身的发展，对教学活动的全过程产生制约作用，直接受之影响的就是课程与方法。课程是教学活动中最具实质性的东西，课程的转化受教学环境客观条件的制约及教师教学能力水平的影响。教学环境受到外部条件如物质的和精神的、可控制的和不可控制的条件的制约，因而分为有利的和不利的两大类，师生共同创设和控制环境，制约教学过程，使环境对于教学活动产生有利的影响，减少或避免不利的

---

① 李秉德. 教学论（第2版）[M]. 北京：人民教育出版社，2001：12.
② 崔允漷. 让学生在课堂中的学习增值 [J]. 江苏教育，2018（9）：17.

影响。反馈需要教师有意识地去捕捉学生的信息，既涉及测验与考试等教学评估，也更多地表现为课堂观察①。在体验教学中，七个要素之间彼此联系、相互影响，通过相互作用影响教学活动。

教师与学生的关系（见图 4-2）。体验教学的目的在于通过教师有效的引导，促进学生的主动参与、深度体验及意义生成。学生的"学"是教学活动的出发点和归宿，没有学生的"学"，教师的"教"也就不存在意义；只有教师的"教"，但没有引发学生的"学"，教学目的也不会实现。因此在教育教学场域中，在通过教师有效引导促进学生体验的教学中，教师与学生以"共生"形式存在，所谓"共生"是指二者彼此互利地生存在一起，缺此失彼都不能得以生存的一种关系。在教育教学场域中，教师根据教学目标及学生已有认知和经验水平开展教学，在教学过程中学生对不同的教学活动作出相应的反馈，教师根据学生的即时性表现调整并改进教学，从而促进师生在教学活动中的共同发展。对共生的强调，在于表明体验教学中教师引导教学活动要以促进学生体验意义的生成为目的，学生对教学活动的反馈性行为又能引发教师对教学活动的新体验，教学活动在这样的交互作用中不断循环向上，每一次的师生、生生间的交互作用都为教学活动注入新的生命，也为师生生成新体验创造新的契机。

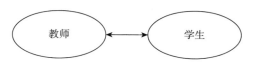

图 4-2　教师与学生的关系

教师、学生与情境的关系（见图 4-3）。任何学习和发展都是不可能脱离实际环境而抽象存在的。在体验教学中，所有要素构成的外部环境以情境的形式作用于教学活动，体验教学发生在一定的教育教学情境中，脱离了实践情境，学生的参与体验及意义生成不可能发生，只有在具体的、情境化的、可感知的环境中，体验教学才能实现。情境设置以教学的目标、学习的内容以及参与者自身的能力条件与兴趣倾向等为重要依据，是体验教学发生的基本条件，也是影响教学活动的背景环境。

① 李秉德．教学论（第 2 版）[M]．北京：人民教育出版社，2001：11-13.

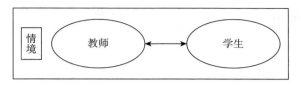

图 4-3　教师、学生与情境的关系

教师、学生与目标的关系（见图 4-4）。教学目的是教学活动必不可少的要素之一，在体验教学中，教学目的以具体教学目标的形式得以落实和体现，教学目标"是教学的起点和教学行为的基础，在一定程度上规定着教学实施中师生行为的性质和方向"①。教师通过教学行为引导学生实现发展的目标，目标的实现体现在学生知识技能、过程方法、情感态度价值观的改变等方面。同时体验教学关注教学活动中学生的自主参与及体验意义的生成，因此在教学活动中目标具有预设性与生成性，生成性既指向教师在教学活动之前根据教学目标与内容，以学生已有认知水平和个体经验为基础，作出的对目标生成的规划，也指向在教学活动中教师根据学生的表现性行为及时调整或改进教学活动，促进目标在过程中的生成。因此教学目标不仅在学生身上得以体现，其所包含的生成性目标与预设性目标的实现程度也反过来作用于教师的教学活动。三者之间形成交互影响的关系。

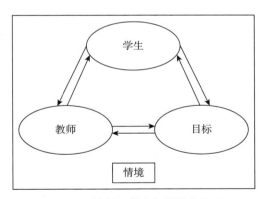

图 4-4　教师、学生与目标的关系

---

① 罗祖兵.课堂境遇与教学生成 [M].北京：人民教育出版社，2012：101.

教师、学生与内容、方法的关系（见图4-5）。教学内容与方法是有机结合的，内容通过方法得以展现，方法通过内容得以落实；脱离了内容的方法使用，没有存在的条件，脱离了方法的内容使用，没有实现的机会。体验教学通过教师的教学行为促进学生体验意义的生成，学生在学习过程中对教学内容内化后产生内心反应和内在感悟。教学内容的选择是以教学目标与学生个体需要、认知结构、情感结构、已有经验为基础的，教学方法的使用根据教学内容性质而定，同时学生在教学活动中的表现性行为反过来促使教师在教学过程中对内容和方法进行调整，只有教学内容、方法与学生的认知风格和已有经验相匹配，才能促进学生生成对教学内容的独特体验和多元理解。在教学活动中，教师、学生与内容、方法相互作用。

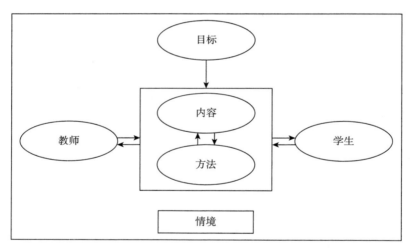

图4-5　教师、学生与内容、方法的关系

教师、学生与评价的关系（见图4-6）。在教学过程中，评价具有重要的导向、激励、改进作用，与教学各要素均会发生联系。首先评价受到教学目标的制约，评价最基本的依凭就是目标。评价的目的不仅在于对学生学习结果进行考察，还在于对学生的学习发展过程形成有效指导。此外，评价要关注教学情境的设置是否能够促进目标的有效实现、情境是否对教学内容的呈现起到促进作用。同时，基于评价结果，相关主体能够监测教师根据教学目标和学生已有经验、认知水平对内容的选择是否恰切，教师是否根据学生的即时性表现行为删减和增添的教学资源，教师选择的教学方法与教学内容是否匹配等。最后，评价的目的在于促进学生体验意义的生成，帮助教师根据课堂教学实际情况对教学过程进行调整和改进。体验教学不仅关注教师"教了什么"，更关注在教学活动中学生是否主动参与、是否有所体验、体验是否对学生的意义生成起促进作用。因此体验教学的评价与其他各要素之间形成相互联系、彼此作用的关系。

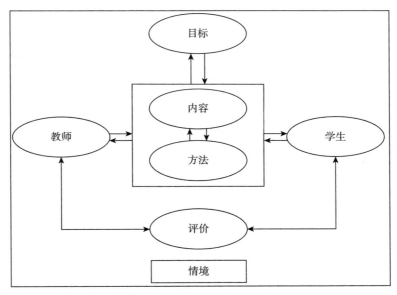

图 4-6　教师、学生与评价的关系

　　总的来说，体验教学活动的要素构成包含学生、教师、情境、目标、内容、方法、评价七个部分，教师和学生以共生的关系构成体验教学活动的主体，情境是体验教学活动发生的背景及条件，目标是体验教学活动的根本遵循，内容和方法是体验教学活动中最实质的要素，评价对整个教学活动起调节、激励的作用。体验教学活动的各构成要素不是独立存在的，而是彼此之间形成相互依存、相互作用关系。具体来说，学生是教学活动的核心，一切教学目标、情境、内容、方法、评价都通过落在学生身上得以展现，教师对教学目标、内容、方法、情境、评价的选择和使用，目的在于促进学生在教学活动中的主动参与与体验意义的生成。教学目标在学生已有发展水平和个体已有经验的基础上形成，教学内容和方法的确定依据教学目标的指引，同时有赖于教师在教学活动中根据学生的表现性行为作出调整和修正。教学活动发生在具体的教学情境中，情境的设置依据教学目标、内容及方法。最后，评价伴随教学活动始终，以教学目标为导向，同时注重教学活动中学生的表现性行为。总之这七个构成要素在体验教学活动中彼此依存、相互作用（见图4-7）。

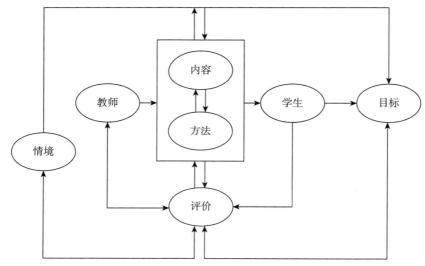

图 4-7　体验教学的构成要素及相互关系

二　体验教学的发生条件

库伯用"体验学习圈"阐释学习体验的发生机制，认为体验学习是一个包含四个基本环节的多维度的过程，由具体体验、反思观察、抽象概括和行动应用组成[①]。也就是说，当个体在学习过程中接触到外部世界时，首先调动身体感官实现对新事物的直观感受，当对事物进行深入观察之后，个体就会产生困惑，并尝试思考"为什么是（会）这样"，当思考到一定程度时，所思考的结果就会凝结成为一个抽象的概念，那么这个概念是否准确合理呢？个体就要在行动应用过程中进行检验，检验的结果又会

---

① 库伯. 体验学习——让体验成为学习和发展的源泉［M］. 王灿明，等译. 上海：华东师范大学出版社，2008：45-49.

形成一个新的体验，作为个体下一次体验发生的起点。在这个过程中学习不是由四个环节构成的"闭环"，而是从具体体验经由反思观察与抽象概括到行动应用再到进一步的体验，直接感知的具体体验是反思观察的基础，经由反思观察、抽象概括后个体形成抽象概念，对抽象概念进行积极检验的行为又会引发新的体验（见图4-8）。学习发生在学习循环的每一个阶段，学习者在循环的每一个阶段都进行着学习，可见体验学习是学习者在体验活动中总结实践经验、发展实践能力的螺旋上升的过程。

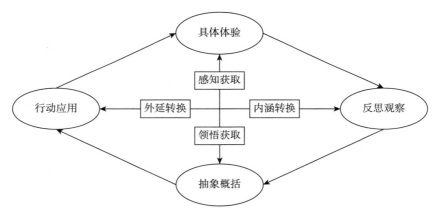

图4-8　体验学习的发生过程

具体来分析体验教学的发生，第一个阶段指向学生在具体的学习情境中形成具体体验，情境是学生体验发生的必要条件，学生体验的发生离不开具体的学习情境，但处在情境中学生未必就一定有体验的发生，这就是课堂中典型的"身在曹营心在汉""心不随身动"的现象。学生要想获得具体体验，首先必须在具体教学情境中有自我发展的需要和兴趣，也就是说学生对教学活动感兴趣，产生"我要学习"的渴望，即学生具备主动参与的欲望，这是学生能够在教学情境中产生体验的前提条件。

体验教学发生的第二个阶段指向学习者通过反思观察进行探究体验。传统课堂教学中，除了教师"一言堂"和学生"端坐静听"外，也不乏教师会设置丰富多彩的活动来促进学生学习的发生，可如果学生参与了活动，但活动的设置未能在根本上对学生知识技能、过程方法、情感态度价值观产生影响，这样的教学活动设置同样具有单方化、机械化、浅表化、形式化的特点。不谈这些学习活动本身存在何种问题，但可以明确的是，这样的教学活动虽然让学生"主动参与"了，但却未能让学生"深度投入"，体验学习发生的第二个阶段在于让学生通过对自己行为的观察和与外部环境的有机互动，对具体体验实现反思观察，学生由具体体验的感知者转变为反思观察的观察者，在这个过程中需要有观察基础上的"反思"。反思是学生对教学活动"深度投入"的体现，没有学生的深度投入，学生在学习第一阶段所获得的具体体验只能流于表面，教学活动"热闹有余、效果不足"，因此对应体验学习发生的第二个阶段，学生需要在主动参与的基础上通过反思观察实现"深度投入"。

体验教学的第三个阶段指向学生的"体验获得"，是学习者通过反思观察生成新的经验与感受，新经验和感受有别于第一个阶段的具体体验，因为具体体验是学生主动参与教学活动时因为外部情境及其相关要素的作用产生的直接感受，这样的直接感受还没来得及通过反思观察内化成为学生深层次的体验获得。在具体体验生成的基础上，学生通过反思升华已有的具体体验，形成对外部事物的感悟和理解，这种"体验"具有亲历性、主体性、生成性的特点。具体来说，面对不同的教学情境与教学活动，学生会产生不同的体验感受，面对相同的教学情境和教学活动，不同的学生也会产生不同的体验感受，这是因为体验的产生无法由他人替代。教学活动需要促进学生反思基础上的体验生成，但不强求学生产生完全相同的体验，首先受个体差异性的影响，学生内在与外在的相互作用结果不可能完全相同；其次体验存在的意义原本是促进个体的发展，只有学生基于主动参与和深度投入经过反思观察形成了真正内属于"我"的体验，才标志着体验在真正意义上产生。因此对应体验学习发生的第三个阶段，学生需要在主动参与、深度投入的基础上通过反思观察产生新的体验。

体验教学发生的第四个阶段指向学生在具体情境之中验证、检验自己的新经验，从而形成新的具体体验，这不仅是单次体验学习的结果，也是下一个循环的开始。学生在教师创设的教学情境中具备了主动学习、积极体验的兴趣和欲望，在教学活动中发挥自己的主动性，主动参与、深度投入教学活动，并通过反思观察对具体体验进行升华，形成新的感受和体验，在具体情境之中检验自己的"体验获得"究竟具有何种效果。在体验学习真正发生的情况下，教学活动一定会促进学生在知识技能、过程方法、情感态度价值观方面的改变，依据教学活动目标的不同，这种改变可能表现为知识经验的习得、问题解决能力的形成、情感态度的转变或理想价值观的培养等。也就是说，经由具体体验到反思观察再到抽象概括，最后再到行动应用的过程，学生生成新的体验，这种新的体验经由学生获得实质性发展表现为"体验意义的生成"，最后这种意义的生成又构成了学生下一次体验的基础。至此，学生的一次体验学习得以完成，同时这一次体验学习的整个历程又作为下一次体验学习发生的基础，学生的"成功体验"促使其产生对下一次教学活动"主动参与"的欲望。一次次伴随"成功体验"的体验学习的完成，会激发学生产生"我要发展"的想法，这样就实现了体验教学变"要我发展"为"我要发展"的目的。

　　总的来说，学习体验的产生过程为主动参与—深度投入—体验获得—意义生成。综合体验教学的构成要素及其相互关系以及体验学习的发生过程可以发现，体验学习的发生过程是学习体验产生的基础条件，体验教学的构成要素及其相互关系是学习体验产生的动力保障，两者分别作为体验教学发生的条件维度和动力维度，构成体验教学的发生机制。体验教学的发生过程与发生机制见图4-9、图4-10。

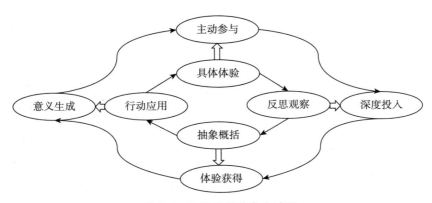

图4-9　体验教学的发生过程

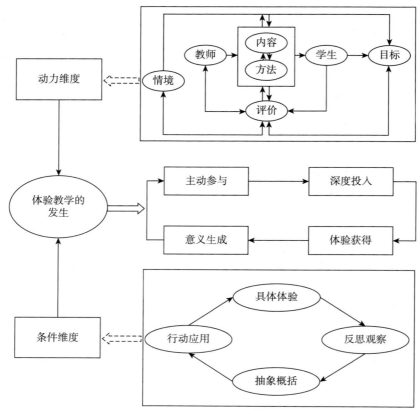

图 4-10　体验教学的发生机制

三　体验教学的发生过程

　　体验教学的发生，有赖于动力维度和条件维度的有机结合（见图 4-11），下文根据对体验学习每一阶段的分析，考察在教学活动中不同要素要如何相互作用才能促进学生学习体验的发生，以此阐释体验教学的发生过程。

　　体验教学是由教师引导开展的教学活动，体验教学的最终落脚点在于学生通过主动参与与深度投入，实现体验获得并促进意义生成。因此体验教学是教师围绕学生体验获得及其意义生成而展开的。除去教师和学生这两个构成要素，先来考察教学目标。要想激发学生在体验教学过程中主动

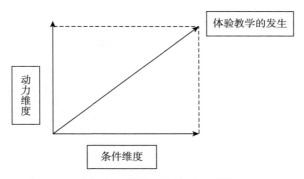

图 4-11　体验教学的发生原理

参与的积极性并使其在体验中实现对意义的生成，目标的设置一定要围绕学生发展展开，并且与学生自身发展息息相关。所谓"息息相关"，包括三层含义。首先是与学生的"过去"发生联系，学生不是以"一张白纸"的状态进入教学场域中来的，学生已有的认知水平、生活经验、兴趣爱好等，都是教学目标设置的参考，也是教学目标得以实现的重要依凭。其次教学目标能够激发学生当下"深度投入"的欲望，这就要求教学目标具备合理性，既不低于学生已有发展水平，也不让学生感到"遥不可及"，而是在学生发展过程中能够通过"跳一跳"的方式实现，即教学目标的设置要遵循维果茨基的"最近发展区"理论。最后教学目标的设置最终是为了学生在获得体验的基础上生成意义，所以教学目标的设置要具有发展性、全面性、导向性和可操作性，让教师能够在教学活动中让教学目标"落地生根"，同时实现教学目标对学生发展的引领。

教学目标的实现离不开具体的教学情境，同时学生体验学习也发生在一定的教学情境中，合理的教学情境的设置能够帮助教师完成教学目标。情境的设置要能够吸引学生在主动参与的过程中形成具体体验，帮助学生在深度投入的基础上实现反思观察，促进学生在抽象概括的基础上实现体验获得，最后帮助学生在行动应用中实现意义生成。对应体验学习发生的不同阶段，首先要想吸引学生主动参与，情境的设置就要能够激发学生的参与热情，要与学生的生活息息相关，与学生已有认知发展水平与已有生活经验产生联系。其次要想使学生在主动参与和深度投入的基础上获得体验，情境的设置需要具有针对性，为学生的反思观察与抽象概括提供必要的支撑。最后，学生体验意义的生成具有主体性、个性化的特征，情境的设计要具有开放性，以激发学生体验意义的无限生成。

内容是方法的材料，方法是内容的载体。在体验教学中方法的确定有赖于内容的选择。回到学习体验的发生中来，教学活动要想吸引学生主动参与并深度投入，在内容的选择上要与学生生活相关，因为学生已有经验来自个体的实际生活，它不仅是学生在课堂教学过程中产生具体体验的基础，而且为学生个体成长与发展提供所需的养分。体验教学不但要学生学习课本知识，还要把知识所涉及的内容与个体实际生活相联系，便于学生通过亲身尝试与体验，感知、理解和运用。学生参与并产生具体体验后，需要完成对具体体验的反思观察与抽象概括，因为学生认知结构和已有知识经验存在不同，所以教学活动在内容的选择上需要具有多样性，要充分考虑不同学生的特点及同一内容不同呈现方式下学生可能会产生的不同体验，以满足不同学生的发展要求。内容与方法的选择还要帮助学生实现知识技能的习得，注重学生知识获取过程中的体验和其知识获取的能力形成以及情感、态度、价值观的发展。

此外，体验教学活动还包含一个重要的因素，就是评价。体验教学以学生为中心，引导学生在具体教学情境中通过主动参与，在亲历的过程中产生体验。体验教学具有主体性、亲历性、情感性及意义性的特征，在教学过程中表现为学生主动参与—深度投入—体验获得—意义生成四个步骤，针对学生在教学活动中是否主动体验并获得发展，体验教学的评价也应围绕这四个部分展开，即学生是否通过主动参与教学活动形成具体体验，是否通过深度投入实现对具体体验的反思观察，是否通过抽象概括获得体验，是否通过行动应用实现体验意义的生成。体验教学的评价应伴随体验教学活动始终，根据学生在教学活动中的即时性表现，为体验教学目标的实现以及教师在教学活动中对情境、内容、方法的调整与改进提供重要的依据。

四　体验教学设计、实施与评价的理论思考

体验教学活动的要素构成包含学生、教师、情境、目标、内容、方法、评价七个部分，教师和学生以共生的关系构成体验教学活动的主体，

情境是体验教学活动发生的背景及条件，目标是体验教学活动的根本遵循，内容和方法是体验教学活动中最实质的要素，评价对整个教学活动起调节、激励的作用。体验教学活动的各构成要素不是独立存在的，而是彼此之间相互依存、相互作用的。学生是教学活动的核心，一切目标、情境、内容、方法、评价都通过落在学生身上得以实现。教学目标在学生已有发展水平和个体已有经验的基础上确定。教学内容和方法的确定依据教学目标的指引，同时有赖于教师在教学活动中根据学生的即时表现作出调整和修正。教学活动发生在具体的教学情境中，情境的设置根据教学目标、内容及方法。评价伴随教学活动始终，以教学目标为导向，同时注重在教学活动中根据学生的即时性表现行为对目标、内容、方法、情境作出调整。学生、教师、情境、目标、内容、方法、评价作为体验教学的七个构成要素，在体验教学活动中有机结合、相互作用。

体验学习是一个包含四个基本环节的多维度的过程，由具体体验、反思观察、抽象概括和行动应用组成。学习者在具体的学习情境中形成具体体验，通过反思观察生成新的经验与感受，最后学习者在具体情境之中验证、检验自己的新经验，从而形成新的具体体验，这也是下一个循环的开始。体验学习是一个学习者在体验活动中总结并发展实践经验与能力的螺旋上升的过程。具体体验—反思观察—抽象概括—行动应用构成了体验教学中学习体验发生的四个阶段。学生在教师创设的教学情境中产生主动学习、积极体验的兴趣，主动参与教学活动，在活动参与中形成具体体验，通过反思观察对具体体验进行升华，形成新的感受和体验，进一步在具体情境之中对感受和体验进行抽象概括，并在行动应用中检验自己的"体验获得"究竟具有何种效果。学生基于具体体验生成新的体验，这种新的体验经由学生获得实质性发展表现为"体验意义的生成"，在意义生成时学生会产生对下一次教学活动"主动参与"的欲望。总结来说，体验教学的发生过程表现为主动参与—深度投入—体验获得—意义生成。

体验学习的发生过程是学习体验产生的基础条件，教学活动的构成要素及其相互作用是学习体验产生的动力保障。二者分别作为体验教学的条件维度和动力维度，以同向矢量关系表征体验教学发生原理。在探讨了体验教学的构成要素及其关系、体验教学的发生条件，以及体验教学的发生过程的基础上，本研究在接下来的部分要结合具体课堂教学案例进行探讨。一般来说，教师教学包含设计、实施、评价三个步骤。为此，依据体验教学的发生机制，本研究将对以下问题进行探讨：在教学过程中教师应该如何进行体验教学的设计？在课堂教学过程中通过哪些方法策略能够促进学生体验的发生？怎样评估教学过程中学生是否主动参与，学生通过亲历是否有所体验？学生的体验所获具有何种意义？

首先来说教学设计。如前所述，体验教学包含七个构成要素，分别是教师、学生、目标、情境、内容、方法、评价。针对教学设计来说，教师是教学设计的主体，教学设计围绕促进学生体验及意义的生成展开。教学目标是教学活动开展的重要指向，教学目标的设置是教学设计的第一步。教学活动的发生离不开教学情境，学生体验也发生在具体的教育教学情境中，情境是促进体验教学发生的重要条件，因此对体验教学的设计需要考虑如何根据教学目标与学生发展水平和已有经验设置教学情境。在教学活动的构成要素中，内容与方法有机结合，内容是方法的载体，方法通过具体内容展现。此外，教学目标既要包括预设性目标，又要包含一定的生成性目标，因为体验发生在教学活动中，生成性目标的设计能够促进学生体验的产生。

其次，对于体验教学的实施，主要考虑在课堂教学过程中通过哪些方法策略能够促进学生体验的发生。结合学习体验的发生机制和体验教学的发生机制可以看出，体验学习是由具体体验、反思观察、抽象概括和行动应用四个基本环节构成的螺旋上升的过程，这四个环节构成了体验教学中学习体验发生的四个阶段，在此基础上，学习体验的发生对应四个阶段，分别是主动参与、深度投入、体验获得、意义生成。具体来说，学生在教师创设的教学情境中具有主动发展的需求，主动参与教学活动，在活动参与中深度投入，通过反思观察对具体体验进行升华，形成新的感受和体验，学生在具体情境之中将体验获得通过反思观察实现抽象概括，并在行动应用中检验自己的体验获得究竟具有何种效果，从而促进自身知识的获得、能力的培养以及情感态度价值观的生成，这是经由体验获得实现的"意义生成"，其又构成学生下一次学习体验发生的基础。体验教学的发生，需要学生主动参与，并在教学情境中产生具体体验，以此作为反思观察和抽象概括的基础，因此在教学过程中，教师可以尝试使用"情境感悟"的策略实现学生在主动参与中形成具体体验。学生在获得具体体验之后，需要通过深度投入和体验获得实现对"具体体验"的反思观察和抽象概括，在这个过程中，学生的反思观察和抽象概括不是自然而然发生的，教师需要在教学活动中予以有效引导，因此教师可以尝试使用"启发诱导"的策略，帮助学生对具体体验进行反思与总结。此外，学生通过行动应用完成对体验意义生成，教师可以运用"活动探究"的策略，要使学生能够在实践中检验或验证已有体验。体验教学的目的不仅在于实现学生对知识能力的习得，还在于实现对其情感、态度、价值观的培养，在学生发展过程中，认知与情感是相互促进的，认知发展离不开情感的支持，情感的生成需要以认知作为基础，要促进学生体验意义的生成，教师在教学中可以尝试采用"审美体验"的策略。因此，针对体验教学发生的四个基本环节，教师可以采用的策略包括情境感悟、启发诱导、活动探究及审美体验。本研究在第六章结合课堂教学案例对体验教学策略进行讨论时，重点讨论情境感悟、启发诱导、活动探究及审美体验四种策略的实施方法。

最后，关于教学评价，教学评价是教学活动的重要组成部分，是教师"以教学目标为依据，运用可操作的科学手段，通过系统地收集有关教学的信息，对教学活动的过程和结果作出价值上的判断的过程"[1]，正确而合理地实施体验教学评价，是体验教学顺利实施的重要保障。评价是体验教学的重要组成部分，教师在教育教学过程中依据教学目标，根据学生的表现性行为，对教学活动作出及时调整，以促进学生体验与意义的生成。体验教学的发生包括四个步骤，分别是主动参与、深度投入、体验获得及意义生成。本研究所探讨的体验教学评价，特指在体验教学过程中教师对学生在教学活动中的参与、投入及获得的评价，因此在第七章结合课堂教学案例对体验教学评价进行讨论时，重点关注学生在教学活动中是否主动参与、参与是否投入、深度投入之后是否有新体验的产生、体验的获得是否有意义的生成等。

---

① 施良方，崔允漷．教学理论：课堂教学的原理、策略与研究［M］．上海：华东师范大学出版社，1999：330.

| 第五章 |

体验教学的实践反思（一）：基于案例的体验教学设计分析

体验教学包含七个构成要素，分别是教师、学生、目标、情境、内容、方法、评价。针对教学设计来说，教师是教学设计的主体，教学设计围绕促进学生体验及意义的生成展开。教学目标是教学活动开展的重要指向，教学目标的设置是教学设计的第一步。教学活动的发生离不开教学情境，学生体验也发生在具体的教育教学情境中，情境是促进体验教学发生的重要条件，因此体验教学设计需要考虑如何根据教学目标与学生发展水平和已有经验设置教学情境。在教学活动的构成要素中，内容与方法有机结合，内容是方法的载体，方法通过具体内容展现，因此教学设计要以内容设置为基础，根据教学内容选择适宜的教学方法。此外，在教学目标的设置中，既要包括预设性目标，又要包含一定的生成性目标，因为体验发生在教学活动中，生成性目标的设计能够促进学生体验的发生。综上，体验教学设计主要围绕目标、情境、内容展开，本章结合课堂教学案例展开对教学设计的讨论，通过对课堂教学案例的分析，对体验教学设计进行反思。

一　课堂教学案例①

研究选取曹老师关于人教版语文四年级下册第 31 课《普罗米修斯》的

---

① 本书课堂教学案例均根据笔者听课记录整理，相应章节（第五章、第六章、第七章）出现的表格均由笔者绘制。

教学设计作为案例，并结合课堂实录对教学设计如何得以落实进行分析。

（一）设计理念

在教学过程中立足文本，以情为经，以读为纬。引导学生通过重点词句，理解文字所承载的信息及所蕴含的情感，引导学生采用多种形式的朗读，在读中感悟文本，"体验文本，体验形象，体验情感"。引导学生通过厘清故事中主要人物间的关系把握课文的主要内容，掌握概括故事大意的主要方法。引导学生在情境中入情入境地研读文本，展开想象，感受普罗米修斯所遭受的痛苦，品味其身上不屈不挠的精神。

（二）教学目标

表 5-1　《普罗米修斯》教学目标设计

教学目标	具体要求
会认 7 个生字，会写 15 个生词	能正确读写"火种、喷射、火焰、驱寒取暖、驱赶、领袖、气急败坏、惩罚、敬佩、造福、违抗、狠心、双膝、啄食、肝脏"等词语
正确、流利、有感情地朗读课文	能够正确、流利、有感情地朗读课文，学习概括课文主要内容的方法，能够用自己的语言概括故事内容
细节阅读及人物形象分析	能够抓住重点语段的有关语句，通过有感情朗读、想象拓展等方法，揣摩人物的心情，体会文中出现的主要人物形象
体会人物精神（教学重、难点）	体会普罗米修斯为造福人类所遭受的痛苦及为造福人类而不惜牺牲自己自由、不屈不挠、无私无畏的精神

（三）教学流程设计

1. 导入新课，激发学生兴趣

课前布置任务让学生自由阅读相关希腊神话故事，利用课堂导入时间进行简要的分享，激发学生了解普罗米修斯的兴趣。

2. 初读课文，概括故事大意

（1）词块教学。

第一组：饶恕　双膝　肝脏　吩咐　惩罚　驱寒　取暖

（读准字音，注意多音字及形近字的辨析）。

第二组：普罗米修斯　太阳神阿波罗　众神的领袖宙斯　大力神赫拉克勒斯

（指导学生读准确，读流利）。

（2）合作朗读课文，读完后想想这个神话故事主要讲了什么。

（3）能用自己的语言概括文意。

（引导学生厘清课文出现的主要人物及其之间的关系，并据此来概括课文大意，视学生的回答进行课文内容概括方法的指导）。

3. 对比联读，进行人物分析

细节阅读，引导学生通过细读火神与普罗米修斯的对话，体悟普罗米修斯为人类造福所付出的代价，讨论普罗米修斯所做的选择是否值得。

4. 情境体验，体会人物痛苦

第一，火给人类带来了幸福，而普罗米修斯却因此遭受了宙斯最严厉的惩罚。阅读课文相关段落，画出感受最深的句子，边读边作批注。

第二，根据文章细节，引导学生联系生活实际，想象普罗米修斯在"风吹雨淋"中所遭受的痛苦，除了风吹雨淋，还会遭遇哪些恶劣的天气呢？展开想象说出普罗米修斯可能会遇到的痛苦。通过设置情境引导学生展开联想，丰富学生的语文视界和情感体验，在融情想象中体会普罗米修斯所遭受的痛苦，为深刻感悟普罗米修斯的精神作好铺垫。

第三，细节深度阅读，层层递进、层层感悟，通过图片所展示的内容了解鹫鹰的凶恶，通过想象与联想，设身处地体会普罗米修斯的痛苦，深刻感受文中描写的"所承受的痛苦永远没有尽头"，从而实现对人物形象更深层次的感悟。

5. 感悟精神，总结升华

引导学生通过深度阅读，感受普罗米修斯为人类谋求幸福时的坚定；通过对人物语言、行为的分析，引导学生对普罗米修斯的精神进行体会；通过分角色配音朗读，结合英国诗人雪莱的诗歌《普罗米修斯赞》，使学生感悟人物精神，对课文内容进行总结升华。

（四）课堂实录

1. 导入新课，激发学生兴趣

师：最近大家有没有看希腊神话？有看过的同学有没有想跟大家

分享的？用很简洁的一句话介绍。

生：我想跟大家分享一下宙斯。宙斯是希腊神话里第三代的天神，他掌管众神。

生：在希腊神话中，是普罗米修斯创造的人类。

生：在希腊神话里，爱神丘比特有两支箭，如果被金箭射中，就会产生爱情；如果被铅箭射中，人们就会拒绝爱情相互仇恨。

生：太阳神阿波罗是掌管光明的神，是宙斯的儿子。

生：宙斯的女儿是太阳神阿波罗的孪生妹妹，她是森林女神。

生：还有海神波塞冬，他是宙斯的二哥，他的饰物就是马和牛。

师：孩子们，刚才跟大家交流了一下最近读书的情况，我觉得特别高兴，我们最近在读古希腊神话，而且大家都有自己特别喜欢的神，还对自己喜欢的神进行了充分的了解，时间关系，我只让大家用一句话来表达，如果时间充足的话，我想同学们一定会滔滔不绝地讲下去。

表 5-2 教学片断分析（一）

学生产生了何种体验	能够用自己的话概括自己感兴趣的希腊神话形象
学生的体验因何产生	教师在课堂导入环节通过提问的方法，了解学生对于希腊神话中所涉及的人物形象的了解情况，学生通过简短的一句话分享，概括出自己感兴趣的神的形象，并指出希腊神话中普罗米修斯是创造人类的最具智慧的天神形象

2. 初读课文，概括故事大意

（1）词块教学。

第一组：饶恕　双膝　肝脏　吩咐　惩罚　驱寒　取暖

师：读得真好。孩子们，这篇课文中出现了一些词语，我想看看大家能不能读准。先看一看，谁愿意来试一试？

生：双膝，承认，喷射，肝脏，啄食，鹫鹰。

师：注意，"承认"的"承"是后鼻音，"鹫鹰"的"鹰"也是后鼻音。这组词语中有不理解的词吗？

生：没有。

师：那我问大家，什么是鹫鹰？

生：秃鹫，它是一种鹰。

师：就是我们平时说的老鹰，大雕，它的嘴巴非常尖利，就像钩子一样，一般吃肉，吃小动物。

师：在这组词语中，还有一个词语，肝脏，这个字还有一个读音，脏。这个字有两个读音，一个是课文中的肝脏，四声，一个是一声，你能用另外一个音组个词吗？

生：脏兮兮。

生：肮脏。

师：很好，所以我们区分多音字，要根据它的意思来区分。还有一个字，喷。看到这个字，你还能想到什么字？

生：愤。

师：想到了愤怒的愤，很好。那么你怎么区分这两个字呢？

生：偏旁。

师：用偏旁，讲一讲好吗？

生：喷它就是有可能从嘴里喷出来某种东西，所以是口字旁，这个愤，因为是心情很愤怒，所以是竖心旁。

师：讲得真好。我们区分形近字，其实有助于我们对字形的记忆。也可以想想它的近义词或者反义词，这样可以让你的积累更加丰富。现在请同学们自由读一读第二组词语，看看你能想到什么？

生：悲惨，惩罚，敬佩，饶恕，坚定，驱赶，黑暗，违抗。

师：讲一讲，哪个词让你想到了另外一个词。

生：违抗让我想到了反抗。

师：你看，是近义词。

生：违抗也让我想到了违背。

师：真好。

生：黑暗让我想到了昏暗，还有光明。

师：真好，想到了一个近义词，一个反义词。

生：坚定让我想到了犹豫。

生：我从驱赶想到了驱逐。

师：是的，它们是近义词。

生：<u>敬佩让我想到了敬重。</u>

师：还可以想到什么？尊敬？尊敬其实还少一点"佩"字的意思，敬佩里面还有佩服的意思。很好孩子们，你们看，我们这样就会让你的积累更加丰富，记忆也会更加深刻。孩子们，课文中还有一些四字词语，我们说词语本身它就是具有感情色彩的，特别是四字词语，你的朗读本身就可以表达出感情，你愿意试一试吗？

生：愤愤不平。

师：有一点，不够。

生：愤愤不平。

师：很好，一下就不一样了。一起来读一下这个词语。

生：愤愤不平！

师：很好，让人感受到了"愤愤不平"的感觉。

生：气急败坏。

师：想一想，气急败坏，你遇到事情的时候是什么感觉？再来读一遍。

生：气急败坏！

师：还有一个让人温暖的词。

生：驱寒取暖。

师：好的，我们一起来读这三个词语。

生：愤愤不平，驱寒取暖，气急败坏。

表 5-3　教学片断分析（二）

学生产生了何种体验	对于生词的学习，能够读准字音，能够进行多音字及形近字、近义词、反义词的辨析
学生的体验因何产生	教师在词块教学环节引导学生读准、读流利必须掌握的生词。教师设计的问题包括：看到这个字，你还能想到什么字？你是怎么区分这两个字呢？讲一讲，哪个词让你想到了另外一个词。主要学习方法包括：根据词块的意思区分多音字；根据词义及偏旁结构区分形近字，从而使学生深化对字音、字形的理解和记忆

第二组：普罗米修斯　太阳神阿波罗　众神的领袖宙斯　大力神赫拉克勒斯

师：课文中，还出现了一些古希腊神话中神的名字，你可以读准确吗？

生：普罗米修斯。

生：太阳神阿波罗。

生：宙斯。

生：火神。

生：大力神赫拉克勒斯。

师：真好，一口气就读下来了，最后这个不太好读，大力神赫拉克勒斯。

（2）合作朗读课文，读完后想想这个神话故事主要讲了什么。

师：这是一位怎样的神呢？在他身上又发生了怎样的事呢？请同学们把书打开，让我们来合作读书，请同学来读单数段，老师来读双数段，我们合作来完整地读一遍这个故事。

表5-4　分角色朗读课文

课文段落	课文主要内容
第一段 （学生朗读）	很久很久以前，地面上没有火，人们只好吃生的东西，在无边的黑暗中度过一个又一个长夜。就在这时候，有一位名叫普罗米修斯的天神来到了人间，看到人类没有火的悲惨情景，决心冒着生命危险，到太阳神阿波罗那里去拿取火种
第二段 （教师朗读）	有一天，当阿波罗驾着太阳车从天空中驰过的时候，他跑到太阳车那里，从喷射着火焰的车轮上，拿取了一颗火星，带到人间。自从有了火，人类就开始用它烧熟食物，驱寒取暖，并用火来驱赶危害人类安全的猛兽……
第三段 （学生朗读）	众神的领袖宙斯得知普罗米修斯从天上取走火种的消息以后，气急败坏，决定给普罗米修斯以最严厉的惩罚，吩咐火神立即执行
第四段 （教师朗读）	火神很敬佩普罗米修斯，悄悄对他说："只要你向宙斯承认错误，归还火种，我一定请求他饶恕你。"
第五段 （学生朗读）	普罗米修斯摇摇头，坚定地回答："为人类造福，有什么错？我可以忍受各种痛苦，但决不会承认错误，更不会归还火种！"
第六段 （教师朗读）	火神不敢违抗宙斯的命令，只好把普罗米修斯押到高加索山上。普罗米修斯的双手和双脚戴着铁环，被死死地锁在高高的悬崖上。他既不能动弹，也不能睡觉，日夜遭受着风吹雨淋的痛苦。尽管如此，普罗米修斯就是不向宙斯屈服

续表

课文段落	课文主要内容
第七段 （学生朗读）	狠心的宙斯又派了一只凶恶的鹫鹰，每天站在普罗米修斯的双膝上，用它尖利的嘴巴，啄食他的肝脏。白天，他的肝脏被吃光了，可是一到晚上，肝脏又重新长了起来。这样，普罗米修斯所承受的痛苦，永远没有尽头了
第八段 （教师朗读）	许多年来，普罗米修斯一直被锁在那个可怕的悬崖上
第九段 （学生朗读）	有一天，著名的大力神赫拉克勒斯经过高加索山，他看到普罗米修斯被锁在悬崖上，心中愤愤不平，便挽弓搭箭，射死了那只鹫鹰，接着又用石头砸碎了锁链。普罗米修斯——这位敢于从天上拿取火种的英雄，终于获得了自由

（3）能用自己的语言概括文意。

师：那么这些神在今天我们要读的故事中都做了什么呢？先说普罗米修斯吧。

生：从天上拿了火种给人类。

师：同意不同意？

生：同意。

师：那我们再来说说宙斯在这个故事中做了什么？

生：宙斯惩罚了普罗米修斯。

师：宙斯给了普罗米修斯最严厉的惩罚。真好，那么火神呢？他做了什么？

生：火神劝说普罗米修斯，还把他锁在高加索山上。

师：那么大力神赫拉克勒斯呢？

生：把普罗米修斯从高加索山上救了下来。

师：那么现在，我们把这些人物所做的事情连起来，试着概括一下课文讲了一个什么样的故事。谁愿意试一试？

生：普罗米修斯从太阳神阿波罗那里取火种之后被宙斯知道了，宙斯给了他最严厉的惩罚。火神很敬普罗米修斯，劝他归还火种，但是普罗米修斯不肯，火神就按照宙斯的命令，把他锁在高加索山上。大力神赫拉克勒斯看到了以后就解救了普罗米修斯。

师：同意不同意？掌声送给他。现在呢，老师把一些不必要的人物去掉，你能不能概括一下课文内容？可以比刚才说得更简练一点。

生：普罗米修斯盗取火种被宙斯知道后受到惩罚，火神劝他归还火种，普罗米修斯不肯，火神就把他锁在高加索山上，最后大力神赫拉克勒斯把普罗米修斯解救了。

师：很好孩子们，我们看啊，我们抓住了故事的主要人物，把他们之间的关系搞清楚，有助于我们去概括课文内容，这是一种概括课文的方法。那我们还可以通过怎么样的方法概括课文呢？

生：问题引导。

师：很好，这是我们在哪一课运用的方法？

生：29课。

师：非常好。那你对《普罗米修斯》这一课，有什么样的问题？问最有价值的问题，两到三个就可以。

生：普罗米修斯干了什么？然后怎么样了？最后的结局是什么？

师：非常好，我们把这三个问题回答出来，是不是这个故事就出来了。非常好孩子们，大家能够学以致用。还可以用什么样的方法，我看有同学还在举手。

生：理清层次法。

师：记性太好了，那这篇课文我们要理清层次，可以分为几个层次？

生：三个。

师：也就是说大家认为这个故事讲了三块内容，谁愿意说说？第一块内容。

生：第一块内容是第一段和第二段，内容讲的是普罗米修斯盗取火种。

师：第二块内容呢？

生：被宙斯惩罚。

师：同意吗？很好，我们更加简练一点，受到惩罚。

生：最后一部分是获得解救。

师：非常好，得解救，获自由，都可以。我们把这些内容连起来，就可以概括课文的主要内容。很好，不同的文本你可以运用不同的方法来概括。

表 5-5　教学片断分析（三）

学生产生了何种体验	能用自己的语言概括课文的主要内容
学生的体验因何产生	教师根据学生已有阅读基础及课文主要内容，给予学生充分自由的时间与空间，要求学生能用自己的话表达故事梗概，每次分享结束后，教师会进行简短的评价与概括性的提示，既给予回答问题的同学即时反馈，又提示接下来想要分享的同学。承接上部分对课文出现的主要人物及其之间的关系的梳理，指导学生概括课文大意，并视学生的回答进行课文内容概括的方法指导，提示学生在朗读过后明晰故事的起因、经过与结果，并用合适的语言进行表达

3. 对比联读，进行人物分析

师：好的孩子们，这是一篇神话故事，接下来就让我们走近人物，来看一组对话。这一组对话是火神与普罗米修斯的对话。我们请两位同学来读一读这组对话。谁来做火神？谁来当普罗米修斯？同学们帮他读一读旁白，开始。

生：火神很敬佩普罗米修斯，悄悄对他说："只要你向宙斯承认错误，归还火种，我一定请求他饶恕你。"普罗米修斯摇摇头，坚定地回答："为人类造福，有什么错？我可以忍受各种痛苦，但决不会承认错误，更不会归还火种！"

师：很好。书中说，火神很敬佩普罗米修斯，你知道火神敬佩普罗米修斯什么吗？

生：火神很敬佩普罗米修斯为人类造福。

师：为人类造福的精神和勇气。

生：我认为火神很敬佩普罗米修斯敢从天上盗取火种。

生：我觉得火神敬佩普罗米修斯的善良和勇敢。

师：既然他敬佩普罗米修斯，为什么又要劝普罗米修斯把火种归还回去呢？

生：虽然他很敬佩普罗米修斯，但他也很怕宙斯，不敢违抗宙斯的命令。

师：是因为他的性格特点中有软弱的一部分，那么除了这个部分，还有什么？他希望普罗米修斯不受惩罚。其实啊，我们从这组对话中，读到的是普罗米修斯所做的一个选择，那么他选择了什么？又放弃了什么？

生：普罗米修斯选择了为人类造福，放弃了自己的自由。

师：真好。同意吗？谁还愿意说？

生：普罗米修斯选择了为人类造福，放弃了他获得自由的机会。

师：让我们一起来读一下这段对话，我们请男同学来读火神说的话，请女同学来读普罗米修斯说的话。我来为大家读旁白，让我们再来感受一下他选择了为人类造福，放弃了自己的自由。

师/生：火神很敬佩普罗米修斯，悄悄对他说："只要你向宙斯承认错误，归还火种，我一定请求他饶恕你。"普罗米修斯摇摇头，坚定地回答："为人类造福，有什么错？我可以忍受各种痛苦，但决不会承认错误，更不会归还火种！"

师：同学们，你们认为普罗米修斯做这样的选择值得吗？打开书的一、二自然段读一读，说说为什么。

生：我认为普罗米修斯这样的选择是值得的，因为在很久很久以前，地面上没有火，人们只好吃生的东西，如果是肉类的食物，肯定得煮熟了吃，人们在黑暗中度过一个又一个长夜，每天都在黑暗中度过，小孩子会很害怕的。

师：为了人类能获得光明，这是值得的。还有谁愿意分享？

生：我觉得普罗米修斯这样做是值得的，因为普罗米修斯创造了人类，为人类造福对他来说是应该做的，他不忍心看到人类在漫长的黑暗中度过一个又一个长夜，吃生的东西，有时候还有猛兽来危害人类的安全，所以普罗米修斯这样做是值得的。

生：普罗米修斯看到人类在没有火的时候吃生的东西，在黑暗中度过长夜，被猛兽袭击，普罗米修斯看到人类的悲惨，他不忍心，于是他就盗取了火种。

师：其实他是放弃了自己的自由，选择为人类的幸福作出牺牲。好的，我们再来读一下这段对话，再来感受一下。

生：火神很敬佩普罗米修斯，悄悄对他说："只要你向宙斯承认错误，归还火种，我一定请求他饶恕你。"普罗米修斯摇摇头，坚定地回答："为人类造福，有什么错？我可以忍受各种痛苦，但决不会承认错误，更不会归还火种！"

表 5-6　教学片断分析（四）

学生产生了何种体验	能以自己的视角思考普罗米修斯的人物形象
学生的体验因何产生	教师引导学生通过细节阅读体会火神与普罗米修斯的对话，了解普罗米修斯为人类造福所付出的代价，引导学生结合课文细节，思考普罗米修斯所做的选择是否值得

4. 情境体验，体会人物痛苦

火给人类带来了幸福，而普罗米修斯却遭受了宙斯最严厉的惩罚。阅读课文相关段落，画出感受最深的句子，边读边作些批注。

师：孩子们，你们觉得普罗米修斯是一个什么样的神？

生：善良的神。

生：勇敢的。

生：我觉得普罗米修斯是一个有正义感的神。

生：我觉得普罗米修斯是一个为别人着想的神。

师：这种为别人着想是宁愿牺牲自己的自由，这是一种奉献的精神。

生：我觉得普罗米修斯有坚强不屈、不畏强暴的精神。

师：好的孩子们，这就是普罗米修斯，他选择为人类造福，而放弃了自己的自由。那么接下来，他又承受了怎样的痛苦？我想先问同学们一句，普罗米修斯他做这些事情的时候，有没有思想准备？

生：有。

师：是的，有思想准备，但他所经受的痛苦，依然让常人难以忍受。请同学们读第六段和第七段，同时拿出笔，画下那些触动你的词语或者句子。

生：火神不敢违抗宙斯的命令，只好把普罗米修斯押到高加索山上。普罗米修斯的双手和双脚戴着铁环，被死死地锁在高高的悬崖上。他既不能动弹，也不能睡觉，日夜遭受着风吹雨淋的痛苦。尽管如此，普罗米修斯就是不向宙斯屈服。

生：普罗米修斯的双手和双脚戴着铁环，被死死地锁在高高的悬崖上。从这里能看出来，普罗米修斯被死死地锁在高高的悬崖上，一动也不能动，还有后面，他日夜遭受着风吹雨淋的痛苦，说明时间特别长。从这里可以看出普罗米修斯的勇敢和奉献精神。

生：他既不能动弹，也不能睡觉，日夜遭受着风吹雨淋的痛苦。尽管如此，普罗米修斯就是不向宙斯屈服。虽然他经受了这么多的痛苦，但依旧不愿意归还火种，不向宙斯屈服。

师：日夜遭受着风吹雨淋的痛苦，这是自然条件非常恶劣的环境，那么大家可以想一想，除了这种情况，他还可能遭受什么痛苦？

生：非常炎热的天气，太阳一直晒着他，我们热的时候都会大汗淋漓，然后赶紧跑到阴凉处去，而普罗米修斯不能动弹，他只能被晒着。

师：烈日炎炎的天气对吧，同学们可以联系自己的生活实际，真好。

生：还有可能遇到雷雨的天气，如果打雷的话，因为大家都知道，打雷的时候想在哪里打就在哪里打，万一要是打到普罗米修斯的身上，那是多大的痛苦啊！

师：我也看出了你的这份担心。

生：普罗米修斯还有可能遇到大雪天，因为一般在大雪天，我们都会穿上厚厚的衣服，像什么羽绒服啊什么的，但还是会淋在衣服上，雪落在普罗米修斯身上会非常冰，那是很大的痛苦。

师：是啊，在这种冰冷的天气中，他既不能动弹，也不能睡觉，多么痛苦啊！

生：也有可能会遇到冰雹的天气，冰雹打在人身上是很疼的，穿上厚衣服也会疼的，普罗米修斯如果遇到冰雹的天气，那得多疼啊！

师：是啊，看出了你们的担心和你们的同情。那么我们把这份担心读出来，第六自然段，开始。

生：（情绪激昂地朗读）。

表 5-7　教学片断分析（五）

学生产生了何种体验	能在情境体验中结合自己的生活经验，体会人物所遭受的巨大痛苦
学生的体验因何产生	教师引导学生根据文章细节，联系生活实际，展开想象说出普罗米修斯可能会遭受的痛苦。通过设置情境引导学生展开联想体验，丰富学生的语文视界和情感体验，在融情想象中体会普罗米修斯所受的惩罚之痛，为深刻感悟普罗米修斯的精神作好铺垫

师：那么宙斯觉得这样的惩罚够吗？这样的痛苦够吗？

生：不够。

师：那么他又做了什么？

生：狠心的宙斯又派了一只凶恶的鹫鹰，每天站在普罗米修斯的双膝上，用它尖利的嘴巴，啄食他的肝脏。白天，他的肝脏被吃光了，可是一到晚上，肝脏又重新长了起来。这样，普罗米修斯所承受的痛苦，永远没有尽头了。

师：是啊，请坐。读得很好，也读出了自己的情感。想问大家一个问题，什么叫啄食？

生：啄食就是一口一口咬。

师：啄食就是啄一口吃一口，这就叫作啄食。孩子们，你们平时有没有受过伤？

生：有。

师：有没有擦破过皮，那时候你是一种什么感觉？

生：特别疼，感觉必须要用什么先把血止住。

生：受伤的话，如果比较严重，就会滴血。一挨就疼。

师：不能碰，一碰就会疼。那你们想想，我们平时受伤其实还算轻伤，对我们来说都是很疼的。那大家想一想，普罗米修斯经受的是什么？

生：就是鹫鹰每天站在普罗米修斯的双膝上，用它尖利的嘴巴，啄食他的肝脏。

师：尖利的嘴巴。我们刚才说什么叫啄食，就是啄一口吃一口，啄一口吃一口，这样痛苦不痛苦？

生：痛苦！

生：而且我们现在流血，一碰就疼，然后如果鹫鹰每天站在普罗米修斯的双膝上用它尖利的嘴巴啄食肝脏，就更疼了。

师：是的孩子们，大家再想想，这样的痛苦一天就过去了吗？

生：不是。

师：两天就过去了吗？

生：不是。

师：不是仅仅只有一两天啊，这种痛苦……

生：永远没有尽头。

师：你从哪里知道永远没有尽头？

生：白天，他的肝脏被吃光了，可是一到晚上，肝脏又重新长了起来。这样，普罗米修斯所承受的痛苦，永远没有尽头了。

师：是啊孩子们，十年、一百年、一千年，这样的痛苦都没有尽头。让我们把六、七自然段连起来读一下，感受普罗米修斯所承受的没有尽头的痛苦。

表 5-8　教学片断分析（六）

学生产生了何种体验	能在情境体验中实现对人物形象更深层次的感悟
学生的体验因何产生	教师通过引导学生想象"啄之痛"，体验朗读，设身处地感受普罗米修斯的痛苦，使学生深层次感受"所承受的痛苦永远没有尽头"，实现对人物形象更深层次的感悟

5. 感悟精神，总结升华

师：是啊孩子们，这样的痛苦永远没有尽头。可即便如此，普罗米修斯也没有向宙斯屈服，面对沉重的铁链，他会说……

生：为人类造福，有什么错？我可以忍受各种痛苦，但决不会承认错误，更不会归还火种！

师：面对悬崖峭壁，他甚至喊道……

生：为人类造福，有什么错？我可以忍受各种痛苦，但决不会承认错误，更不会归还火种！

师：面对鹫鹰的啄食，他可能愤怒地呐喊……

生：为人类造福，有什么错？我可以忍受各种痛苦，但决不会承认错误，更不会归还火种！

师：你想对普罗米修斯说点什么？

生：你真是一位敢于为人类造福，不向宙斯屈服的神！

师：这已经不是简单的帮助了，这是牺牲自我的一种大爱。还有人要说吗？你想对普罗米修斯说什么？在你的心里，他是一位什么样的神？

生：我想对普罗米修斯说，你真勇敢，敢于从天上拿取火种。

生：我想对普罗米修斯说，你真是人类的英雄。

生：我想对普罗米修斯说，你真是一位善良的神，为人类造福，牺牲了自己的自由。

师：是啊，他真是我们心中的英雄。孩子们，这样一位英雄，他的善良、勇敢、正义，不仅仅是打动了我们，也打动了维护正义的神。让我们一起来朗读第九自然段。

生：有一天，著名的大力神赫拉克勒斯经过高加索山，他看到普罗米修斯被锁在悬崖上，心中愤愤不平，便挽弓搭箭，射死了那只鹫鹰，接着又用石头砸碎了锁链。普罗米修斯——这位敢于从天上拿取火种的英雄，终于获得了自由。

师：是啊，他终于获得了自由。尽管他受尽折磨，但是这位英雄他的正义、勇敢和善良，他的奉献精神，是为人类所永远敬佩和爱戴的，一些诗人，也将对普罗米修斯的称赞和赞扬写进了诗中，请同学们看着屏幕，我们来合作朗读这首诗。我来读红色部分，大家来读蓝色部分，准备好了吗？

（放音乐）。

表 5-9　《普罗米修斯赞》诗歌分角色朗读

	主要内容
教师朗读	是谁？让蛮荒时代沐浴文明的曙光？ 是谁？甘愿触犯天条也要救人类于水火？ 是谁？身受酷刑却无怨无悔？
学生朗读	啊！巨人，是你给人类带来火种， 送来光和热， 送来人类新的纪元！
教师朗读	尽管上天和你蓄意为敌—— 高山险峻、铁链加身， 烈日如火、暴雨如注……

续表

	主要内容
学生朗读	但沉重的铁链只能锁住你的躯体， 却怎能锁住那颗坦荡无私的心！
教师朗读	难道仅仅是物质的火种吗？ 不，你给予我们的，
学生朗读	是生生不息的精神火种！ 勇敢、坚强、博爱、无私， 这就是你——普罗米修斯！

师：很好。我们看到这是一个神话故事，都是虚构的，是人们想象的，那么我们现在学这样的文章，欣赏这样的英雄形象，到底有什么意义？一分钟，讨论一下。

生：我觉得现在的生活中也存在这样的英雄。

生：我想到我们可以在遇到困难的时候想起这篇课文，然后战胜困难。

师：非常好。掌声鼓励，当然，一撇一捺一个"人"字，当我们遇到困难，遇到挫折，或者遇到一些选择的时候，希望你们也能拥有正义感，顶得住天，立得住地。一撇一捺一个"人"字，英雄是神，英雄也是人。希望你们可以成就自己的英雄梦。这节课就上到这里。

表 5-10　教学片断分析（七）

学生产生了何种体验	能够学会以自己的视角感悟人物精神，升华课文主题
学生的体验因何产生	教师引导学生通过深度阅读，感受普罗米修斯的坚定；通过对人物语言、行为的分析，引导学生体会普罗米修斯的精神；结合英国诗人雪莱的诗歌《普罗米修斯赞》，通过分角色朗读，引导学生感悟人物精神，对课文内容进行总结升华

二　教学案例分析

这堂语文课的目标设置包含知识技能、过程方法、情感态度价值观三个部分，在知识技能与过程方法方面，要求学生完成对文中出现的生字的学习，掌握识记生词的方法，能够概括课文主要内容，学会利用人物关系和问题引导的方法进行故事概括，能用简短、流畅的语言表达自己的观点；在情感态度价值观方面，引导学生学会分析人物形象，感悟人物精神，并在总结升华中引导学生对人之所以为人的意义进行深入思考，告诉学生遇到困难，遇到挫折，或者遇到一些选择的时候，要拥有正义感，做一个顶天立地的人。

在内容设计方面，教师根据学生已有阅读基础及课文主要内容，给予学生充分自由的时间与空间，采取自由朗读和自由默读的方式展开，在阅读开始之前清晰传达阅读过程中所需要完成的任务，在自由朗读阶段要求学生用笔把自己认为关键的地方画下来；在自由默读环节要求学生思考课文讲了一个什么样的故事。两个教学步骤环环相扣，引导学生能用自己的话表达故事梗概，每次分享结束后，教师会进行简短的评价与概括性的提示，既即时反馈回答问题的同学，又对接下来想要分享的同学给予提示。在完成对故事的概括之后教师采用小组朗读的方法，提示学生在朗读过后明晰故事的起因、经过与结果，并用合适的语言进行表达。在对课文内容产生足够了解的基础上，引导学生用一个词形容普罗米修斯，学生的回答包括"坚强不屈""无畏""坚持不懈""勇敢""聪明""英雄"等。

在情境设置方面，要求结合学生的实际生活经验，着重对普罗米修斯所遭受的痛苦与面对痛苦时所表现的无畏的精神进行分析，并采用对比的方法，通过与火神的比较，分析普罗米修斯的性格与形象。在对课文中出现的人物进行深入分析之后，教师通过配乐诗朗诵的方式，对普罗米修斯的形象进行总结，引导学生了解学习神话故事的现实意义，最后完成对课文内容的升华。

三　基于案例的体验教学设计反思

传统教育视野下的人是一个单面的人，所谓单面的人，就是仅将人的发展视为认知层面的发展或某一单方面发展的结果，将单一的知识占有作为教育教学目标。这种视角忽略了人作为完整的个体在能力、情感、价值观方面的发展，甚至使人们盲目追求知识量的积累，而忽视知识之于个体发展的意义所在。与传统教育相比，体验教学强调对人的关注，关注学生在教学过程中的亲身体验与意义生成。学生是以完整生命个体进入教学场域中来的，学生要想获得真正意义上的成长与发展，需要的不仅仅是知识的增长及能力的培养，还包括身体、心理的健康发展，情感态度的陶冶以及理想价值观的形成。学生的生命具有完整性和发展性，这就决定了教育不能将个体进行分割，只重视认知的发展，而忽略身体的健康、人格的完整、情感的生成。教育过程是学生的生命成长过程，生命成长是一个身与心、认知与情感、知识与能力、理性与感性协调统一的发展过程，体验教学的目的在于调动学生的一切感官，促进学生手脑并用，从而实现个体完整全面的发展。

针对体验教学教学设计来说，教师是教学设计的主体，教学设计围绕促进学生体验及意义的发生展开。教学目标的设置也是教学设计的基础工作，教师所设置的教学目标，既要包括预设性目标，又要包含一定的生成性目标。教学活动的发生离不开教学情境，学生体验也发生在具体的教学情境中，情境是促进体验教学发生的重要条件，因此对体验教学的设计需要考虑如何根据教学目标与学生发展水平和已有经验设置教学情境，"将抽象概念放置于个体的生活体验情境之中，试图通过恢复直接的个体经验、恢复个体对自我和世界的体验感觉，从而寻求个体的解放"[1]。在教学活动的构成要素中，内容与方法有机结合，内容是方法的载体，方法通过具体内容体现，因此要以内容设置为基础，根据教学内容选择适宜的教学方法。总的来说，学生的亲身体验和独特感受在不同的教学目标、不同的教学内容、不同的情境活动中有所不同，具有很强的个体性与生成性，因此教师需要预设教学目标，分析学情，根据学生的已有认知水平和个性特点对教学活动和教学情境等做出合理的教学设计，同时为教学目标的生成预留"空间"。

教学案例所展现的这节课，通过对一个希腊神话故事的阅读，教师不仅引导学生完成了生字、生词的学习，使其能够正确、流利地朗读课文，能够用自己的语言概括故事内容并掌握概括课文主要内容的方法，体会普罗米修斯为造福人类所遭受的痛苦及为造福人类而不惜牺牲自己自由、不

---

① 冯加渔. 自传课程研究 [D]. 华东师范大学，2015：132.

屈不挠、无私无畏的精神，而且将课文学习的意义升华为对人性的体验、对人在遭遇困境时选择的理解、对"顶天立地"人的理解以及对自己"英雄梦"的追求。教学活动的顺利开展，得益于教师在教学设计中对目标的清晰定位，对内容与教学情境的恰切设计。在这个过程中，教学设计在目标、内容及情境设置上具有以下特点。

（一）目标设计体现全面性和可操作性

基础教育课程改革在课程目标设置方面明确提出"知识与技能""过程与方法""情感态度价值观"三维目标，特别强调学生的"参与"、"活动"、"操作"、"实践"、"考察"、"调查"、"探究"和"经历"等，让学生在活动、体验的过程中实现自我发展。这堂课的目标设置体现出全面性的特点，在"知识与技能"方面，让学生掌握生字、生词，正确、流利并有感情地朗读课文，能够抓住重点语段的有关语句，揣摩人物的心情，体会文中出现的主要人物形象；在"过程与方法"层面，使学生能够用自己的语言概括故事内容，掌握概括课文主要内容的方法，通过有感情朗读、想象拓展等方法，体验并理解普罗米修斯为造福人类所遭受的痛苦及为造福人类而不惜牺牲自己自由的可贵精神；在"情感态度价值观"方面，引导学生能够结合自己的生活实际，在融情想象中体会普罗米修斯所受的惩罚之痛，通过对人物语言、行为的分析，引导学生体会普罗米修斯的精神，结合英国诗人雪莱的诗歌《普罗米修斯赞》，使学生进一步感悟人物精神，对课文内容进行总结升华，并最终将课文学习的意义升华为对人性的体验，对人在遭遇困境时选择的理解，对"顶天立地"人的理解以及对自己"英雄梦"的追求。

体验教学关注学生在学习和发展过程中的个体体验与多元理解，教学目标要真正"落地生根""开花结果"，需要具备可操作性。可操作性不仅指向既定教学目标的实现，同时也指向为教学目标的生成提供"空间"。教学目标是预设性与生成性的统一，预设性是教学目标作为教学的起点和教学行为的基础，可以对教学行为活动进行规范与引导；生成性具有两层含义，不仅包括预设教学目标的生成，还包括在教学活动中教师根据教育教学的实际情况，巧抓教学契机，促进学生在学习发展过程中收获"意外之喜"。根据这堂课的教学设计、笔者课后与教师关于教研活动的交流及对教师的访谈可以发现，这堂课的教学目标充分考量了目标的可操作性。举例来说，在词块教学环节，教师引导学生读准、读流利必须掌握的生词，引导学生根据词块的意思区分多音字，根据词义及偏旁结构区分形近字，教师在设计环节针对此教学环节想到的提问方法是：看到这个字，你还能想到什么字？你是如何进行区分的？近义词和反义词是什么？结合课堂教学的实际情况可以发现，这个教学设计最终得以实现，并且学生在学习"喷"的时候主动联想到"愤"，并能采用区别偏旁的方式，认为"喷它就是有可能从嘴里喷出来某种东西，所以是口字旁，这个愤，因为是心情很愤怒，所以是竖心旁"。在课后交流中教师提到，在教学设计之初想到了这种引导方式，但很意外学生已经掌握了利用偏旁区分形近字的方法。总的来说，针对教学设计的理念、目标以及具体流程环节，教师预先设想了目标得以实现的方法，使教学目标的设计具有可操作性。

（二）内容设计凸显生活性与多样化

教学内容是教学目标得以实现、学生最终获得实质性发展的重要载体。基础教育课程改革在课程内容设置方面明确要求，要加强课程内容与学生生活以及现代社会和科技发展的联系，关注学生的学习兴趣和经验。这堂课的内容虽然是一个希腊神话故事，但教师在教学设计中考虑到要让学生把知识所涉及的内容与个体实际生活相联系，从而便于学生根据自己已有经验展开联想与想象，获得对内容的体验，实现意义生成。具体来说，教师在引导学生分析人物形象时，强调根据文章细节，联系生活实际，想象普罗米修斯在"风吹雨淋"中所遭受的痛苦，除了风吹雨淋，还会遭遇哪些恶劣天气，使学生在融情想象中体会普罗米修斯所受的惩罚之痛，为深刻感悟普罗米修斯的精神作好铺垫。根据课堂教学过程可以发现，学生在教师的有效引导下，说出"非常炎热的天气，太阳一直晒着他，我们热的时候都会大汗淋漓，然后赶紧跑到阴凉处去，而普罗米修斯不能动弹，他只能被晒着"。还有学生认为"普罗米修斯还有可能遇到大雪天，因为一般在大雪天，我们都会穿上厚厚的衣服，像什么羽绒服啊什么的，但还是会淋在衣服上，雪落在普罗米修斯身上会非常冰，那是很大的痛苦"。这一冷一热的对比，说出了普罗米修斯为了人类幸福所遭受的痛苦，同时这一冷一热的经验本就源于学生的实际生活体验，热的时候会"大汗淋漓"，想要"跑到阴凉处去"，冷的时候"会穿上厚厚的羽绒服"，但是"普罗米修斯不能动弹"，所以无论遭遇什么，只能默默承受。学生根据课文内容，在已有生活经验的基础上展开充分的想象，并在话语中体现出对普罗米修斯的"担心和同情"。

体验具有较强的个体性特点，即不同的学生因为已有经验、认知风格、个性特征等的不同，对相同的教学内容可能产生不同的感受；同一学生在面对不同的教学活动和教学情境时也会产生不同的个体体验。在这堂课的教学内容设计中，教师事前考虑到不同学生的特点及同一内容不同呈现方式下学生可能产生的反应，在内容设计时注意内容的多样性，以满足不同学生的发展要求。具体来说，教师在课前布置任务让学生自由阅读相关希腊神话故事，利用课堂导入时间进行简要的分享，激发学生走进并了解普罗米修斯的兴趣。结合教学过程可以发现，这种多样化的设计让具有不同阅读基础的同学都能有交流分享的机会，在对希腊神话故事的交流中，学生能够通过简短的一句话分享，指出希腊神话中普罗米修斯是创造人类的最具智慧的天神，此外还介绍了自己感兴趣的神的形象，如"宙斯是希腊神话里第三代的天神，他掌管众神"，"爱神丘比特有两支箭，如果被金箭射中，就会产生爱情；如果被铅箭射中，人们就会拒绝爱情相互仇恨"，"太阳神阿波罗是掌管光明的神，是宙斯的儿子"，"宙斯的女儿是太阳神阿波罗的孪生妹妹，她是森林女神"，"海神波塞冬，他是宙斯的二哥，他的饰物就是马和牛"等。教师在课堂导入部分针对课文内容设置了希腊神话的故事交流与分享环节，不仅充分了解了学生的已有阅读程度，还给予了具有不同阅读兴趣的同学交流分享的机会，有效激发了学生的学习兴趣，同时这样的内容设计也丰富了学生了解普罗米修斯故事的背景资料，取得了良好的教学效果。

（三）情境设计注重生活化且有针对性

当教学目标和教学内容确定后，还需要对教学情境作出合理、有效的设计，因为情境是促进学生体验发生的重要因素之一。学习行为的发生是不可能脱离实践情境而抽象存在的，学习应该与情境化的实践活动结合起来。不论是知识的获得、能力的发展、过程方法的掌握，还是情感态度价值观的生成，都存在于具体的、情境性的、可感知的活动中，或者说，具体可感知的情境能够促进知识的获得、能力的发展、过程方法的掌握以及情感态度价值观的生成。在这堂课的设计之初，教师就想到了如何拉近希腊神话与学生生活的距离，课文的学习对学生的学习和发展具有怎样的现实意义。举例来说，在进行学习内容的深化总结时，教师提出这样一个问题，"我们看到这是一个神话故事，都是虚构的，是人们想象的，那么我们现在学这样的文章，欣赏这样的英雄形象，到底有什么意义？"教师设置这样的教学情境，目的在于引导学生将已学到的内容与自身发展相联系，学生的回答包括"我觉得现在的生活中也存在这样的英雄"，"我想到我们可以在遇到困难的时候想起这篇课文，然后战胜困难"。教师以此为基础，对课文内容进行总结，"一撇一捺一个'人'字，当我们遇到困难，遇到挫折，或者遇到一些选择的时候，希望你们也能拥有正义感，顶得住天，立得住地。……英雄是神，英雄也是人。希望你们可以成就自己的英雄梦"。这样的情境设置，可以让学生明白知识学习之于自我发展的意义，使学生在获得知识经验的同时实现情感态度价值观的升华。

如前所述，学生的学习和发展发生在一定教育教学情境中，所以学习具有情境性，教学情境设置的目的在于能够有效激发学生的体验，从而让学生获得实质性的发展。情境的设置不一定会激发学生的体验，但学生体验的生成，一定源于有效情境的设置。因此，情境设计还需要考虑实际教学过程。教师要根据教学目的、教学内容，选择能够展现教学内容、实现教学目的的情境，只有这样才能使教学情境具备有效性，即情境的设置针对教学目标的实现及教学内容的展现。举例来说，在引导学生体验普罗米修斯所遭受的痛苦时，教师问学生"什么叫啄食"，学生指出"啄食就是一口一口咬"，教师进一步问"平时有没有受过伤？有没有擦破过皮，那时候你是一种什么感觉？"在这种有针对性的情境设置中，学生体会到普罗米修斯经受了怎样的痛苦。总的来说在这一部分的处理中，教师结合文章的细节描写，通过图片展示，让学生了解鹫鹰的凶恶，通过层层递进与层层感悟的方式，引导学生先想象"啄之痛"，再通过直观赏图、体验朗读，使学生设身处地感受普罗米修斯的痛苦，引导学生再次感受普罗米修斯"所承受的痛苦永远没有尽头"，从而实现对人物形象更深层次的感悟。此外，在完成了对整个故事的梳理、人物形象的分析以及对人物精神的分析之后，教师带领学生分角色配音朗读英国诗人雪莱的诗歌《普罗米修斯赞》，进一步使学生感悟人物精神，对课文内容进行总结升华。教师指出，尽管普罗米修斯受尽折磨，但是他的正义、勇敢和善良，他的奉献精神，是为人类所永远敬佩的，一些诗人，也将对普罗米修斯的称赞和赞扬写进了诗中。试想，这个情境如果设置在教学活动的开始，作为背景资料予以展现，学生未必能够完全体会普罗米修斯的正义、勇敢、善良以及奉献，那么这个教学情境的设计就不能达到很好的效果。正是因为学生已经对普罗米修斯的人物形象产生足够多的体验和理解，这首《普罗米修斯赞》才真正发挥了帮助学生感悟人物精神的作用。

第六章

体验教学的实践反思（二）：基于案例的体验教学策略分析

对体验教学实施的思考，主要考虑在课堂教学过程中通过实施哪些方法策略能够促进学生体验的发生。结合学习体验的发生机制和体验学习的发生机制可以看出，体验教学的发生包含四个步骤，即主动参与、深度投入、体验获得以及意义生成。具体来说体验教学的发生，首先需要吸引学生主动参与，并在教学情境中产生具体体验，以此作为反思观察和抽象概括的基础，因此在教学过程中，教师可以尝试使用"情境感悟"的策略推动学生主动参与并形成具体体验。其次学生在获得具体体验之后，需要经由深度投入和体验获得实现对具体体验的反思观察和抽象概括，在这个过程中，学生的反思观察和抽象概括不是自然而然发生的，需要教师在教学活动中的有效引导，因此可以尝试使用"启发诱导"的策略，帮助学生对具体体验进行反思与总结。最后，学生通过行动应用完成对体验意义的生成，在此过程中，教师可以使用"活动探空"策略，使学生能够在实践中检验或验证已有体验。此外体验教学的目的不仅在于知识能力的习得，还在于情感、态度、价值观的培养，在学生发展过程中，认知与情感是相互促进的，认知过程离不开情感的支持，情感的生成需要以认知作为基础，要促进学生体验意义的生成，还可以采用"审美体验"的策略。因此，针对体验教学发生的四个基本环节，可以采用的策略包括情境感悟、启发诱导、活动探究及审美体验。本章结合对课堂教学案例的分析，对体验教学实施策略进行反思。

一　情境感悟策略的案例分析

（一）课堂教学案例

研究选取乔治·塞尔登所著《时代广场的蟋蟀》一书的阅读交流课进行分析。全书共分为十五个章节，讲述了一只住在美国康涅狄格州乡下草场的蟋蟀柴斯特因贪吃跳进野餐篮被带到纽约时代广场的地铁站，而后在这里发生的柴斯特和他的小主人玛利欧一家，以及他的两个好朋友亨利猫和塔克老鼠之间的故事。以下是课堂教学过程。

师：今天我们要来阅读的这本书，大家之前读过了吗？

生：读过了。

师：前天晚上我在回来的飞机上又读了一遍，我大概读了一遍，所以我心里没底啊，昨天晚上我又读了一遍，做了几张 PPT，所以我们今天来进行交流课，主要是要聊天，我们要聊得起来。所以如果大家没有跟我聊起来，我会很尴尬的哦。

（学生笑了）。

师：还有啊，今天这节课我可能会上得长一点，有可能，就看你们能不能说了。好不好？

生：（声音洪亮）好！

师：准备好了吗？

生：准备好了。

表 6-1　教学片断分析（一）

学生产生了何种体验	想要与教师一起进行《时代广场的蟋蟀》的阅读交流
学生的体验因何产生	在课堂导入环节，教师以轻松的语言，简要分享了自己阅读的体验，并将阅读交流课定位为"聊天"，为课程的开启营造了轻松、自由的氛围

师：《时代广场的蟋蟀》我们已经读过了，有的同学还读了不止一遍，徐老师在前天的时候就在想，这个故事到底讲了什么？我应该

怎么梳理。后来啊，我找出了一些故事情节，但是它们的顺序乱了，有人能看出来正常的顺序吗？

生：能。

师：想好了就可以举手，没想好就先不举手。

（停顿，留给学生思考的时间）。

师：第一个应该是什么？举手告诉大家。

生：柴斯特被带回报刊亭。

师：有不同的吗？

生：有。

生：柴斯特误来时代广场。

师：第三个呢？

生：柴斯特被带回报刊亭。

师：好的，后面的谁能一次性梳理清楚。前两个已经确定了。

生：接下来是"吃掉了一半的两元钞票"，接着是……（有犹豫）

师：有同学可以帮助他吗？

生：接下来应该是晚宴上的火灾，然后是柴斯特大声嘶吼，最后是回家。

师：这样的梳理让我们对这个故事有了清晰的认识，但是我们说啊，一本书的阅读，不是只读内容，有时候我们还要找到这本书的关键事件。现在我们看，我们把这些关键事件按照一个顺序排好之后，你认为其中哪两件事是最关键的事件。这件事很关键，没有这件事这个故事就会出现问题。

生："柴斯特误来时代广场"和"晚宴上的火灾"。

师："柴斯特误来时代广场"只是这个故事的起因，还不足以说明它是这个故事的关键事件。但是刚才你还说了一个关键事件。

生："晚宴上的火灾"，因为要是没有晚宴上的火灾的话，柴斯特也不会因此出名。

师：同意吗？

生：同意。

师：也就是说这场火灾使得柴斯特的音乐天赋在那一刻爆发了。

好，还有吗？

　　生：我觉得是那个"吃掉了一半的两元钞票"，因为如果柴斯特没有吃掉那个钞票的话，他也不会被玛利欧留在报刊亭。

　　师：非常好，进行了这样一个梳理以后，我们就可以把握这个故事中最重要的内容，我们围绕最重要的内容，就能够对这个故事进行一些深入的思考。接下来我们就来试试，我们进入下一个话题。下一个话题我们来聊聊书里的三个好朋友，他们是？

表 6-2　教学片断分析（二）

学生产生了何种体验	能够梳理《时代广场的蟋蟀》的主要故事内容
学生的体验因何产生	因为课文所涉及的故事篇幅较长，如果教师引导学生用自己的话概括故事的主要内容，对学生来说难度较大，因此教师针对主要故事情节进行概括，并将故事情节打乱，引导学生通过对主要故事情节进行排序，明晰故事的起因、经过与结果

　　生：柴斯特、玛利欧、塔克。

　　师：那这三个角色你们作何认识呢？徐老师在读书的时候，就在思考，我写下了很多词语，你看，有聪明、诚实、忠厚、仗义、老实、和善、爱财、善良、正直、幽默、有同情心、热爱音乐。后面还有省略号，当然省略号是需要大家来补充的。……接下来我们互相讨论讨论，你可以选择徐老师的词语，也可以选择自己的词语，写出对这三个人物的认识和评价，你们互相交流一下。交流的时候我们前后四个人为一个小组，我给大家五分钟的时间。还有，我们不能没有证据地说话，要有依据。比如你说他很聪明，你从哪里看出来他很聪明，你读书的时候认为他仗义，要告诉大家你从哪里看出来他很仗义。大家需要在书里找出证据来。好的，开始吧。

　　（学生读书交流中）。

　　师：好了吗？

　　生：好了。

　　师：我们讨论这个问题，就是想让大家明白，我们读书需要有思考，这样才能对故事有更加清晰的、自己的理解。接下来，话筒交给大家。你说其中一个角色，再说说你读出了什么。

生：我说的是"爱财"，我认为是塔克，因为我在书里看到，柴斯特用哀求的眼神和委屈的口气说："我的好朋友们……我想从这里出去，但是，又不能逃跑，还得把钱还上，大家给我出个主意吧……"塔克舍不得地说，"好吧……我说我说……我只有两块九十三分而已"。

师：好的，你是从这一段中看到了塔克的爱财是吧？接下来交流的过程中我有个建议，我建议大家用自己的话来表述你从哪里看出来的，除非原文中这句话很重要，你才可以读出来。

生：柴斯特很讲义气。柴斯特心想，我不能就这样逃之夭夭。

师：其实你这样说，大家是不明白的。

生：柴斯特有了逃跑的机会，但是他想到玛利欧的爸爸妈妈对他这么好，还给了它一个笼子。

师：意思就是说两元的纸币被吃掉了一半，塔克告诉柴斯特说你赶紧逃吧，他没有逃，从这里看出来他很有义气。很好，就这样讲。

生：我想说亨利。他就是很遵守约定，因为老鼠和猫本来就是一对天敌，但是这个故事里说了，塔克说他们早在纽约就冰释前嫌了，就已经约定好了我们就是好朋友，然后亨利就遵守了这个约定，就一直都没有把塔克吃掉，再饿也没有吃掉。

师：在这种约定下，真正的关键是他们之间有情意。

生：他们是认识最久的朋友，还一起住在排水管道里。

师：你想说什么？

生：因为他俩一起住在排水管道里，老鼠和猫找吃的的话，两个人就一起分享食物。

师：我听明白了，你是在给她的回答做补充，认为他俩是好朋友。那其他人还有其他的分析吗？

生：我要说的是塔克。塔克是一个非常友好的老鼠，是一个善良的人，爱帮助朋友。所以虽然好多人都可能认为塔克是一个爱捡钱的人，但是实际上捡钱只是他的一个爱好，读完这本书后我发现，他在很多地方帮助了柴斯特。亨利和塔克一起在帮助柴斯特。

师：我很欣赏他，我再把他的话给大家讲讲。你看啊，实际上他很喜欢塔克老鼠，而且他有一句话说得特别好，他说这个塔克老鼠他身上的缺点，我在书里很难找到，这句话的意思是他藏在字里行间，对吧。第二点，他说塔克老鼠贪财要辩证地看。这一点我接下来刚好打算跟大家一起来分析。

生：我觉得72页可以看出亨利很干脆。

师：用自己的话说。

生："别浪费时间了，说重点"，这是亨利说的一句话，我觉得这句话能够表现出他很节约时间，干脆利落的特点。

师：干脆利落很好，节约时间我倒没有看出来。

生：我喜欢塔克。虽然他可以跟其他老鼠一样整天嬉戏，但是他还是得好好存钱，为未来做积蓄，去做想做的事。

表6-3 教学片断分析（三）

学生产生了何种体验	能够在读书之后用自己的话阐述对故事中所涉及的人物形象的理解
学生的体验因何产生	在确定故事中涉及的主要人物包括柴斯特、玛利欧、塔克后，教师想要引导学生用自己的话谈谈自己对人物形象的理解。在这里教师采用了两种方法：一是给出一些关于人物形象的描述性词语，引导学生分析每个词语对应的人物形象；二是采用分组阅读交流的形式，引导学生谈谈自己的阅读体验和阅读思考。在学生进行交流分享的时候，教师针对学生的回答给予即时性反馈，既给作答的同学以帮助，又对其他同学进行提示，并强调边读书边思考的重要性

师：好的，我们先交流到这里。之所以交流这些问题，不仅仅是想让大家更深入地了解这个故事，认识故事里的人物，更重要的是想让大家在读书的时候学会思考。对于一个人物，你可能会有各种各样的认识和评价。今天徐老师准备了一些故事细节，我们大家一起来读一读。我们先来看看这个两元纸币，这个两元纸币可跟现在的两元纸币不一样，书里这样说：两元纸币对于玛利欧一家来说，两天都挣不到。当发现两元纸币缺了一角以后，塔克老鼠跟柴斯特之间有一段经典的对话，你能看出来他们身上的什么特点呢。塔克老鼠说："收拾家当，逃到加利福尼亚去。"

生：柴斯特说："他们对我这么好，我不能就这样逃之夭夭。"

师：我们来看啊，塔克老鼠又出主意呢："把剩余的部分也吃了，那他们就根本不会知道发生了什么事。"

生：柴斯特说："他们一定会互相指责，认定是对方把他给弄丢了。我不希望搞得他们彼此不愉快。"

师：塔克老鼠又说了："那就让一个不认识的人来当替死鬼吧……哇。我都可以在脑海里想象这一幕了。"

生：柴斯特说："不行！我们这样造成的损失，会比两块钱还要多的。"

师：读完了。谁有话要说？

生：我觉得柴斯特是一个很老实的蟋蟀，他吃了两元钱的一角，但是他并没有像塔克说的那样逃之夭夭，他觉得自己犯的错误就应该自己承担。

师：还有吗？

生：我觉得柴斯特特别诚实，因为他把两元钞票吃了一半，他没有选择逃避，而是选择承认错误。

师：好的，谁来说说塔克？

生：我觉得塔克特别聪明、仗义、奸诈。柴斯特把两元钞票吃了，他还给柴斯特出主意，什么逃到加利福尼亚，把面巾纸弄翻，打破闹钟的玻璃啊什么的。反正他很奸诈，也很聪明。

师：他说得很好，他认为塔克老鼠很聪明，同时也很奸诈。这个理解就是很好的，你想啊，塔克老鼠的确聪明，但同时也能看出来他的狡猾。一个人都是有他的两面性的，我们需要辩证地看问题。对不对？好的，我们先说到这里，我其实就是给大家一个小片段，让大家知道读书的时候需要有自己的思考，还有，前面有同学说塔克老鼠很爱财，你们同意吗？

生：同意。

师：可是就在这两元纸币造成损失的时候，柴斯特选择留下的时候，这两元的钱，却是谁拿出来的呢？

生：是塔克。

师：塔克老鼠的那两元钱，是他一生的积蓄。他积攒得容易吗？

生：不容易。

师：他的这两块钱，是冒着生命危险存下来的。当柴斯特遇到困难的时候，他拿出来了吗？

生：拿出来了。

师：大家快速默读一下，默读完了以后，你有话要说吗？

生：就算塔克给柴斯特出了那么多奸诈的主意，但是他还是把钱都给柴斯特了。

师：你这样相当于没说，他就是给了。然后呢？

生：看到这里我觉得塔克老鼠不全是狡诈的，他还有善良的一面。

师：还有人要说吗？

生：我觉得这就是深厚的友谊吧。之前也说了，塔克老鼠是那样的爱财，是那样积攒积蓄的，但是他在柴斯特需要的时候全部都给了他。

师：有时候一句话胜过很多句话，这就是友谊，即使这是我一生的积蓄，即使这是我冒着生命危险积攒下来的钱，在朋友有危难的时候，他还是把积蓄拿了出来。现在我们都在关注塔克，有没有人想到亨利了呢？

生：亨利在劝说塔克把钱交给柴斯特的时候说了一句"我会"，能够看出来他们之间的友谊也是很深厚的。

师：这句"我会"不是简简单单两个字，这是一种承诺，他真的会这样做。好的，刚才我们对塔克老鼠的爱财又有了一个辩证的思考。问大家一个问题，如果找亨利借钱，它不借，你能理解吗？你怎么看？

表 6-4　教学片断分析（四）

学生产生了何种体验	通过情境中的细节阅读，加深阅读思考
学生的体验因何产生	教师在引导学生对故事细节进行感悟从而对人物产生更深刻理解的过程中设置了关于"两元钱"的情境，这种情境的设置能激发学生的阅读兴趣，让学生更容易进入情境中实现对人物的感知，使学生可以通过直观体验产生实际感受，展开联想与想象

生：我不会太生气，因为是我找他借钱，并不是他找我借钱。

（大家笑了）。

生：就是我觉得别人不跟我借钱很正常，因为就算别人有钱，别人有可能有别的事情，我也肯定会想到别的办法的。

师：好，不借给你，没关系，你找别的方法。还有呢？

生：如果别人不借给我，我不会生气。因为从别人的角度来说，虽然你借到钱了，但是他可能会想，万一你不还了呢，万一弄丢了呢，万一逃走了呢。所以做什么事一定要从别人的角度思考。

师：听你这么讲，下次你借钱，我一定会借给你的。也就是说，借不借钱不是一个重要的问题，没有借给我钱，我也不会有怨恨。即使塔克老鼠没有给柴斯特借这笔钱，会影响他们之间的友谊吗？但是更让我们没想到的是，塔克老鼠拿出了这笔钱。好的，这个话题我们就先聊到这里。我们来说下一个话题。柴斯特最后因为火灾事件而大出风头，成了音乐家，成了纽约时代广场明星。可是他当了一段时间明星之后呢，他开始犹豫了，他不知道是留在报刊亭呢，还是回家。我们现在先来说说，明星的生活是什么样子的？

生：自由自在的感觉。

师：明星有时候也不一定自由自在。还有吗？

生：肯定会受到很多人的欢迎，不用花钱就可以吃到很多很好吃的东西。

师：吃东西还是要花钱的。

生：我觉得明星的生活就是有很多粉丝来找你，每天也会很辛苦。

师：好的，我们来辩证地看问题。明星的生活每天可以吃好吃的，但是每天也需要跑来跑去的没有自由。我们来问问我们的小明星，他也拍电影，我们听听他怎么说。

生：我每天需要这边跑那边跑，有时候耽误学习，其实特别累。

师：那接下来我想问大家一个问题，你想当一个明星不？

生：我不愿意。我觉得虽然当明星有好吃的好喝的，还有粉丝，但是感觉没有自己的自由，如果一出门一大群人涌上来，工作也会耽误，学习也会耽误。

　　生：我不想当明星。没有自由排练也很累。每天也不能回家，很少见到家人。

　　生：我想当明星，因为每天都可以吃很多好吃的。

　　生：当明星会很有钱，还可以有很多助手。

　　师：这就说明你想过得很安逸。虽然你说这些大家都笑了，但这不是嘲笑，是在赞赏你的真诚，所以这不是笑声，而是掌声。其实啊，这个问题没有统一答案，当不当明星，取决于你对生活的态度。当明星可能你会得到鲜花、掌声，得到物质上的满足，但是你可能会失去生活中的惬意和闲暇，所以这完全取决于你怎么想。那么柴斯特做了什么选择呢？

表 6-5　教学片断分析（五）

学生产生了何种体验	联系生活实际，阐述自己对故事情节和人物形象的体验与理解
学生的体验因何产生	在对故事情节进行交流时，教师针对"借钱"与"当明星"两个细节进行发问，鼓励学生根据亲身体验进行交流与分享。在对学生的分享作出即时性评价时，教师没有采用直接下定义的方式，而是在交流过程中采用"探讨"的方式，鼓励学生大胆说出自己的想法

　　生：回家。

　　师：他为什么要这么做？

　　生：主要的原因是他想家了，他在纽约，在时代广场，他还是喜欢他的朋友、他的爸妈，他更爱他原来的生活，可以每天晚上自由自在地演奏，而不是像现在一样成为一个机器，所以他很不开心。

　　师：你把书读进去了。他就是因为这样的原因，他追求宁静自在的生活，随心所欲地为了草原上的朋友去演奏。那他的朋友是什么态度呢？

　　师：塔克说："在他登上成功高峰的那一刻，他竟然消失了！报纸会发狂的！他在哪里？他上哪里去了？没有人知道，他只留下了美好的回忆。多感人！"塔克就是这样的人。

　　师：亨利说："既然柴斯特的一生是他自己的，他就应该去做他想做的事。如果成名并没有让它获得快乐的话，那成名又有什么意义呢？"玛利欧说："如果他在这里并不快乐，我倒希望他从来没有来过纽约。"于是柴斯特做出了一个选择，大家都支持的一个选择，他选择回家。但是呢，柴斯特也有他自己的担心，你知道吗？你知道他担心什么吗？

师：书里有。柴斯特说，他唯一担心的是，他走了，报摊怎么办？

师：在这里作者还对柴斯特的演奏进行了描写。我在读书单里给大家设计了一个任务，让大家找找书里还有哪些描写柴斯特演奏的细节。下去以后大家把找出来的部分再好好读一读，来看一看音乐是怎么表达的。好的，接下来我想把这个故事的结尾朗诵给大家听。

（配着音乐的朗诵）。

师：大家听这首曲子，这是一首意大利民歌，也是柴斯特演奏过的一首歌，这首音乐表达的是久离意大利的人，对家乡的思念。著名的男高音歌唱家说，听这段音乐，就好像听到一个号角，重归家乡。所以这是一个关于友谊的故事，是一个有关各种生命之间爱与关怀的故事，也是一个发自大自然、荡涤心灵的故事，所以在这本书里，有友情、有爱、有音乐、有歌唱。所以这本书我们还远远没有读完，正如这本书的推荐说，这是一本适合 9~90 岁的人去阅读的，这本书已经有 58 年的书龄了，很经典的书是可以经得起时间的检验的，而优秀的读者也是这样。这本书，可能你今天读是这样的感受，十年后你再读，会给你带来不一样的感受。所以这本书，你远远没有读完。

表 6-6　教学片断分析（六）

学生产生了何种体验	深化对故事的理解与体验
学生的体验因何产生	在阅读总结的环节，教师根据课堂预设性目标和生成性目标进行了总结，并在配乐朗读的过程中，让学生再次感受这是一个关于友谊的故事，是一个有关各种生命间爱与关怀的故事，也是一个发自大自然、荡涤心灵的故事，在这本书里有友情、有爱、有音乐、有歌唱

（二）教学案例分析

这是一堂阅读交流课，在这节课之前学生已完成了对全书的阅读。在课程导入环节，教师与学生分享了自己的阅读体验，希望用"聊天"的形式展开今天的课程内容，拉近与学生之间的距离，通过课堂观察可以发现，当教师对学生说出"所以我们今天来进行交流课，主要是要聊天，我们要聊得起来。所以如果大家没有跟我聊起来，我会很尴尬的哦"以及"今天这节课我可能会上得长一点，有可能，就看你们能不能说了。好不好"之后，学生有的看着老师，有的看着同伴，笑了，课堂氛围一下变得轻松起来，这为之后教师与学生、学生与学生间的交流分享营造了良好的氛围。教师通过简短的话语，营造出良好的课堂教学氛围，调动了学生的兴趣与热情，为课程的开展打下基础。在交流环节，教师首先做的是引导学生梳理故事情节，因为这本书包括十五个章节，教师概括了一些故事情节片段，以打乱顺序的方法让学生根据自己理解进行排序，以梳理故事梗概，这部分不仅能够帮助学生学会概括，同时也可以帮助教师了解学生对故事起因、经过、结果的掌握情况。在了解故事的主要内容后，教师给予学生自主阅读的时间，并提示学生注意将阅读与思考结合起来，梳理故事中出现的主要人物，以及对这些人物"作何认识"。这个环节由自主阅读、小组交流以及自由分享三个部分组成，在访谈中教师指出，希望通过不同的阅读形式，给予学生充分自由的阅读时间和机会，在自由、平等、宽松的氛围中，使学生获得基于文本的独特体验与多元理解，避免教师对文本的"判断"成为学生与文本交往的障碍，引导学生阅读但不代替学生思考。当学生对一个人物或一个事件表明自己的观点时，教师会通过追问"为什么"，引导学生有理有据地对人物和故事进行赏析。在对故事情节进行交流时，教师还针对"借钱"与"当明星"两个细节进行发问，鼓励学生根据亲身体验进行交流与分享。在对学生的分享作出即时性评价时，教师没有采用直接下定义的方式，而是在交流过程中采用"探讨"的方式，鼓励学生大胆说出自己的想法。在阅读总结的环节，教师根据课堂预设性目标和生成性目标进行了总结，并在配乐朗读的过程中，让学生再次感受这是一个关于友谊的故事，是一个有关各种生命间爱与关怀的故事，也是一个发自大自然、荡涤心灵的故事，在这本书里有友情、有爱、有音乐、有歌唱。

教师在引导学生进行深入阅读时，以故事细节为情境，引导学生对故事中出现的主要人物的性格作出分析，在第一位同学选择了一个词语对塔克老鼠的形象进行概括后，教师马上鼓励学生用自己的语言进行分析。第二位交流的同学认为"柴斯特很讲义气"，但是在原因分析时，只是说了文中的一个小细节，教师马上提示，鼓励学生进行深入的分析，学生说道："柴斯特有了逃跑的机会，但是他想到玛利欧的爸爸妈妈对他这么好，还给了它一个笼子。"针对学生产生的情境体验，教师作出进一步的引导，总结说："意思就是说两元的纸币被吃掉了一半，塔克告诉柴斯特说你赶紧逃吧，他没有逃，从这里看出来他很有义气。很好，就这样讲。"在第三位同学进行交流分享后，教师提示其他有共鸣的学生可以作出补充，完善故事情节中出现的关键点。

教师在这个交流环节，为学生提供宽松、自由的环境，鼓励学生与文本进行充分、深入的对话，同时提供学生阅读思考所必要的支撑与引导，不代替学生阅读，也不代替学生思考，引导学生对故事细节进行深切体验与思考，鼓励学生勇于表达自己的想法，并采用启发诱导的方式帮助学生梳理思考的结果。通过教学活动过程可以看出，学生对文本阅读的热情被有效调动，独立阅读与思考的能力被有效激发。教师尊重学生对于文本的认知与理解，引导学生体验阅读的过程与乐趣，并重视对学生学习方法的指导。在教师引导学生对故事中出现的一个主要人物——塔克老鼠进行分析时，学生用三个词语概括了自己的想法，分别是聪明、仗义、奸诈，并能够根据故事所描述的细节阐述自己这样认为的原因，教师巧妙地抓住这个点，指出："他说得很好，他认为塔克老鼠很聪明，同时也很奸诈。这个理解就是很好的，你想啊，塔克老鼠的确聪明，但同时也能看出来他的狡猾。一个人都是有他的两面性的，我们需要辩证地看问题。"针对塔克老鼠所展现出来的"爱财"的特质，教师采用辩证分析的态度，学生赞同塔克老鼠爱财，教师在此基础上发问："可是就在这两元纸币造成损失的时候，柴斯特选择留下的时候，这两元的钱，却是谁拿出来的呢？"学生在这样的问答过程中看到了塔克老鼠性格的丰富性，教师发问："塔克老鼠的那两元钱，是他一生的积蓄。他积攒得容易吗？"让学生明白两元钱对塔克老鼠的重要性，教师进一步发问："他的这两块钱，是冒着生命危险存下来的。当柴斯特遇到困难的时候，他拿出来了吗？"学生最终认为

"塔克老鼠不全是狡诈的，他还有善良的一面"。教师最后总结："有时候一句话胜过很多句话，这就是友谊，即使这是我一生的积蓄，即使这是我冒着生命危险积攒下来的钱，在朋友有危难的时候，他还是把积蓄拿了出来。"教师在这个环节没有选择直接告诉学生"问题的答案"，而是引导学生在具体情境中设身处地体验塔克所做出的选择，让学生在文本的体验中生成自己的思考与感悟。试想，如果教师所有的启发诱导都指向希望学生找到问题的标准答案，忽视学生在文本阅读中的独特体验与多元理解，阅读文本就丧失了其之于个体体验与发展的意义，教学活动也就变成对固定、标准答案的演练。在这堂课中，教师通过创设情境让学生融情入境，让学生在具体情境中结合自身现有的生活体验，体味文本的语言魅力和艺术独特性，感受人物的个性特征，受到情感熏陶，获得思想启迪，享受审美乐趣，最后达到情感升华的目的。

（三）基于案例的情境感悟策略反思

学生的学习发生在具体的教学情境中，学习应该与情境化的实践活动结合起来。不论是知识的获得、过程方法的掌握、能力的发展，还是情感态度价值观的生成，都需要在具体的、情境性的、可感知的活动中实现。因此情境教学要求教师提供给每个学生开放的、充满选择机会的问题情境，让学生在情境中能够发挥自己的想象力和创造力，获得对事物的感性认识、深入认识，并上升为理论反思。这样教学过程就由传统的单向灌输过程变为教师鼓励学生尝试、想象，学生踊跃、积极学习的双向过程①。在这堂课中，教师使用情境感悟策略引导学生实现深度阅读，策略在使用过程中体现出以下三个特点。

1. **以生为本，巧设情境**

在这个教学案例中，教师通过一首配乐结束教学活动，实现对教学活动的总结和升华。配乐为一首意大利民歌，也是文中主人公柴斯特演奏过的一首歌，表达的是久离家乡的人对家乡的深切思念。这个配乐所表达的主题与故事中柴斯特最后的选择一致，同时教师通过配乐促使学生在情境中感受文章所表达的意蕴，恰到好处。教师在这样的情境中对文章进行总

---

① 王鉴，张晓洁. 论情境教学的理论基础 [J]. 当代教育与文化，2011（5）：22.

结，指出"这是一个关于友谊的故事，是一个有关各种生命之间爱与关怀的故事，也是一个发自大自然、荡涤心灵的故事，所以在这本书里，有友情、有爱、有音乐、有歌唱"。"以生为本，巧设情境"，之所以要强调一个"巧"字，就是说情境的设置要切合学生已有的认知规律和思维特点，也就是说情境设置要以学生已有发展水平为依据，针对不同的学生群体、不同的教学内容，创设不同的教学情境。只有了解学生的已有发展水平，站在学生的角度去看问题，创设学生感兴趣的、具有开放性和挑战性的情境，才能有效激发学生的学习兴趣，达到事半功倍的教学效果。此外这个"巧"字还体现在教师创设的情境要贴近学生的生活，与学生生活世界相联系，让学生感受到教学活动"与我有关"，从而激发学生主动参与的热情，将教学活动的外部要求转化为学生内在的发展需求，从熟悉的情境中寻找与自己认知结构相契合的部分，从而更好地促进学习的真正发生。

2. 紧扣目标，激发兴趣

这堂课是基于整本书阅读的交流课，在梳理了故事的主要情节后，教师选择文章中出现的细节，让学生在具体情境中分析人物性格，"设身处地"感知人物所作出的选择。在分析塔克的形象时，教师引导学生看到人物性格中的多面性，根据不同情境下人物的选择，学生发现塔克的身上表现出"聪明、仗义、奸诈"的特质。教师进一步引导学生发现"塔克老鼠是那样的爱财，是那样积攒积蓄的，但是他在柴斯特需要的时候全部都给了他"，所以"有时候一句话胜过很多句话，这就是友谊，即使这是我一生的积蓄，即使这是我冒着生命危险积攒下来的钱"，在朋友有危难的时候，还是要把积蓄拿出来，帮助朋友渡过危难。情境的设置不仅要激发学生的阅读兴趣，让学生更容易进入情境中实现对人物的感知和体验，而且需要根据实际教学活动的需要，具备针对性，也就是说情境的设置应着眼于是否有助于教学目标的实现、是否与教学内容相关、是否能够有效激发学生的体验。特定情境的创设不仅仅是教学活动的"调味剂"，还应对教学活动的不断推进起促进作用。情境设置的目的在于调动学生各种感官的积极参与，将抽象难懂的内容变得具体形象，以帮助学生体验与理解的生成。因此在教学活动中，教师需要根据教学目标，在恰当的时间里选取恰当的内容，创设合理的教学情境，以激发学生的想象力，为学生的发展提供良好的学习环境和时空条件。"学习是一个参与情境的过程，是一个基于情境而展开的过程，亦即，学习发生在情境之中。"① 学习的发展离不开具体的情境，情境设置能让学生积极主动地参与教学活动，使学生去经历、体会、感悟、思考，感受学习的过程并生发体验，拓宽自己的精神世界。情境是"情"与"境"的交融，是教师根据教学的实际需要，使学生可以通过直观体验产生实际感受，展开联想与想象。创设与教学内容相适应的教学情境，能够帮助学生对教学内容产生更深刻的体验。

3. 入境生情，体验感悟

李吉林曾指出情境教育的操作要义为以"美"为突破口、以"思"为核心、以"情"为纽带、以"儿童活动"为途径、以"周围世界"为源泉②。德国教育家第斯多惠也强调教育的艺术不在于传播的本领，而在于鼓励、唤醒和鼓舞。在这堂课中，教师以故事细节为切入点，引导学生进入具体情境中。在对柴斯特成为明星后却选择回到家乡这一行为进行分析时，教师抓住"成为明星"与"选择回家"这一矛盾，引导学生体会"明星"的境遇。正好这个班级内有小童星，教师让这位小童星描述了他的生活，让其他学生发现明星不仅有风光的一面，也有失去一定自由的可能。教师总结说："当不当明星，取决于你对生活的态度。当明星可能你会得到鲜花、掌声，得到物质上的满足，但是你可能会失去生活中的惬意和闲暇，所以这完全取决于你怎么想。"在此基础上，教师引导学生进一步思考"柴斯特在这样的情境下做了什么选择？"学生在之前的情境中感受到成为明星的两面性，因此能够在此基础上理解柴斯特的选择，认为"既然柴斯特的一生是他自己的，他就应该去做他想做的事。如果成名并没有让它获得快乐的话，那成名又有什么意义呢？"好的情境能为学生提供自主参与、深度体验所需的资源，能为学生搭建展示其思考与感悟的平台。情境是否合理、恰当、有效，一个重要的标准就是学生是否"动情"。认知与情感是相互促进的，重视情感因素，调动学生的多种感官，有利于让学生在具体情境中产生体验感悟和情感共鸣。在此基础上教师对学生的

---

① 崔允漷，王中男．学习如何发生：情境学习理论的诠释［J］．教育科学研究，2012（7）：31.

② 李吉林．谈情境教育的课堂操作要义［J］．教育研究，2002（3）：68-73.

体验和感悟进行巧妙的点拨，唤起学生丰富的想象和愉悦的情感，有利于引导学生的体验提升不断得到升华，进而生成意义，实现自我发展。

二 启发诱导策略的案例分析

（一）课堂教学案例

研究选取三年级下数学教材中"解决问题"一课作为案例，课堂教学过程如下。

师：有两个人，他们的名字特别相近，一个叫林美华，一个叫林美花，名字相差多少画？现在请你思考之后按照自己的方法列算式。

（学生自己尝试解决问题）。

师：现在我来展示一些同学的回答。第一位同学我发现他很细心，他把每个字的笔画数出来了列出了综合算式，先计算林美华的名字笔画，$8+9+6=23$，紧接着用 $8+9+7=24$ 算出了林美花的名字笔画，用 24 减 23 结果是 1 画。用这个方法计算的同学请举手。很好，我看到了，如果要打分的话，这个方法我可以给你打满分，没有问题。这是一个得 100 分的答案。第二个答案我来呈现，刚才那个答案是一百分的话，这个答案可能就要扣一点分了，注意看。$24-23=1$，虽然计算出了结果，但是他没有说明 24 和 23 的来源，这道题是缺过程的，我只能打 80 分，扣去的 20 分是过程分，数学是讲求计算过程的。我再来呈现第三个答案，这个答案就非常巧妙了，华 $=6$，花 $=7$，$7-6=1$，刚才的计算过程是 $24-23$，这里变成了 $7-6$，谁看懂了？举手告诉大家。

生：因为林美华和林美华名字的前两个字是一模一样的，所以没必要把前面两个字也算出来。

师：听懂了吗？

生：听懂了。

师：非常好，和这个想法一样的同学请举手。不错，这么多同学会思考问题了。手放下，我们来看，没看明白的同学现在要认真听咯。林美华、林美花，前两个字完全一样，要求（计算）他们名字笔画相差多少，有没有必要考虑前两个字？

生：没必要。

师：只有最后这一个字不一样，华是6画，花是7画。这位同学还很细心，他还在计算过程中写了"华＝6画，花＝7画"，这个答案我告诉大家，我想给200分。

生：（与这个答案相同的同学发出欢呼声）耶！

师：算式简单，在考虑问题时全面，比之前的算法更加简单，解决问题的能力更强，所以我给200分。接下来我告诉大家，还有一个300分的答案。

生：（疑问）啊？300分。

师：没错，我给他打了300分。这个答案是×××同学的，我想请×××同学来为大家解释，你的答案为什么是3-2＝1？

生：<u>因为"华"的上面跟"花"的下面是一样的。</u>

师：因为这两个字中都有一个"化"。

生：剩下的部分，一个是3画，一个是2画，所以就是3-2＝1。

师：此处应该有掌声！

（学生鼓掌）。

师：我非常佩服她的这种想法。针对这个问题我想跟大家说几句话。为什么×××同学会有这样的想法，她是一个有点慢的孩子，我知道有些同学在一年级的时候还嫌弃过她，陈老师可是耳听六路眼观八方的，这个事情我知道。但是这件事我想应该翻篇了，我希望以后在班上，不要出现歧视同学的情况。我们来想想，×××同学在一年级是一个很慢的小丫头，但在今天这节课上，她变成了最聪明的宝贝，就是因为她每节课都非常专注，一直以来她都是这样做的，而且陈老师想告诉大家一个小细节，每节课结束以后，×××同学都会就她不懂的地方来问老师，她经常会说"这个问题我还不太懂"，或者对什么地方有更多的想法，她都会跟陈老师交流。其他同学我希望可以向她学习，真的是越学越聪明了。现在我们再来看一下她的算法。200分的孩子只关注到林美华和林美花姓名中前两个字是相同的，300 分的孩子不仅看到这里，还看到了两个姓名的最后一个字中也有相同的部分。所以只需要计算"十字"和"草字头"，这个答案真的非常精彩！

（二）教学案例分析

案例中，在课堂教学一开始，教师就设置了一个问题情境，通过启发诱导引导学生自主探究解决问题。学生在深入思考的基础上，分别提出了三种解决问题的办法。面对第一位同学的答案，教师给出即时的评价，认为"用这个方法计算的同学请举手。很好，我看到了，如果要打分的话，这个方法我可以给你打满分，没有问题。这是一个得 100 分的答案"。问题解决到这里并没有结束，教师接着进行启发诱导，指出"第二个答案我来呈现，刚才那个答案是一百分的话，这个答案可能就要扣一点分了，注意看。24−23＝1，虽然计算出了结果，但是他没有说明 24 和 23 的来源，这道题是缺过程的，我只能打 80 分，扣去的 20 分是过程分，数学是讲求计算过程的"。教师用简单的评价肯定了学生回答过程中正确的部分，也指出了学生在解决问题时存在不足，并对数学学习中的计算过程给予强调，对学生展开学法指导。针对第二种问题解决办法，教师指出"只有最后这一个字不一样，华是 6 画，花是 7 画。这位同学还很细心，他还在计算过程中写了'华＝6 画，花＝7 画'，这个答案我告诉大家，我想给 200 分"。这个引导立马激发了以相同方法解决问题的学生的自我效能感，与这个答案相同的同学发出欢呼声。教师精彩的评价语言到这里还没有结束，针对第三位的回答，教师指出"此处应该有掌声"，并详细解释了这样评价的原因，"我非常佩服她的这种想法。针对这个问题我想跟大家说几句话。为什么×××同学会有这样的想法，她是一个有点慢的孩子，我知道有些同学在一年级的时候还嫌弃过她，陈老师可是耳听六路眼观八方的，这个事情我知道。但是这件事我想应该翻篇了，我希望以后在班上，不要出现歧视同学的情况。我们来想想，×××同学在一年级是一个很慢的小丫头，但在今天这节课上，她变成了最聪明的宝贝，就是因为她每节课都非常专注，一直以来她都是这样做的，而且陈老师想告诉大家一个小细节，每节课结束以后，×××同学都会就她不懂的地方来问老师，她经常会说'这个问题我还不太懂'，或者对什么地方有更多的想法，她都会跟陈老师交流。其他同学我希望可以向她学习，真的是越学越聪明了。现在我们再来看一下她的算法。200 分的孩子只关注到林美华和林美花姓名中前两个字是相同的，300 分的孩子不仅看到这里，还看到了两个姓名的最后一个字中也有相同的部分。所以只需要计算'十字'和'草字头'，这个答案真的非常精彩！"教师通过启发诱导，不仅对知识进行了深入浅出的讲解，还注重在教学过程中对学生的情感态度及过程方法进行指导，介绍同学好的学习经验，及时指出学生在同伴交往中存在的问题，并强调要做一个正直、善良的人。

这堂课呈现的是学生运用所学知识实现问题解决的过程，教师采用典型的启发诱导的策略，引导学生在问题情境中主动发现问题并解决问题。教师的启发诱导集中体现在新课教学的环节，教师提出有意义的问题、引导并设计关键性问题，在与学生的交流互动中及时地给学生提供解决问题的"支架"，还给思考不成熟的学生提供解题的策略，为学生寻找解决问题的办法留出想象的空间。在授课过程中，教师不仅关注学生对知识的学习，而且关注学生学习习惯的培养以及数学思维的养成，注意在解决问题的过程中对学生给予鼓励性的肯定与评价。这堂数学课展示了教师通过主导作用的有效发挥，巧妙设置问题情境及"矛盾"，以启发诱导的方式，引导学生通过自主学习和自我探究，学会新知识，并且通过问题情境的设置，学会用数学方法解决生活中遇到的实际问题的完整过程。

（三）基于案例的启发诱导策略反思

启发诱导策略的使用，在于满足"人的心灵深处有一种把自己当作发现者、研究者、探索者的固有需要"。在这堂课中，教师基于学生已有发展水平，巧妙抓住学生内心想要解决问题，并通过质疑、思考和探究获取新知识的渴望。这堂课中，教师对启发诱导策略的运用体现出以下特点。

1. 巧用提问，激发兴趣

在课堂教学开始的时候，教师就以明确的表述抛出一个问题，"有两个人，他们的名字特别相近，一个叫林美华，一个叫林美花，名字相差多少画？现在请你思考之后按照自己的方法列算式"。问题清晰、简洁，教师通过提问设置问题情境，引导学生运用已有知识去解决实际问题。学生能够在教师提问过程中明确问题所在，生发出"试一试"的想法。提问是课堂教学活动中最常用的方法之一，课堂提问是一种技巧，更是一种艺术。巧妙的课堂提问能够"一石激起千层浪"，诱发学生的求知欲，激起学生问题解决的兴趣，针对这个问题，有学生提出了第三种方法，教师以此为基础，说出"接下来我告诉大家，还有一个 300 分的答案"，因为出现了学生意料之外的结果，学生立马出现了疑惑的反应，思考到底是什么方法，为什么能打 300 分。教师根据学生的反馈，没有立马对这种算法进行解释，而是将解决问题的权利交还到学生手里，在肯定这种算法的同时，让学生来解释"你的答案为什么是 $3-2=1$"。教师在学生自主探究尝试解决问题的过程中，敏锐地发现了教学活动中出现的细节，这些教学细节是教学活动中容易被忽视但对学生学习过程起重要作用的部分。巧妙的提问可以出现在课堂教学的各个环节，服务于教学目标的实现，服务于教学环节的过渡，有效的提问可以促进师生、生生间的互动交流，调动学生学习的自主性，激发学生探究问题的兴趣，教师通过启发诱导的方式，捕捉提问与回答中的亮点进行巧妙的点拨，是激发学生体验兴趣的重要方式。在这个过程中，教师通过启发诱导引导学生以一个探索者、发现者的身份主动参与到教学活动中来，巧设问题情境唤起学生的好奇心和求知欲，激发学生发现问题、解决问题的兴趣，并在引导学生进行深度体验与思考感悟的基础上，为学生提供自由表达的时间和空间，让学生充分思考、讨论和探究，体验学习的乐趣。

2. 设置"矛盾"，激活思维

在课堂上学生并不是天然地就对所学习的知识产生兴趣，也不是整堂课一直保持着学习的兴趣，这就要求教师善于抓住契机，巧妙设置问题，不断吸引学生的注意力，激活学生的思维。面对三种解决问题的办法，教师给出即时性的评价，同样是解决问题的方法，为什么有的方法能够打 100 分，有的方法是 80 分，有的方法是 200 分，还有的方法可以打 300 分。教师通过有意地给学生设置问题解决的"障碍"，形成学生心理上的一种"矛盾"，引导学生思考还有哪些方法，不同解决问题的方法其主要思路是什么，为什么不同的问题解决方法能够得到不同的评价结果。教师在启发诱导过程中巧妙设置"矛盾"，诱发学生求知的欲望，使学生始终处于一种积极体验、主动探索的状态，充分调动学生的主观能动性，锻炼学生发现问题、提出问题、解决问题的能力。此外，教师通过在课堂上设置问题"矛盾"，将问题情境明朗化，让学生能够充分感知到问题的要义。"矛盾"是学习知识的出发点，也是体验探究的动力。解决"矛盾"的过程实际上是一个积极思维的过程，是了解问题、解决问题的过程。学生在学习中能够发现问题并去探究求证，敢于表达自己的思考体验，不仅能加深对知识的理解和领悟，而且能够点燃思维的火花，体验成功的感觉，提高学习的兴趣。

3. 启发引导，学会质疑

在这堂课中，如果教师在学生自主探究解决问题的过程中，忽略学生思维的亮点，仅满足于使用单一方法解决问题，将知识的传递"单向化"，将知识探究过程"简单化"，那么将可能出现学生在问题解决过程中产生依赖和惰性的心理，被动等待"答案"而不肯积极质疑和探究的状况。当有学生提出第三种解决问题的方法时，教师以此为基础，说出"接下来我告诉大家，还有一个 300 分的答案"，因为出现了学生意料之外的结果，学生立马出现了疑惑的反应，思考到底是什么方法能打 300 分。教师通过启发诱导，帮助学生在问题解决过程中产生疑问：为什么是这样的？教师没有依赖所谓的"标准答案"，而是在教学活动中关注学生解决问题的不同方法，鼓励学生养成勤于思考、善于质疑的良好习惯。学生学会质疑，是学生从"学会"走向"会学"的重要基础，"学会"是前提，"会学"是目的。一堂课的时间是有限的，但是学生的思考、学生的质疑、学生的探究、学生的体验、学生的创新应该是无限发展的。要使学生想问、敢问、好问、会问，教师需要提供给学生质疑的机会，教给学生质疑的方法，让学生"会疑"，让质疑具有针对性，体现出问题的价值，点燃思维的火花。此外，教师要通过启发诱导策略，引导学生多角度地思考、多方位地发问，引导具有依赖和惰性心理的学生发出质疑的声音，有意识地培养学生主动探究的精神。

三 活动探究策略的案例分析

（一）课堂教学案例

研究选取数学思维器具课"四巧板"的课堂教学进行分析。四巧板是一种类似七巧板的传统智力玩具，由分解的四块不规则形状组成。在这堂课中为了教学的便利，教师采用形状与颜色统一的四巧板，包括黄色的凹五边形一块、紫色的直角梯形一块、蓝色的等腰直角三角形一块以及红色的小直角梯形一块。以下是课堂教学的全过程：

师：大家有没有玩过七巧板呢？

生：玩过。

师：那谁来说说你用七巧板拼成了什么形状？

生：能用七巧板拼出不同的船。

生：鱼。

生：鸭子。

师：你们能用七巧板拼出这么多的东西啊，这么棒。那今天，我带大家来玩一种新的拼盘游戏，那就是四巧板。也就是你们手里拿的。好，我们来看，这就是四巧板。

（每位学生手中都有一个四巧板，同时教师在电子白板上展示四巧板的样子）。

师：四巧板呢，也是一种拼板类的游戏。中国古代称为调和板。西方把它叫作"梯子之谜"，因为用它拼出一个梯子来特别困难。好了，现在我请同学们打开它，大家来看一看，摸一摸，数一数。现在请大家来告诉我，一共有几块？

生：四块。

师：在这四块中，哪一块给你留的印象最深？

生：我觉得是黄色的。因为它形状特别特殊。

师：特殊在哪里呢？

生：因为它其中有一块凹进去了。

师：你还觉得哪一块板子很特殊？

生：我觉得红色的板子形状特殊。

师：有同学认识这个形状吗？

生：梯形。

师：很好，这是之后我们会学到的梯形。

生：我也觉得这个红色的板子很特殊，还可以看作它是梯形剪掉了一半。

师：现在我们来做第一个游戏。请你用手中的这四块板子，拼一个咱们已经学过的平面图形——长方形。试试看。记住，四块板子都要用上，我看到有同学用两块板子完成了长方形，记住我的要求，要用四块。

表6-7　教学片断分析（七）

学生产生了何种体验	对四巧板有了初步的认识
学生的体验因何产生	在课程导入环节，教师先用七巧板作为引子，让学生回想关于七巧板的内容。在对四巧板进行简要介绍之后，教师引导学生对四巧板进行观察，引导学生思考对四块板子中哪块印象最为深刻，它特殊在哪里，是什么形状的。在交流讨论上述问题之后，教师设置问题情境，引导学生进行第一次尝试——用四巧板的所有组成部分拼成一个长方形

（学生尝试中）。

师：好的，大家先停一下。我看刚刚有同学拼出了长方形，还有同学在说，不会吧，太难了，拼不出来。说明你们遇到了困难，那现在我想问大家，在拼的过程中你觉得哪块板子最难？

生：我觉得黄色的板子太难了。

师：有没有同学跟他的感觉一样的？

生：有。

师：好的，刚刚在尝试拼的过程中你们遇到了困难，觉得黄色这块我不会拼。没关系，那么接下来我们就是要学习去消灭这些困难。现在请你再观察这四块板子，再仔细观察每块板的特别之处，看看它是几边形，并且给它们取个有意思的名字。同桌之间可以讨论，开始。

（学生讨论）。

师：好的，我们一起来看。蓝色的这块你们给它起了什么名字？还有，它是几边形？

生：斜边形。

生：小船。

生：梯形。

师：好的，大家先回答我，这是几边形？

生：四边形。

师：四边形中的什么形状？

生：梯形。

师：好的，那我们先给它取个名字叫"大梯"，因为它比较大。找找你的大梯在哪里。好，我们再来看看红色的。

生：这个应该是"小梯"。

师：好的，听你们的。我们再来看看黄色的板。你们数数看它是几边形？

生：五边形。

师：好的，刚才有同学说了，我觉得它很特殊。因为它有一部分凹进去了。那凹进去的部分像什么啊？

生：像嘴巴。

师：是不是有点像鳄鱼的嘴巴啊？

生：是。

师：那我们就叫它大嘴巴吧。我们来想想，大嘴巴是用来干什么的？

生：吃东西的。

师：很好，大家手拿出来，跟我一起做一个咬的动作。

（用手的开合来表示"咬"的动作）。

师：那我们来想想，在这组四巧板中，大嘴巴能把谁咬住？记住，所有的空隙填满我们算作咬住。大家试一试。

师：（继续补充）最后还有紫色的一块，我们还没有给它起名字，我们就叫它三角形吧。现在我们把四块板子认识了一下，还给它们起了名字，还认识了最有意思的大嘴巴。现在，请同学们再次试一试拼一个长方形。

表 6-8　教学片断分析（八）

学生产生了何种体验	在教师的引导下对四巧板的各个组成部分有更深刻的认识
学生的体验因何产生	在学生动手操作的环节，教师及时发现了学生遇到的问题并立即改变教学策略，让学生仔细观察四巧板的每个组成部分的特别之处，引导学生根据每块板的形状进行命名，并着重分析了学生普遍遇到问题的板，厘清这些问题之后，再让学生进行自主尝试与探索

（学生尝试中）。

师：好的，我看不少同学已经完成了。我们来看看这是两位同学完成的。都是长方形。大家看看他们的想法一样不一样？

生：不一样。

师：这就说明四巧板在完成过程中存在多样性，拼图方法很多样。我的第二个问题来了。

师：大家试的时候觉得两次感觉一样不？

生：不一样。第二次快。

师：为什么第二次完成得这么快？

生：因为第一次拼的时候不熟悉，然后琢磨好了，第二次就能直接拼好。

师：琢磨的这个过程其实就是在干什么？

生：动脑子的过程。

师：动脑子的过程，就是猜猜想想的过程。还有吗？

生：因为刚开始的时候我们对这些板子不熟悉很陌生，第二次我们和这些板熟悉了，我们就知道它们的位置摆在哪里合适。

师：第一次不熟悉，第二次起了名字，成了朋友，就知道该怎么放了。大家想不想知道我摆的时候的想法啊？

生：想！

师：第一次我拿到的时候，我心想，这怎么办啊，不会摆啊。但是第二次的时候我就能完成了，因为我有个小小的诀窍。这个诀窍我想分享给大家。因为第二次摆的时候我发现，大嘴巴特别关键，它特别喜欢咬东西，它最喜欢咬的是谁？

生：小梯。

师：非常好，所以我把它和小梯放在一起，剩下的问题就迎刃而解了。所以在拼图的过程中一定要学会思考。那么现在大嘴巴的问题解决了，技巧我们也掌握了。下面大家想不想拼个难一点的？

表6-9　教学片断分析（九）

学生产生了何种体验	能够用自己的方式用四巧板拼出长方形
学生的体验因何产生	教师针对学生尝试过程中出现了能用两块板子完成长方形的拼图，但没有用到四块的现象，设置出"问题"情境，教师以学生碰到的问题为切入点展开教学，逐一分析四巧板每一个组成部分的特点，并采用"取名字"的方式，引导学生发现各个组成部分的特点，学生找到突破问题的关键点之后，长方形的拼图任务得以完成

生：想！

（教师在多媒体上展示字母"L"的形状）。

师：拼完了吗？来看我这里。有同学在这里做个演示，但是有同学马上说了，他跟我拼的不一样。

生：拼反了。

师：哪个地方反了？

生：下面这一横反了。

师：仔细观察这一横是在左边还有右边？

生：右边。

师：好的，问题又来了。当我们拿到一个图形的时候，我们是直接动手拼还是要做什么？

生：思考。观察。

师：刚听到有同学在说观察，很好，我们先要观察这个图形长什么样子。观察完之后就是刚才有同学说的思考，思考其实就是一个猜一猜、想一想的过程，想一想我们怎么样能把这个图形切分成我们手

里的这四块板子。然后呢，按照我们的设想拼起来，进行尝试。结果
也有同学发现，尝试失败了，那么我们现在要干什么？

生：<u>改正</u>。

师：我们再来换个词语，调整。我们把它进行调整。有没有同学
知道这个怎么调整？在他演示的时候，大家注意观察，看他在干
什么。

（一个学生示范，其他同学观察）。

师：大家看，他把下面的板子翻过来了，我们把这个动作叫做翻
转。很好，我们看这位同学完成了"L"的拼图。大家再来想想，拿
到一个图形我们首先要观察，然后猜一猜、想一想，怎么切割图形，
然后尝试进行组合，如果不成功的话，我们就可以进行调整，刚才就
用到了翻转，还可以进行平移、旋转。最后我们就可以成功了。现在
给大家三分钟的时间，大家再自己试一试。

（学生尝试中）。

表 6-10　教学片断分析（十）

学生产生了何种体验	能够用自己的方式拼图并总结拼图的方法
学生的体验因何产生	在活动探究过程中教师关注学生对于学习过程和方法的总结，并在学生完成尝试以及掌握学习方法的基础上，设计其他形状的拼图活动，让学生通过亲身尝试，加深对过程和方法的理解

师：我看很多同学都试成功了。接下来想问大家，想不想挑战更
有难度的？

生：想。

（教师在多媒体上展示"小船"的形状）。

师：大家注意观察小船有什么特点，有什么特别的地方。

生：一般的帆船没有这个"角"，这个帆船有一个小角。

师：观察得很仔细。那我想请问大家，这个"角"我们可以用哪
个图形拼出来？

生：可以用小三角。

师：非常好，我看大家基本上都完成了，给自己鼓鼓掌吧！今天我们通过平移、旋转、翻转的方法，拼出了长方形、字母"L"，还有小船。下面我再给大家展示一下我拼的其他图形。

（展示数字"7""1"，字母"T"的拼图）。

生：哇，好厉害。

师：通过今天的学习，你想说什么？你发现了什么？

生：大嘴巴老爱咬小梯。

师：还有吗？拼的过程我们还需要很多技巧。

生：我们可以去试不同的形状，要去猜。

师：这就是刚才我们所说的猜想的步骤。

生：还要掌握四巧板拼的顺序。先要观察，再猜想，然后尝试，如果拼错了还要调整，还要翻转。

师：很好，这节课我们学习了四巧板的拼法，其实四巧板还可以拼成很多很多的图形，下去之后大家可以去尝试。拼好以后可以展示给身边的同学看。

（二）教学案例分析

这是一堂数学思维器具课，主要内容是利用四巧板拼图形。教师通过引导，让学生自己动手尝试，动手是一种非常直接的体验方法。在课程导入环节，教师先用七巧板作为引子，让学生回想关于七巧板的内容。在对四巧板进行简要介绍之后，教师引导学生对四巧板进行观察，引导学生思考对四块板子中的哪块印象最为深刻，它特殊在哪里、是什么形状的。在交流讨论上述问题之后，教师设置问题情境，引导学生进行第一次尝试——用四巧板的所有组成部分拼成一个长方形。教师之所以强调要用四块板子而不是两块，是因为在学生尝试过程中出现了能用两块板子完成长方形的拼图。在给予学生尝试的时间之后，教师发现有不少学生在拼图过程中碰到了问题，教师以学生碰到的问题为切入点展开教学，逐一分析四巧板每一个组成部分的特点，并采用"取名字"的方式，引导学生发现各个组成部分的特点。在找到突破问题的关键点之后，长方形的拼图任务完成了，教师引导学生进行了方法总结。接着以任务为导向，引导学生拼"L"形状和"小船"的形状，最后与学生展开交流，引导学生分享在这个过程中的感受、发现与体验。

在活动探究过程中，学生在尝试拼长方形的过程中遇到困难，教师引导学生直面困难情境，并引导学生解决问题。在学生动手操作的环节，教师及时发现了学生遇到的问题，便随即引导学生思考"在拼的过程中你觉得哪块板子最难"。当学生表达完所遇到的困难后，教师给予学生及时的安慰与鼓励，认为"没关系，那么接下来我们就是要学习去消灭这些困难"。教师改变教学策略，让学生仔细观察四巧板的每个组成部分的特别之处，并提出"看看它是几边形，并且给它们取个有意思的名字"。在对每一个组成部分进行分析时，教师引导学生根据每块板的形状进行命名，并着重分析了学生普遍遇到问题的板，在厘清这些问题之后，再让学生进行自主尝试与探索。学生在教师的引导下，顺利完成了长方形的拼图任务。笔者在课堂观察中发现，在这个过程中学生除了自主尝试与探索外，还进行了自发的生生合作学习。相对师生间的交往来说，生生合作学习发生在"同辈"之间，学生与学生之间的交流不存在太多的压力，学生几乎可以没有任何顾虑地放开自己，向同伴说明自己思考的方法、策略和过程。在这个过程中，学生与学生之间的想法能够在交流中产生碰撞，在碰撞中每个人所产生的疑问、猜想、理解，都有可能唤起同伴对于这个问题理解的不同视角，这样就为拓展学生思考问题的视角，促进新的意义的生成提供了机会。此外，除了生生之间的交流和讨论，教师也在这个过程中分享了自己的感受，"第一次我拿到的时候，我心想，这怎么办啊，不会摆啊。但是第二次的时候我就能完成了，因为我有个小小的诀窍。这个诀窍我想分享给大家。因为第二次摆的时候我发现，大嘴巴特别关键，它特别喜欢咬东西，它最喜欢咬的是谁？"教师在自我分享和表达的过程中，自然地说出了解决问题的关键点，这更加易于学生对问题解决进行体验与领会。

传统动手课的主要内容是教师重复验证教材呈现的操作方法，而学生的任务就是看着教师"动手"，或者按照教材和教师的要求再操作一次，如此，学生主动探究的热情并未被激发，这样的动手课效果并不理想。相比之下，基于活动的自我体验与探究，使学生有机会依靠原有知识、技能与想象能力的发挥，去探索、去发现，从而创造性地解决问题。此外，学生通过亲身体验实现自主探究，不仅依赖于和谐、平等、合作的环境，也需要教师充分发挥主导作用，作出及时、有效的指导。针对探究过程，教师还要通过分析、综合、讨论、归纳等方式，培养学生的观察能力、思维能力等。

（三）基于案例的活动探究策略反思

活动探究的目的是让学生通过动手、亲历、参与获得体验与感悟，让学生在教学活动中能充分运用多种感官，对教学活动产生兴趣和热情，能把注意、思维、记忆、想象等心理因素都调动起来。此教学案例所呈现出的活动探究策略体现出以下三个特点。

1. 精心设计，组织安排

教师要让活动实践取得实效，就要对活动进行精心设计，合理进行组织安排。笔者通过课前对教师的访谈以及课后的教研活动发现，教师在对学生已有发展水平进行充分了解的基础上，设计安排关于四巧板学习的活动内容。学生在之前的学习过程中，已经对七巧板有所了解，并能够拼出船、鱼、鸭子等形状。在课堂教学活动开展之前，教师将四巧板发给学生，让学生有时间对四巧板进行充分的观察。在教学设计之初，教师设计了教学活动的具体流程，在对四巧板进行简要介绍的基础上，通过"看一看，摸一摸，数一数"的方法引导学生进行观察。在引导学生充分观察的基础上，教师抛出第一个任务，尝试用四巧板拼出一个长方形。在教学设计中，教师预设学生在教学活动中可能遇到的问题，如果在拼图过程中遇到困难，应该用何种方法解决。教师教学设计的思路是回到对四巧板的观察上来，以"拼的过程中哪块板子最难"为突破口，采用给每块板子"取名字"的方式，让学生对四巧板的构成有更加深刻的体验。在活动探究过程中，教师还关注到学生对于学习过程和方法的总结，在学生完成长方形拼图任务并掌握学习方法的基础上，设计其他形状的拼图活动，让学生有机会通过亲身尝试，获得具体经验，实现教学活动所要达到的目的。总的来说，案例中，教师教学活动安排适度、精炼、巧妙、具有实效性，在学生完成了具体体验、反思观察、抽象概括之后，教师设计了两个辅助活动使学生对具体体验进行行动应用。教师对于每个活动的设计，都着眼于学生通过参与这个活动会有什么收获，能力会在哪些方面得到锻炼和提高。合理、科学的活动设计与组织安排，能够帮助学生通过教师的有效引导，在活动中探察事物的本质，掌握分析问题的方法，获得认知思维的发展，形成问题解决的迁移能力。

2. 联系生活，切合实际

杜威认为，"不论对于学习者个人或者对于社会来说，教育为实现其目的，必须从经验及始终是个人实际的生活经验出发"①。学习发生的基础是学生的实实在在的生活经验，只有在具体的情境与活动中，学生才能进行有意义的学习，体验是由"做"得来的。那么活动的设置也需要联系学生实际生活，符合学生已有的生活经验。如果教学活动的设计不考虑学生实际，远离学生生活经验，学生在活动进行中会感到无所适从。只靠学生"凭空想象"来完成的活动很难使学生产生认同感，也很难激发学生进行深入的思考。案例中，活动设计以"四巧板"为主题，在学生已有的学习经历中已经有对"七巧板"的认识与活动尝试，同时活动过程中涉及的图形长方形、"L"字母以及小船等都是学生所熟知的，因此拼图任务的设置不会使学生感到无从"下手"。以学生已有生活经验和认知水平为基础开展活动探究，不仅能够激发学生主动参与、活动探究的兴趣，同时还能让学生在活动探究过程中，结合自己已有的生活经验与认知水平，找到解决问题的办法，获得良好的体验。活动设置的生活性也能让学生明白活动的意义，知道所学的知识经验在实际生活中的用处，使活动任务的完成与个体生活发生实质的联系。

3. 评价反馈，总结升华

评价反馈和总结升华是活动探究的最后一环，也是保证活动教学取得成效的重要方法。在第一个用四巧板所有组成部分完成长方形的拼图活动结束后，教师引导学生进行观察反思，因为展示出来的拼图方法不一样，所以教师指出"四巧板在完成过程中存在多样性，拼图方法很多样"，同

---

① 约翰·杜威. 经验与自然［M］. 傅统先，译. 北京：商务印书馆，2005：8.

时教师引导学生对拼图过程中的感受进行交流分享，学生认为两次尝试过程中自己的"感觉不一样"，"第一次拼的时候不熟悉，然后琢磨好了，第二次就能直接拼好"。教师进一步作出总结，琢磨的这个过程其实就是动脑子的过程，动脑子的过程其实就是猜猜想想的过程。在总结的过程中，教师还将自己在活动中的感受与学生分享，指出"第一次我拿到的时候，我心想，这怎么办啊，不会摆啊。但是第二次的时候我就能完成了，因为我有个小小的诀窍。这个诀窍我想分享给大家。因为第二次摆的时候我发现，大嘴巴特别关键，它特别喜欢咬东西"，它最喜欢咬小梯，所以把它和小梯放在一起，剩下的问题就迎刃而解了。教师通过对自我体验的分享，总结了活动探究的过程，实现了对学生的有效指导。在活动探究过程中，教师应关注学生的参与程度，发现学生在学习中存在的困难，及时提供必要的反馈信息，并及时调整和改进教学活动。

四　审美体验策略的案例分析

（一）课堂教学案例

研究选取四年级下《我的傻瓜妈妈》和《看望》的阅读交流课作为教学案例进行审美体验策略的分析。课堂主要教学过程如下。

> 师：妈妈是这个世界上（对我们来说）最亲切、最温暖的人，今天早上呢我们还读了一首关于妈妈的诗，我们再来一起读一遍。
>
> 生：《妈妈的眼泪》中国台湾，苦苓。
>
> 　　伤心的时候，
>
> 　　妈妈流泪，
>
> 　　泪水滴在我的伤口上；
>
> 　　说也奇怪：
>
> 　　我的伤口不痛了，
>
> 　　妈妈笑眯眯。
>
> 　　生气的时候，

挨打的我流眼泪，

妈妈也流眼泪；

说也奇怪，

痛的是我，

还是妈妈？

高兴的时候，

全家笑呵呵，

我抱紧了妈妈；

说也奇怪，

爱哭的妈妈，

又流泪了！

师：这样看来，妈妈还真是一个"奇怪"的人，今天呢，我们就一起来聊聊妈妈的话题。我想问问大家，你的妈妈是个怎样的人？

生：我妈妈是个挺凶的人。

生：我妈妈温柔。

生：我妈妈是个有时温柔有时很凶的人。

师：（笑）变化无常。

生：我妈妈跟×××的妈妈一样，有时温柔有时很凶，很有文化，还爱劳动。

师：好的，同学们分享了对自己妈妈的感觉。那我们来看看这段视频中这个小女孩是怎么评价自己的妈妈的。

（播放视频）。

表6-11　电影《神秘巨星》片断一

	主要内容
电影片断	问：你妈妈是什么样子的？ 答：我妈妈就跟小孩子一样。 问：什么意思啊？ 答：就是孩子都很可爱，但又很天真，容易受到惊吓，还傻乎乎的，真是"蠢"得要命！你总得跟她解释，什么是好，什么是坏，可她就是不明白，我妈妈就是这样的人。傻瓜一个！

师：听到了吗？

生：听到了。

师：这个小女孩的回答，可能出乎我们的意料。这是前段时间上映的一个印度电影《神秘巨星》中的一个片段，剧中的女孩，最终成为了"神秘巨星"，她是这样评价自己的妈妈的。我们来看，如果你的妈妈有点"傻"，你会比世界上任何人还要喜欢她吗？如果你的妈妈穿着"土气"，曾经带给你尴尬，你还会自然地接受她吗？

生：（毫不犹豫）会。

表6-12　教学片断分析（十一）

学生产生了何种体验	明确学习主题，具备学习兴趣
学生的体验因何产生	在课堂的开始环节，教师播放电影的一个片断，用最终成为"神秘巨星"的女孩对自己妈妈的评价引发学生的兴趣，为什么这个小女孩会这样评价自己的妈妈，带着这样的问题，引导学生进入教学活动

师：那我们来进入今天的单元阅读《我的傻瓜妈妈》。大家想想这几个问题，可以不必着急回答，我们先来打开课本。先来读第一个故事，故事的名字就叫《我的傻瓜妈妈》，请你选择自己喜欢的方式进行阅读，可以默读，可以出声读，也可以和同伴一起读，然后考虑这样两个问题。

（学生自由朗读）。

师：好的，我看有的同学早就读完了，有的同学刚刚读完。你们是用什么方法读的？

生：默读。

生：我是出声朗读。

师：那我们发现哪种方法阅读速度快啊？

生：默读的快。

师：是的，那以后碰到长一点的文章，我们可以采用默读的方法。好，下面我们来交流这个问题。首先我们先来说说，我的妈妈"傻"在哪里呢？

生：老是做错事情。

师：做错事情就是"傻"吗？那妈妈做错了哪些事情？

生：我的妈妈经常做错事。她经常同时做两件事，比如一边洗衣服一边烧饭，有时候做菜做到一半就去晾衣服，不注意的时候饭菜就糊了，或者煲的汤就洒出来了。妈妈赶紧去关火的时候，一不留神要晾的衣服又掉在地上，所有事情都做得一塌糊涂。

师：她给我们讲述了一个场景，大家认为，这个场景中妈妈"狼狈"不？可是你们只看到妈妈做错了事情，把锅子打翻了，又把衣服掉在地上。那有没有同学看到不一样的地方，从这个尴尬的场景中，还能看出点什么？妈妈为什么会做错这么多事情呢？为什么会这么"笨"？

生：这个妈妈首先是汤还没烧好呢，马上就要烧好了，但她又去晾衣服。

师：这是她做错的事的原因是吧？

生：（继续回答）嗯，结果汤快好了，她就赶紧去关火。

师：还有没有同学读出不一样的部分？妈妈为什么会做错这么多事情呢？

生：因为妈妈太忙了。

师：是的，她很辛苦。为什么家里所有的衣服也要妈妈去晾，饭也要妈妈去做。她从这里看出了妈妈的忙和辛苦。那"我"的妈妈就算做错了这些事情，但文中的"我"，她对待妈妈是什么态度呢？大家尝试用自己的话说一说。

生：她非常喜欢她的妈妈。

师：妈妈做错了很多事，但是她依旧很喜欢妈妈。从哪里看出来的？

生：因为她说："我非常喜欢我的傻瓜妈妈，我比世界上任何一个人都还要喜欢她。"

师：大家一起来读一下这句话吧。

生：我非常喜欢我的傻瓜妈妈，我比世界上任何一个人都还要喜欢她。

表 6-13　教学片断分析（十二）

学生产生了何种体验	了解《我的傻瓜妈妈》的故事梗概，并能体会作者对于妈妈的爱
学生的体验因何产生	在通过文字阅读与视频呈现之后，教师引导学生进入第一个故事的阅读，学生在以适合自己的方式完成阅读之后，教师引导学生以妈妈的"傻"为切入点进行故事交流，为什么说妈妈"傻"？同时在教师的引导下学生能够根据自己的生活体验对故事产生共鸣，体会妈妈的辛苦

师：嗯，是的，作者还说了，她不仅喜欢她的傻瓜妈妈，还喜欢她的傻瓜爸爸。我们发现，"傻"并不一定完全是贬义词。我们再来对比阅读另外一个故事，也是一个孩子跟妈妈之间的故事，名字叫作《看望》。这个故事有点长，所以建议大家使用默读的方式。

（学生默读故事）。

师：我看同学们都读完了，读完了这个故事，想请大家思考两个问题：佩德的妈妈是什么样子的？作为儿子的佩德，他是怎样对待土气的妈妈的？现在我想请前后桌的四位同学组成学习小组进行讨论。

（学习小组讨论）。

师：我看大家讨论完了，先请×××同学来说。

生：远远地看到满脸皱纹的妈妈走过来，她瘦瘦小小的，感觉风一吹就会被带倒，她穿着一件很旧的大衣，头上围着一条黑色头巾，手里提着一个方格纹的手提包，显得那么的古老和笨重，我想，这种手提包现在只有农民才提着它出门。

师：这个场景大家能想象吗？大家根据这个描述想象一下佩德妈妈的样子。满脸皱纹，瘦瘦小小的，穿着一件旧式大衣，灰色的头发上是一条黑头巾。那作为佩德，他是怎么对待妈妈的？

生：佩德觉得妈妈与其他人的妈妈不一样。

师：不一样在哪里呢？

生：就觉得自己的妈妈很土，不像别的有钱人的妈妈那样。

师：那他是怎么对待自己的妈妈的？

生：他想让妈妈赶紧走，这样就不会让别人看到了。

师：还有吗？

生：他不想让同学看见，觉得他们看到自己的妈妈土，就不跟他玩了。

师：哦，他不想让同学看见自己的妈妈，觉得他们看到之后就不想跟自己做朋友了。你们会这样吗？

生：不会。

师：会看到自己好朋友的妈妈长得"土"，就不跟他做朋友了？

生：不会。

师：但是佩德却这样认为，他是怎么做的？

生：他不想让朋友看见，想让妈妈赶紧走。

师：他不想让自己的室友看到自己的妈妈。还有没有？

生：我觉得佩德其实是很爱妈妈的，因为妈妈给他留下了一块蛋糕，这是妈妈给他留下的最后一件礼物，等妈妈走了，他也舍不得吃。

师：最后一件礼物？妈妈还是会来看他的。只是佩德在对待蛋糕的时候前后态度不一样。我们来讨论一下，刚开始看到蛋糕的时候，他想吃吗？

生：不想。

师：刚开始看到蛋糕时，他的心思根本就没在蛋糕上，只想让妈妈赶紧走，不想让任何人看到妈妈。但是我们综合佩德所有的心理过程来看，佩德到底爱不爱他的妈妈？

生：（毫不犹豫）爱！

师：但是他的种种表现，爱吗？

生：（犹豫）好像不爱。

师：心里是爱的，但是他的表现，他说的，他做的呢？那你想想，妈妈来看望佩德，佩德应该怎么做？如果这位土气的农民妈妈是你的妈妈，你会怎么做？

生：我觉得不应该这样做，不能因为妈妈土气就嫌弃她啊。

师：他用了一个"嫌弃"，佩德明显就是在嫌弃自己的妈妈。可是自己就是这个土气的妈妈一手带大的孩子。

表 6-14　教学片断分析（十三）

学生产生了何种体验	在对比阅读的基础上，产生对故事的情感共鸣
学生的体验因何产生	在第二个故事阅读中教师同样采用交流分享的方式，引导学生充分想象文章对佩德妈妈的描写，根据佩德对妈妈的态度，引导学生就"如果这位土气的农民妈妈是你的妈妈，你会怎么做"展开交流，学生通过设身处地地想象，认为"不应该这样做，不能因为妈妈土气就嫌弃她啊"，教师在学生通过交流达成共识的基础上提出对妈妈的爱应是无条件的

师：我们一共读了两个故事，现在我们来对比一下陈晓华和佩德，他们在对妈妈的态度上有什么不同？两个妈妈一个是"傻"，老是做错事，一个是"土"。我们来对比一下，谁来说说？

生：陈晓华很爱他的妈妈，不管妈妈是不是傻，是不是有钱，是不是土气。

师：是，无条件的爱。妈妈傻也好，笨也好，做错事也好，她都爱她的妈妈。这种爱是无条件的。那佩德呢？

生：佩德觉得自己的妈妈土气，没钱，很嫌弃她。妈妈的衣服上还有樟脑味，别人妈妈衣服上都是香水味。

师：是的，他觉得别人的妈妈都穿得很华丽，但自己的妈妈却穿着老土的大衣；别人的妈妈都是开着小汽车来，带着华丽的礼物，自己的妈妈只是带了一块蛋糕，走路来的；别人的妈妈背着好看的包包，自己的妈妈带了一个手提包。我们来看一下这个包。

生：这是个古老的方格纹手提包，不装东西就够沉的了。

生：他觉得这个包只有农民才提它出门。

师：很好，所以佩德心里是有落差的。可是刚才我们说，对妈妈的爱应该是无条件的，陈晓华就能做到。我们再来想想，如果这位土气的妈妈是陈晓华的妈妈，那么她还会写这样一篇作文吗？

生：会！

师：为什么？

生：因为她爱她的妈妈是无条件的。

师：真棒！因为这种爱是无条件的，无论你傻也好，笨也好，有钱也好，没钱也罢，是无条件的。我们每个人都有一个妈妈，不管她漂亮不漂亮，洋气不洋气，能干不能干，我们都应该爱她。我们再来看看我们最开始看的那个视频，小女孩在妈妈的支持下，走向了她的明星梦。这是她在颁奖台上说的一句话，我们听听她说了什么。

（播放视频）。

表6-15　电影《神秘巨星》片断二

	主要内容
电影片断	你们都以为我是那个神秘巨星，但我不是。我六岁的时候，妈妈就给我买了吉他，怎么买的？她从爸爸钱包里偷偷拿了钱；她有过一条项链，可是最后，她把它卖了，给我买了一台电脑；在我还没出生的时候，我爸爸就想结束我的生命，但是妈妈没有让这种事情发生，我的妈妈书写了我的人生，现在也还没停笔，不管是唱歌还是获奖，都一直是我的梦想，但是有一些人，是不被允许有梦想的，做梦的这份自由，是妈妈给我的，那谁才是神秘巨星呢？我吗？还是我的妈妈？妈妈，你一点也不傻，你是个天才，你也不是胆小鬼，你是战士，其实你一点也不孩子气，妈妈，你是世界上最好的妈妈

（电影配乐响起，有的同学哭了）。

师：听了这位神秘巨星最后的发言，我看不少同学动情了。你们有没有想到什么妈妈为你做的事？×××同学，除了妈妈很凶，你还想到了什么？

生：（声音有点低沉）虽然妈妈有时候凶，但她对我很好。

生：我的妈妈是一个勇敢的人，是一个了不起的人。

生：（带着哭腔）每次生病都是妈妈一直在照顾着我。

生：我发烧的时候，妈妈都在我身边，一直不睡，在家里一直陪着我。

师：我看很多同学情绪很激动说不出来，那我们在书后面的空白处，写下你想对妈妈说的三句话。把不愿意交流的话写下来，回去还可以告诉妈妈。

（学生写下自己想对妈妈说的话）。

师：我看大家的情绪平复一点了，有没有同学想分享一下？

生：我的妈妈是一个有爱心的人，是一个伟大的妈妈。妈妈是世界上最好的妈妈，有妈妈的照顾我才能茁壮成长，我想对妈妈说，妈妈您辛苦了。

师：好的孩子们，我觉得爱有时候可以大声说出来，希望大家回去以后可以告诉妈妈你们对她的爱。

（二）教学案例分析

这堂阅读交流课，教师将《我的傻瓜妈妈》和《看望》结合在一起，目的在于通过对比阅读，激发学生对妈妈的爱。在教学过程中，教师将电影《神秘巨星》的两个片断穿插教学活动的开始和结尾。在课堂的开始环节播放电影的一个片断，用最终成为"神秘巨星"的女孩对自己妈妈的评价引起学生的兴趣，"为什么这个小女孩会这样评价自己的妈妈"，带着这样的问题，学生进入教学活动。在课堂的结尾处，教师播放了电影的另外一个片断——女孩在颁奖礼上讲话，很多学生受到触动以后哭了，还有的学生情绪低沉，一言不发。尤其是在小女孩说出"在我还没出生的时候，我爸爸就想结束我的生命，但是妈妈没有让这种事情发生，我的妈妈书写了我的人生，现在也还没停笔，不管是唱歌还是获奖，都一直是我的梦想，但是有一些人，是不被允许有梦想的，做梦的这份自由，是妈妈给我的，那谁才是神秘巨星呢？我吗？还是我的妈妈？妈妈，你一点也不傻，你是个天才，你也不是胆小鬼，你是战士，其实你一点也不孩子气，妈妈，你是世界上最好的妈妈"这段话时，课堂氛围达到一个高潮，学生的情绪被点燃。在对课堂主体内容进行处理时，教师引导学生通过比较阅读，对比陈晓华和佩德对妈妈的不同态度，并引导学生进行想象，"如果这位土气的妈妈是陈晓华的妈妈，那么她还会写这样一篇作文吗？"学生在思考后认为会，"因为她爱她的妈妈是无条件的"。教师在此基础上进一步总结"我们每个人都有一个妈妈，不管她漂亮不漂亮，洋气不洋气，能干不能干，我们都应该爱她"。在课堂教学快要结束的时候，教师面对学生情绪的反应，引导学生"在书后面的空白处，写下你想对妈妈说的三句话。把不愿意交流的话写下来，回去还可以告诉妈妈"，教师在这一环节之后，提供给学生交流分享的机会，并总结指出，"爱有时候可以大声说出来，希望大家回去以后可以告诉妈妈你们对她的爱"。整堂课不仅使学生能够用自己的话概括两个故事，同时在对两个故事展开对比阅读的基础上，让学生通过细节，明白妈妈对自己无条件的爱，以及要将爱勇敢表达出来。在这个过程中，教师有效调动了学生的情感体验，并通过教学活动将学生的情感体验进行升华。

（三）基于案例的审美体验策略反思

学生是以完整生命体的形式进入教育教学活动中的。要促进个体全面发展，就要在教学活动中调动学生的一切感官参与学习过程，这是一个身体与心灵、认知与情感、知识与技能、过程与方法、态度与价值观高度统一、协调发展的过程。在体验教学中采用审美体验的策略，目的在于引导学生发现美、体验美、创造美，提高学生的审美情趣及审美能力，实现个体人格健全发展的目的。在上述教学案例中，教师通过阅读交流，创设有效的情境，激发学生的情感体验。在审美体验策略的应用过程中，此案例呈现出以下三个特点。

1. 具体形象，直观感受

在这堂阅读交流课中，教师首先引导学生有感情地朗读了中国台湾作家苦苓的诗作《妈妈的眼泪》，通过文字的呈现与朗读，引导学生感受妈妈"奇怪"的形象，并让学生交流分享自己的妈妈是个怎样的人。在此基础上，教师播放了电影《神秘巨星》的片断，在这个片断中，小女孩分享了自己对妈妈的感受：我妈妈就跟小孩子一样。就是孩子都很可爱，但又很天真，容易受到惊吓，还傻乎乎的，真是"蠢"得要命！你总得跟她解释，什么是好，什么是坏，可她们就是不明白，我妈妈就是这样的人。傻瓜一个！针对小女孩"出乎意料"的回答，教师提出一个问题"如果你的妈妈有点'傻'，你会比世界上任何人还要喜欢她吗？如果你的妈妈穿着'土气'，曾经带给你尴尬，你还会自然地接受她吗？"文字的直接呈现以及视频的播放，带给学生直观的感受。著名美学家朱光潜说："美起于形象直觉，美的基本特征是形象性。"① 也就是说审美体验首先是来自对事物

---

① 朱光潜. 谈美 [M]. 北京：中国青年出版社，2013：67-75.

直观的、形象的感觉。审美体验需要调动学生的视觉、听觉、触觉等产生具体感受。案例中，教师通过具体可感的形象来感染学生，让学生对具体形象产生直观感受，让理性认识与感性体验相互渗透，触发学生的情感体验。

2. 情感交流，引起共鸣

在学生朗读诗作、观看视频片断之后，教师引导学生阅读第一个故事，学生在以适合自己的方式完成阅读之后，教师引导学生以妈妈的"傻"为切入点进行故事交流，为什么说妈妈"傻"？学生通过阅读发现"妈妈太忙了，所以才会做错很多事"，在交流分享中，学生根据自己的生活体验对故事产生共鸣，"家里所有的衣服也要妈妈去晾，饭也要妈妈去做，妈妈很忙很辛苦"。在第二个故事的阅读中，教师同样采用引导学生交流分享的方式，让学生就"如果这位土气的农民妈妈是你的妈妈，你会怎么做"展开交流，学生通过设身处地地想象，认为"不应该这样做，不能因为妈妈土气就嫌弃她啊"，教师在学生通过交流达成共识的基础上总结应该对妈妈"产生无条件的爱"。总的来说，审美体验是一个情感体验与意义生成相交织的过程，在对具体形象产生感知体验后，教师引导学生感受文本中的情感，让学生采用角色置换或联想想象的方式，设身处地，从自己的感受出发，形成情感共鸣。

3. 意境感受，意义再造

基于审美体验的教学如果止步于感知体验和情感共鸣阶段，显然是不够的，正所谓"一千个读者就有一千个哈姆雷特"，教师应该引导学生基于情感共鸣生成更深层次的个性化审美，形成自己独特的审美体验。在课堂教学快要结束的时候，教师播放了电影的另外一个片断，电影中女孩在颁奖礼上的讲话，激发了学生的审美体验，尤其是在小女孩说出"我的妈妈书写了我的人生，现在也还没停笔，不管是唱歌还是获奖，都一直是我的梦想，但是有一些人，是不被允许有梦想的，做梦的这份自由，是妈妈给我的，……妈妈，你是世界上最好的妈妈"这段话时，课堂氛围达到一个高潮，学生的情绪被点燃，很多学生受到触动以后哭了，还有的学生情绪低沉，一言不发。显然案例教学活动有效调动了学生的情感，实现了学生对教学内容的意境感受与意义再造。教师面对学生的情绪反应，引导学生

"在书后面的空白处，写下你想对妈妈说的三句话。把不愿意交流的话写下来，回去还可以告诉妈妈"，教师在这一环节之后指出，"爱有时候可以大声说出来，希望大家回去以后可以告诉妈妈你们对她的爱"。整堂课不仅使学生能够用自己的话概括两个故事，同时在对两个故事展开对比阅读的基础上，让学生通过细节，明白妈妈对自己无条件的爱，以及爱要勇敢表达出来。在整个教学过程中，教师设置一个个连续的情境，启发学生的想象联想，一点点加深学生审美体验，最终实现学生审美体验的意义升华。

第七章

体验教学的实践反思（三）：基于案例的
体验教学评价分析

　　评价是体验教学的重要组成部分，教师在教育教学过程中依据教学目标，根据学生的表现性行为，对教学活动作出及时调整，以促进学生体验与意义的生成。体验教学的发生包括四个步骤，分别是主动参与、深度投入、体验获得及意义生成。本研究所探讨的体验教学评价，特指在体验教学过程中教师对学生在教学活动中的参与、投入及获得的评价，因此本章在结合课堂教学案例进行体验教学评价讨论时，关注学生在教学活动中是否主动参与、参与是否投入，深度投入之后是否有新体验的发生，体验的获得是否有意义的生成。

一　课堂教学案例

　　研究选取人教版数学第六册多位数乘多位数（不进位）的课堂实录及教师访谈内容进行分析。多位数乘多位数的笔算乘法学习是在学生掌握了多位数乘一位数的笔算乘法，以及两位数乘整十数口算的基础上进行的，也是之后学习三位数乘两位数的基础，教学目标包括理解乘法的顺序及各部分积的书写位置，理解笔算的算理以及各部分积的实际意义，在学习过程中注意培养学生的数学思维，体验并感受数学在实际生活中的用处，课堂教学过程如下。

师：今天我们要学习新课了，但是大家知道，我们数学上的知识就是一环套一环，我们要学习新知识，就要先复习旧知识。好，现在有两道旧知识的问题我们要请同学上黑板来完成。上学期学过的，两位数乘一位数的笔算。

师：很好，非常高效。

师：来，我们一起来看计算过程。14×2，123×3。

生：二四得八，一二得二。三三得九，二三得六，一三得三。

师：多位数乘一位数，我们用这个一位数分别去乘多位数的每一位，就得到了积，不管有多少位。好的，旧知识复习完了，我们该学新知识了。新知识在黑板上呢。最近我开始看《笑猫日记》了，我发现我的《笑猫日记》是打折的。打折后我告诉你每本《笑猫日记》（这时候大家要看我写了什么，不要想那本书里讲了什么了）14元，想清楚，买一本《笑猫日记》需要准备14元，我现在要买12本，一共多少元？这个数学问题谁能列个算式，只把算式列出来，先不用算。

生：14×12。

生：12×14。

师：交换因数，积不变，没问题。

（教师在黑板上写下14×12）。

师：就这个算式，我们看看，咱们以前学过多位数乘一位数，今天一下子变成了多位数乘多位数。

（教师听到有同学回答两位数）。

师：我们理解为两位数乘两位数，也可以理解为多位数乘多位数，现在这样，拿出草稿本。14×12是没学过的知识，你用你学过的知识，不管用什么方法，试一试。如果实在算不出来，就等会听听别人的。

（教师查看学生自主计算的结果）。

师：我看到好几个同学的算法是雷同的，没算出来的先别着急，再想想。我没说一定要用竖式，你想想一本14元，我要买12本，你怎么给人家付钱。来，独立思考的时间到了。我们学数学，不仅需要学会独立思考，还要学会把自己的想法能清晰地表达出来。现在这个环节就是，请同桌两个人相互交流一下彼此的想法，这个声音只有你们两个人能听见，开始吧，相互交流一下。

师：好的，现在我们来听听大家的想法。

生：我先用 $14×10=140$，再用 $14×2=28$，再用 $140+28=168$。

师：先用 $14×10=140$，再用 $14×2=28$，再用 $140+28=168$。谁看懂了？我们来看，每本《笑猫日记》14元，买了12本。$14×10$ 是什么意思，$14×2$ 是什么意思，10哪里来的，2是哪里来的，为什么要加？谁看懂了？给我们来解释一下。

生：把12拆成了10和2。

师：多智慧啊，把12本拆分成了10本和2本。接下来呢？继续解释。

生：先把10本的钱算出来，再把2本的钱算出来，然后再加起来。

师：很好，你们两个都是智慧的人，×××同学能想出智慧的办法，你能听懂智慧人的办法。好，我们一起来看看他们的办法。每本14元，要买12本，可能很多人刚看到不知道该怎么办了，我们想想。付钱嘛，我可以分批付，我可以先付两本的钱，再付十本的钱。前后给了两次钱，然后再加起来（重复算式的计算方法）。还有不同的计算方法吗？

生：我先把每本的钱数分开，每本14元分成两个7元，12本乘7元，等于84，接着 $84×2=168$ 元。

师：怎么样？跟前面的算法出来的结果一样，这个算法行不行？

生：可以。

师：还有没有别的方法。

生：用画一画的方法，先画12个圆，代表12本书，然后先算出来三个的价钱，$14×3=42$ 元，再用 $42×4$。

师：为什么？

生：因为把12分成了3个4。

师：非常好，用到了咱们二年级学的知识，画一画。

表7-1 教学片断分析（一）

学生产生了何种体验	能够用多种方法思考生活中遇到的数学问题
学生的体验因何产生	在课堂导入环节，教师带领学生复习了两位数乘一位数的已有知识，在复习已有知识的基础上教师引入新课，抛出买书这个问题，面对能够列出算式但学生不会笔算这样的"矛盾"情境，教师作出进一步引导，如果在生活中你要买这么多书，应该怎么付钱，想想办法。接下来进入了学生交流分享观点的环节，总结来说，学生想出了三种办法，分别是将12拆分成10加2、3乘4，以及将14拆分成7加7。教师针对每一种方法与学生展开交流、分享、讨论，让学生知晓每一种方法的意蕴

（有学生说出了竖式的方法）。

师：我今天要给这一、二、三种方法点赞，但是请孩子们细心观察，这个竖式好像跟哪一种方法有关系。

生：第一个。

师：有什么关系？谁能解释清楚。

生：因为他俩的算法是一样，这个也是 $14×10$，也有 $14×2$。

师：那这里还有一个加法在哪里？

（学生指向黑板上的内容）。

师：我知道现在有一部分同学明白了，还有一部分同学迷茫着呢。来，现在该我讲了。我们在计算乘法竖式的时候，要求对位，要求把个位和十位尽量分开，同时个位和个位对齐，十位和十位对齐，就跟我们的加减法竖式一样，相同位数要对齐。$14×12$，14 表示什么？（每本书的价格）这个 12 表示什么？（12 本）买了 12 本。咱们算的时候，可以按照×××同学的方法，把这个 12 分成 10 和 2，那么根据习惯，我们先用个位数上的 2 去乘 14 元，也就是我们先算出来两本的价格，就是两个 14 元是多少。但我们算的时候，还是有一定的方法的，我们用这个 2 去乘，这个时候我们先让十位上的 1 隐身，接着变成了我们会算的，用 2 去乘个位，用 2 去乘十位，一起说（二四得八，一二得二）。请问这个 28 表示什么？（两本书的价钱）接下来两本的价钱算完了，我就要让 2 隐身了，这个 1 表示什么？（10）非常好，大家头脑非常清楚，我以为你看到 1 就会觉得它是 1 呢，因为它在（十位上），特别好。接下来我们要算几本的价钱？（10 本）非常好，记住，我要用 1 去乘 1，1 去乘 4，先用 10 去乘 1，再用 10 去乘 4，看到了吗？10 乘个位，10 乘十位，但是，这个 1 在十位上，10 乘 14 等于 140，一四得四，这个 4 要写在什么位上？（十位）紧接着，10 乘 10 是多少？（100）非常好，那么一一得一这个 1 要写在什么位上？（百位）实际上这个地方有个零，但是人家数学家为了简便，所以省略了。但是你要清楚，这个看到的 14 实际上是多少。（140）那就说明你看到的 140 表示的是多少本的价钱？（10 本）很好。既然这样，我们需要把两本和 10 本的价格怎么办？（加起来）来继续。我们习惯先从个位开始加，8+0＝8，2+4＝6（8）。等一下，你这个 8 喊得好，你不喊我也要喊，所以我要给你加分，（啊，这都算啊）嗯，告诉大家啊，你以为数学上正确的才能加分吗？有时候他错在精彩的地方，我也需要给他加分。我刚才就在想，2+4 肯定有人喊 8，因为曾经有同学，乘着乘着就晕了，记住，最后一步，一定是把两个乘积加起来。8+0（8），2+4（6）。前面的 1 写下来。好的孩子们，这就是今天学的两位数乘两位数的笔算。

表 7-2　教学片断分析（二）

学生产生了何种体验	掌握了两位数乘两位数的笔算计算方法
学生的体验因何产生	在学生了解每一种算法背后的意义后，教师展开新课教学，结合将 12 拆分成 10 加 2 的计算方法，让学生明白多位数乘多位数的算理，并对最后两个乘积相加的算法进行深入讲解。教师能在学生考虑问题、处理问题时给予及时、有效的指导，引导学生直面问题情境，并尝试解决问题的各种可能办法

师：好的孩子们，我们今天才学了两位数乘两位数的冰山一角，不进位的。后面还会有更多的挑战。

生：我有个问题，前面为什么没有加号？

（有学生回答"省了"）。

师：说得好，你可以去研究一下，没准刚开始的时候数学家在计算的时候是有加号的，后来可能觉得，咱们学数学的人，思路很清晰的，心里一定清楚，所以就省略了。

生：那我们写的时候写不写？

师：省掉。你们别忘了，你们也是小小数学家。

生：之前我们学过路程等于速度乘以时间，这个有没有公式？

师：这个问题问得好。在我们数学上，每本书多少钱，我们叫作单价，12 本叫作数量，我们的计算公式是单价乘以数量等于？（总价）非常好，大家都说出来。我们可以把这个概念补充上。非常好，大家会问也会想。

生：单位名称没写。

师：非常好，感谢你，我们现在在解决问题，要把所有的步骤做到位。那我们现在还有什么没做的？（没有答）。

师：我们再来练习一道题，23×13。

二 教学案例分析

这则案例呈现的是学生学习多位数乘多位数（不进位）的过程，整个课堂呈现出有序、专注且"生机盎然"的状态。教师采用启发诱导的方式，引导学生在问题情境中主动发现问题并解决问题。具体来说，在课堂导入环节，教师带领学生复习了两位数乘一位数的知识，采用一位同学演示，其他同学自主完成，最后交流整理的方式。在复习了已有知识的基础上，教师引入新课，在抛出问题时，教师将"买书"这个生活情境更进一步，将书限定为《笑猫日记》，经过访谈得知，班上大部分同学已经阅读过或正在阅读这本书。抛出买书这个问题之后，教师让学生先列算式不进行计算，得到了 14×12 与 12×14 两个答案，教师强调"交换因数，积不变"。面对能够列出算式但学生不会笔算这样的"矛盾"情境，教师作出进一步引导，如果在生活中你要买这么多书，应该怎么付钱，想想办法。接下来进入了学生交流分享观点的环节，总结来说，学生想出了三种办法，分别是将 12 拆分成 10 加 2、3 乘 4，以及将 14 拆分成 7 加 7。教师针对每一种方法与学生展开交流、分享、讨论，让学生知晓每一种方法的意义。在学生了解每一种算法背后的意义后，教师展开新课教学，结合将 12 拆分成 10 加 2 的计算方法，让学生明白多位数乘多位数的算理，并对最后两个乘积相加的算法进行深入讲解。最后在总结概括及联系巩固的基础上结束课程。教师能在学生考虑问题、处理问题时给予及时、有效的指导，引导学生直面问题情境，并尝试各种可能解决问题的办法。在这个过程中，教师所运用的语言体现了评价的艺术性，"我今天要给这一、二、三种方法点赞，但是请孩子们细心观察，这个竖式好像跟哪一种方法有关系"。教师用这样的方法，引入对新知识的教学，学生通过自主探究、合作分享，体会到用数学方法解决生活问题的乐趣。在新课教学中，教师提出有意义的问题、引导并设计关键性问题，并在与学生的交流互动中通过启发诱导及时给学生提供解决问题的"支架"，为思考不成熟的学生提供可供参考的解题策略，为学生寻找解决问题的办法留有想象的空间。

面对学生的"错误"时，教师说"等一下，你这个 8 喊得好，你不喊我也要喊，所以我要给你加分，（啊，这都算啊）嗯，告诉大家啊，你以为数学上正确的才能加分吗？有时候他错在精彩的地方，我也需要给他加分。我刚才就在想，2+4 肯定有人喊 8，因为曾经有同学，乘着乘着就晕了，记住，最后一步，一定是把两个乘积加起来"。可以说这是一个美妙的"错误"，教师将这个在教学过程中出现的"意外"作为动态性课堂的学习资源。其实这个"意外"原本是教师在教学中想要强调的部分，告诉学生在计算过程中要避免这样的错误。学生说出了错误的计算方法，表现出学生真的参与了教学活动并进行了主动、积极的思考。教师的评价反馈表现出教师不是关注对所谓正确答案的确定，而是关注学生是否真正参与、是否真正思考。同时面对这样的"错误"，教师没有批评或指责，而是给予学生充分的鼓励和引导。笔者在跟教师和学生交流的过程中发现，新内容学习完毕之后，教师总会给学生自由提问与发问的时间。在整堂课快要结束的时候，教师针对学生的问题给予充满艺术性的反馈，比如"省掉。你们别忘了，你们也是小小数学家"，或者"这个问题问得好。在我们数学上，每本书多少钱，我们叫作单价，12 本叫作数量，我们的计算公式是单价乘以数量等于？（总价）非常好，大家都说出来。我们可以把这个概念补充上。非常好，大家会问也会想"。此案例中，数学课堂不仅仅是知识学习的场域，教师在授课过程中会注意学生学习习惯的培养以及数学思维的养成，注意在解决问题的过程中对学生给予鼓励性的肯定与评价。

三　基于案例的体验教学评价反思

通过对这堂课的分析可以发现，体验教学以学习者为中心，引导学生在课堂教学情境中通过主体参与，在亲历的过程中产生体验，在过程中"有所获"。在课堂教学中，学生参与课堂教学活动，却未必有"体验"产生，如何判断在体验教学过程中学生的的确确产生了体验呢？此外，体验本身没有对与错之分，但有积极和消极、深刻与浅层的区别。针对学生在学习与实践中是否产生体验、体验效果如何，结合体验教学的主体性、亲历性、情感性及意义性，本研究认为体验教学可以从以下四个维度展开评价（见表7-3）。

表7-3　体验教学评价的维度

评价维度	评价依据	评价标准
维度一	体验教学的主体性	学生是否主动参与
维度二	体验教学的亲历性	学生是否深度投入
维度三	体验教学的情感性	学生是否有所体验
维度四	体验教学的意义性	体验是否具有意义

（一）评价维度一：学生是否主动参与

体验教学以学生为中心，通过创设合理的课堂教学情境，有效激发学生的学习兴趣，引导学生在亲身经历与体验感悟的过程中，通过亲历、感受、关注、参与、领悟、移情等实现个体全面的发展。学生的主体参与是体验发生的基础。如果学生只是身在教室，而心未随课堂而动，那么学生是不可能对教学内容有真实感悟的。这种情况通常表现为学生要么身处课堂的"边缘地带"，基本不参与课堂教学活动或参与机会相对较少；要么应付课堂，虽形式上在参与课堂，而实质上却想着与课堂无关的事情，学生都没有参与课堂教学活动，又怎会有积极的体验，更谈不上实现意义生成与自我发展了。因此学生对课堂教学活动的参与度是影响学生学习效果最为根本的因素。判断要点包括学生是否做与课堂教学无关的事情，是否参与课堂活动，是否能清楚教学活动过程，是否清楚自己在活动中做了些什么，是否对教师和其他同学的行为作出相应的反馈，是否积极思考并进行课堂发言，是否能正确回答教师所提出的问题，等等。

（二）评价维度二：学生是否深度投入

体验教学意在改变传统课堂教学只见"分数"不见"人"的情况，改变学生在课堂中"身在曹营心在汉"的状况，珍视学生在发展过程中的体验与感悟。体验教学具有亲历性特征，它要求教师在教学中为学生提供真实可感的教学情境，让学生在活动中获得体验和感受，从而领悟知识的价值和意义。体验教学的发生需要学生的亲身参与，但同时需要注意的是，参与不一定就有体验的发生，但体验的发生一定需要主体参与，体验的发生不仅需要主体参与，还需要学生在参与过程中深度投入，成为主动的、积极的意义建构者。学生的深度投入是体验发生的保障。学生能够主动参与、投入课堂教学，决定因素包括学生对学习活动具有兴趣，学生具备自我发展的需求，课堂教学氛围良好，学习任务难度适宜且具有一定的挑战性，学习内容丰富、有趣、有意义，学生通过学习能提升自我效能感，等等。对于学生在课堂教学过程是否投入，教师需要根据学生的表现性行为进行判断。

（三）评价维度三：学生是否有所体验

体验教学的初衷在于改变课堂教学单向度、无意义的知识灌输状况，使学生通过亲身的体验，对蕴藏在实践活动中的事物和现象形成个体独特的体验与理解，从而在学习过程中获得成长与发展。学生的参与所获是体验发生的条件。在这里需要注意，我们需要通过体验让学生有所获得，使体验确实来源于主体的亲历感知，进而促进个体知识的建构与意义的生成。我们倡导学生要有个体体验，充分尊重学生真实的体验，但体验本身有积极与消极之分，对消极的体验教师需要进行适时引导，从而转化成为个体积极的体验。此外，面对同一事物，由于个体存在已有经验与认识水平的不同，个体的体验也不尽相同，有的体验丰富，有的体验单一。对这些进行判断，有利于教师因势利导地指导学生在发展过程中学会学习。教师要基于学生在知识与技能、过程与方法、情感态度价值观等方面的改变，判断教学活动是否让学生在体验的基础上"有所获得"。

（四）评价维度四：体验是否具有意义

从某种意义上说，学生的学习过程本身就是一个体验的过程，教师只有为学生营造尽可能接近现实生活的情境，才能使学生在与各种教学因素发生相互联系的同时，获得作用于生活世界的真实体验，促进意义的生成。体验教学应当是指向意义生成的活动，学生的意义生成是体验发生的依据。体验的意义性不仅表现在主体主动与外部世界发生联系时通过感受、想象、移情、领悟等生成新的意义，而且表现在个体自我生命感的增强及精神力量的提升。体验获得的意义不仅表现在结果，更体现在获得的过程中，它可以是一种过程体验、一种情绪情感或是态度或价值观的改变。判断要点包括学生是否有积极向上的学习态度，是否期待下一次教学活动的到来，是否在教学活动过程中体验到意义，是否产生积极的情绪情感，是否形成个性化的价值观，等等。

通常我们认为体验更容易发生在语文课堂、音乐课堂、美术课堂中，对于数学课堂，我们的固有印象是进行知识传递、算法训练等的场域。案例中，教师通过主导作用的有效发挥，引导学生通过自主学习和自我探究，学会新知识，并且通过问题情境的设置，帮助学生学会用数学方法解决生活中遇到的实际问题。同时在这个过程中，学生全身心投入，体验数学的美妙。在这堂课中，教师充分给予学生自由思考、自主探究的机会，学生在交流中迸发出思维和智慧的火花，整堂课既完成了教师预设的教学目标，也有意外的精彩内容的生成。值得注意的是，在这堂课中教师的评价语言十分精彩，教师所做出的评价不仅仅是对学生的回答作出是否"正确"的判断，而是在具体问题情境中指出学生学习思考过程中存在的问题与不足，帮助学生学会学习，这体现出评价的教育性原则。此外，教师还通过评价激发起学生的主动发展的意识，激发学生对所学习的内容的兴趣，使其主动利用已有知识结构解决问题，这体现出评价的发展性原则。

课后笔者与授课教师根据体验教学的四个维度，即学生的参与性、参与的投入性、投入的获得性以及获得的意义性四个方面对这堂课展开反思。反思发现，教师在教学全过程都关注学生的主动参与，教师通过观察判断学生是否参与课堂教学、是否做了与课堂教学无关的事情、是否对教师和其他同学的行为作出相应的反馈、是否积极思考并进行课堂发言、是否能正确回答教师所提出的问题等。当出现有学生"思想抛锚"情况时，教师采用个别提醒、树立榜样、学法指导的方式，及时引导学生回归课堂。在活动设置时，教师基于学生生活实际，将任务的难度设置在合适的范围内，激发学生的学习兴趣，引导学生生成良好的学习体验。在参与的投入性上，教师以问题为切入点，引导学生寻找解决问题的方法，在与学生的交流互动中及时地向学生提供解决问题的"支架"，通过评价语言的巧妙运用，向思考不成熟的学生提供解题的策略，为学生寻找解决问题的办法留有思考的空间。在投入的获得性方面，教师通过语言引导，充分调动学生的主动性和积极性。比如有一个教学片断，教师说："等一下，你这个 8 喊得好，你不喊我也要喊，所以我要给你加分，……告诉大家啊，你以为数学上正确的才能加分吗？有时候他错在精彩的地方，我也需要给他加分。我刚才就在想，2+4 肯定有人喊 8，因为曾经有同学，乘着乘着就晕了，记住，最后一步，一定是把两个乘积加起来。"这是一个美妙的"错误"，教师将这个在教学过程中出现的"意外"作为动态性的学习资源。学生说出了错误的计算方法，表现出学生真的参与了教学活动并进行了主动、积极的思考；教师的评价反馈表现出教师不是关注对所谓正确答案的确定，而是真正关注学生是否参与、是否思考。同时面对这样的"错误"，教师没有批评或指责，而是给予学生充分的鼓励和引导。"错误"的出现也是教学活动的美丽"生成"，因为教师从学生错误的回答中能够了解学生对问题的认知，错误的答案也可以反映出学生思考问题的方式、角度、立场等，对判断学生发展状况具有重要的参考意义。教师摒弃将标准答案作为评判学生回答的唯一标准，而是关注学生的理解过程，让学生在思考与反思中真正实现意义的生成，让学生在问题解决的过程中产生体验，形成良好的学习习惯，养成数学思维。

| 第八章 |

体验教学的理论反思

体验教学活动的要素构成包含学生、教师、情境、目标、内容、方法、评价七个部分，其中教师和学生以共生的关系构成体验教学活动的主体，情境是体验教学活动发生的背景及条件，目标是体验教学活动的根本遵循，内容和方法是体验教学活动中最实质的要素，评价对整个教学活动起调节、激励的作用。体验教学活动的各构成要素不是各自独立存在的，而是彼此之间相互依存、相互作用。

体验学习是一个包含四个基本环节的多维度过程，由具体体验、反思观察、抽象概括和行动应用组成。学生在教师创设的教学情境中具备了主动学习、积极体验的兴趣与需要，主动参与并深度投入教学活动，通过对具体情境、具体事物、具体活动的观察与反思形成新的感受和体验，并将感知所获通过反思观察实现抽象概括，在行动中检验自己的"体验获得"究竟具有何种效果，这种新的体验经由学生获得实质性发展表现为"体验意义的生成"，学生在获得意义生成体验后会产生对下一次教学活动"主动参与"的欲望，因此体验教学的发生过程表现为"主动参与—深度投入—体验获得—意义生成"。综合体验教学的构成要素以及体验教学发生过程的研究认为，学生体验的产生过程是体验教学发生的基础和条件，教学活动各要素的有机结合是体验教学发生的动力和保障，二者分别构成体验教学的条件维度和动力维度。

在第五章、第六章、第七章中本研究结合具体案例分别对体验教学的设计、实施、评价进行了探讨，在这一章，本研究根据体验教学的发生机制以及在实践中的探索，对体验教学的理论进行再探。

一 体验教学设计的反思

体验教学包含教师、学生、目标、情境、内容、方法、评价七个构成要素。在体验教学设计中，教师是教学设计的主体，教学设计围绕如何促进学生体验及意义的生成展开。具体来说，首先，教学目标是教学活动开展的重要指向，教学目标的设置是教学设计的第一步。其次，教学活动的开展离不开教学情境，学生体验也产生于具体的教育教学情境中，情境是促进体验教学发生的重要条件，因此对体验教学的设计需要考虑怎样设置教学情境更有利于激发学生主动参与的兴趣及深度投入的热情。最后，在教学活动的构成要素中，内容与方法有机结合，内容是方法的载体，方法通过具体内容展现，要以内容设置为核心，根据教学内容选择适宜的教学方法。综上，体验教学设计主要针对目标、情境、内容展开，通过理论探索与案例分析，本研究认为体验教学的目标设计要凸显全面性和可操作性，内容设计要注重生活性与多样化，情境设计要生活化并具有针对性。

（一）目标设计的全面性和可操作性

体验教学是在教育教学过程中通过创设情境，让学生经历具体体验、反思观察、抽象概括、行动应用的过程，使学生在亲历和体验的过程中获取知识、发展能力、生成情感、建构意义。"体验活动的结果总是一种内部的主观的东西——精神平衡、悟性、心平气和、新的宝贵意识。"[①] 基础教育课程改革突出强调了要改变课程过于注重知识传授的倾向，在课程目标设置方面明确提出"知识与技能""过程与方法""情感态度与价值观"三维目标，特别强调学生的"参与""活动""操作""实践""考察""调查""探究""经历"等，倡导让学生在活动、体验的过程中实现自我发展。在体验教学目标的设计中，要以三维目标为基础，目标设计时不只看重学生知识与经验的习得，更关注学生体验的态度与情感等，关注体验对于学生态度与行为形成的价值。

---

① 瓦西留克．体验心理学［M］．黄明，等译．北京：中国人民大学出版社，1989：72.

　　体验教学目标设置的全面性不仅要考虑"知识与技能""过程与方法""情感态度与价值观"的统一，还需要考虑预设性目标与生成性目标的统一。一方面，教学目标是教学的起点和教学行为的基础，具有预设性[①]。另一方面，课堂教学不可能完全按预定轨道行进，"教师只要在思想上真正顾及了学生多方面成长，顾及了生命活动的多方面和师生共同活动中多种组合和发展方式的可能性，就能发现课堂教学具有生成性的特征"[②]。因此，教学目标要顾及实际课堂教学情境中可能产生预设之外的、有意义或无意义的新情况，注意目标设计的预设性。在这里，预设性又包含两层含义。一是指教学目标的设计中已包含预设空间，在体验教学中由于教育教学过程的复杂性，生成的目标是课堂教学中的"意外之喜"，应当被关注，因此教师在对教学目标进行预设时，不宜做过于硬性的、细致的规定，要为生成性目标的实现留下空间[③]。二是目标的预设性还包括在教学活动中教师根据教学实际情况在预设之外生成新目标，因为学生在具体教育情境中的体验往往是难以被全部预设的，体验教学目标的全面性体现为目标的预设性与生成性的结合，目标的设计不仅需要依据课程目标、教材内容、学情实际进行系统的规划，还要留有充分发挥的余地。也就是说，只要能够促进学生产生积极体验，最终指向学生发展的目标，都应该在教学目标设计中有所考量。

　　此外，教学目标设计的初衷在于实现学生发展，那么学生是否获得了发展、发展程度如何，是教学目标必须考虑的问题，要使教学目标得以实现，目标的设计必须具有可操作性，能够在教育教学中"落地生根""开花结果"。教学目标的设计要基于充分的学情分析，因为学生在生活中已经形成的个体经验构成了学生在学习中产生新体验的基础，脱离学生已有经验基础的教学目标，是难以实现的。同时，学习是一个个体化的过程，不同学生在面对相同的情境和内容时会产生不同的体验，形成不同的学习结果。教学目标的设计要确保所有学生产生个体独特的体验，要看到学生

① 余文森. 论教学中的预设与生成 [J]. 课程·教材·教法，2007（5）：17-18.
② 叶澜. 让课堂焕发出生命活力——论中小学教学改革的深化 [J]. 教育研究，1997（9）：3-8.
③ 罗祖兵. 课堂境遇与教学生成 [M]. 北京：人民教育出版社，2012：102.

共有的求知需求，还要兼顾到学生具有的个别差异性。每个学生的现有发展水平与发展目标之间都会有差距，目标与现状这两者之间的距离就是维果茨基所提出的"最近发展区"。充分的学情分析有利于教师更好地把握学生的"最近发展区"，思考哪些内容是学生已经掌握的，哪些内容是学生继续努力以后才能掌握的，哪些内容是介于学生已有基础和发展目标间的。体验教学关注学生在学习和发展过程中的个体体验与多元理解，教学目标的设置在于明晰学生在学习过程中通过体验要获得什么，但体验本就具有较强的不确定性及过程性，有能够预设的目标，也有在实际教学活动中动态生成的目标。可操作性要求教师在设计教学目标时应尽可能地对教学活动多做一些假设，预想学生会在实际学习过程中出现怎样的情况。

（二）内容设计的生活性与多样化

在体验教学的构成要素中，内容是教学目标得以实现的重要载体。体验教学的发生过程包括学生的主动参与、深度投入、体验获得及意义生成，每一阶段的发生都离不开学生全身心的投入，离不开其在自觉、自愿的情况下与教学内容发生联系，在全情投入中实现体验与意义的生成。因此体验教学内容的设计需要从学生的角度出发，与学生已有生活经验发生关联，并对学生的成长发展产生影响。学生已有生活经验不仅是课堂教学过程中学生主动参与并形成体验的基础，同时推动学生生成体验及其意义也是活化学生生活世界的重要方法。这就要求教师在教学设计中注意内容设计的生活性。教学设计的生活性包含两层含义，第一，内容设计以学生已有生活经验为基础，更容易激发学生主动参与的热情，使学生能动地、自主地去体察知识经验、认识事物并获得自己的感悟，发展自己的情感，实现自身的能动发展。第二，生活中原本就存在大量有价值的、可利用的教学内容资源，将教学内容与个体实际生活相联系，有利于学生通过亲身尝试、体验，生动地感知、理解和运用，能让学生有机会把学到的知识应用于实际生活，使学生认识到学习的价值，提高学生灵活运用知识及运用所学知识解决实际问题的能力。总之，教学内容设计的生活性有利于学生根据自己已有生活经验形成对教学内容的体验并生成意义，让学生在与实际生活紧密联系的教学内容中获得对自身与外部世界的体验与感悟，在学习过程中生成情感、获得意义。

体验教学引导学生在已有认知结构和发展水平的基础上，生成对教学内容的独特体验和多元理解。需要注意的是，体验具有个性化特点，即不同的学生因为已有经验、认知风格、个性特征等的不同，对相同的教学内容可能产生不同的感受；同一学生在面对不同的教学内容时也会产生不同的体验。所以教学内容的设计要充分考虑不同学生的特点及同一内容不同呈现方式下学生可能会产生的不同反应，充分考虑内容的多样性，以满足不同学生的发展需求。内容设计的多样性除了表现在满足不同学生的发展需求外，还表现在对知识与技能、过程与方法、情感态度价值观的综合考量。内容设计不仅要注重知识的习得，还要注重情感态度价值观的发展，注重知识获取过程中的体验生成和获取知识能力的形成。内容设计不仅要考量知识信息的传递与融合，还要考量情感体验的生成，使学生通过知识经验习得实现对过程方法的掌握与情感态度价值观的发展，通过情感态度价值观的发展促进知识的增长和能力的发展。体验教学不否定知识经验获得的重要性，而是在重视知识经验习得过程中同时关注学生在体验过程中能力的增长及情感态度价值观的发展。因为"如果不能站在智慧的立场和高度上审视和把握知识，而只是注重知识的系统性，只是把知识当成人类经验的文化符号，就会使知识的教与学不能抵达知识原本内含的深邃悠远的智慧本质，致使知识教学缺乏高远的目的，变得肤浅、机械、缺乏思想与生命"[①]。此外，教学内容的设计既包括预先确定的部分，也包括师生在具体教育教学情境下围绕学科知识、个体经验、存在问题所展开的互动与互相影响。总之，教学内容"试图要带给学生和学生最后实际经历与体验到的一切"[②]。

（三）情境设计的生活化与针对性

学生的学习和发展发生在一定教学情境中，因此教学情境对学生的体验发生具有重要作用。如何根据教学目标和教学内容，设计组织一个能够有效激发学生体验的情境是体验教学设计的关键，所以在体验教学中情境

---

① 李长吉. 教学论思辨［M］. 北京：教育科学出版社，2009：35.

② 肖川. 课程的意味［J］. 北京教育（普教版），2003（6）：11.

的设定尤为重要。试想，如果教学情境的设计与学生生活之间存在巨大的差距，怎能使学生对教学活动产生共鸣？怎能保证在具体教学情境中学生不会产生体验的"偏差"？因此教学情境的设计也需要与学生生活密切相关。情境设计的生活化不仅能够激发学生主动参与的兴趣，使学生在情境中获得有益于自身发展的体验，同时生活原本就是学生产生体验的基础和丰富源泉，教学情境与学生已有的、熟悉的生活经验越贴近，学生自觉内化教学内容的程度就越高，由此情境的创设要与学生生活环境、知识背景密切相关。

设置教学情境的目的在于有效激发学生的体验，从而让学生获得实质性的发展。情境的设置不一定会激发学生的体验，但学生体验的生成，一定源于有效情境的设置。教师要根据教学目的、教学内容，选择能够展现教学内容、实现教学目的的情境，只有这样才能使教学情境具备有效性。学生在不同的教学情境中会产生不一样的体验，同一个人在不同情境中也会有不同的反应，教师要尊重学生的差异性，尊重学生的感悟与体验，对学生的个体体验给予接纳和肯定，对于发生了价值观偏差的体验要进行适当的引导。

二　体验教学实施的反思

体验学习是由具体体验、反思观察、抽象概括和行动应用四个基本环节构成的螺旋上升的过程，这四个环节构成了体验教学中学习体验发生的四个阶段，在此基础上，体验教学的发生对应四个阶段，分别是主动参与—深度投入—体验获得—意义生成。学生在教师创设的教学情境中基于主动发展的需求，主动参与教学活动，在活动参与中形成对具体情境、具体事物、具体活动的具体体验，通过反思观察对具体体验进行升华，形成新的感受和体验，学生在具体情境之中将感知获得通过反思观察实现抽象概括，并在行动中检验自己的"体验获得"究竟具有何种效果，进而实现知识的获得、能力的培养以及情感态度价值观的生成，这是经由体验获得实现的"意义生成"，此次"意义生成"又构成了下一次学习体验发生的基础。体验教学意在改变传统教学中只见"知识"不见"人"，重视知识单向传递而忽视师生主体性的现象，强调教师在学生已有知识结构、生命体验的基础上，引导学生在对话与交往的过程中通过体验、思考与感悟实现知识的获取、情感的陶冶与意义的生成。在第六章中，本研究通过对课堂教学的实践的反思，探讨了情境感悟、启发诱导、活动探究及审美体验等四个策略的实施，接下来本研究进一步探讨教师在课堂教学活动中如何能够更加有效地吸引学生注意力，激发学生的学习兴趣，使学生通过自我的主动参与与体验感悟，实现全面发展。

（一）巧妙设置教学情境，激发学生的体验兴趣

在课堂中，不乏看到这样的情形：他们身处课堂，但完全不被课堂教学过程所吸引，只要没有被教师点名或者被要求回答问题，他们就成了"身在曹营心在汉"的"徐庶"，一言不发。学生本该是课堂教学的参与者，却成了教学过程中的旁观者，不被课堂吸引，教育教学完全"与我无关"，学生怎么会主动参与课堂教学过程，又怎么会产生体验、生成意义、实现自我发展呢？课堂教学如果只注重学生对知识的学习，而忽视学生情感、意志、兴趣等非智力因素的发展，其必然缺乏吸引力，无法激发学生的学习兴趣。学生是完整的生命个体，教学过程不仅仅是特殊的认识过程，也是人的发展过程，学生是发展中的个体，拥有发现、体验、探索的天性，教师不能抹杀这种天性，而应该利用合适的情境、适当的时机不断激发、促进、鼓励学生的体验兴趣。这就要求教师根据课程内容、学生已有的知识经验以及学生的发展需求，巧妙设置教学情境，激发教学过程中学生主动发展的需要，吸引学生主动参与到教学活动中来，从而实现自我的发展。

德国教育家福禄贝尔曾指出，"通过生活和从生活中学习，要比任何方式的学习更深入和更容易理解"，"在生活中和行动中接受和理解事物，比之单纯地通过言语和概念吸收和感受事物，对于人的发展、形成和加强远为有力"①。学生的学习和发展发生在一定教育教学情境中，教学情境设置的目的在于能够有效激发学生的体验，从而让学生获得实质性的发展。情境的设置不一定会激发学生的体验，但学生体验的生成，一定源于有效

① 福禄贝尔.人的教育［M］.孙祖复，译.北京：人民教育出版社，1991：22，230-231.

情境的设置。在实际教育教学情境中，教师可以通过教学情境的设置，激发学生体验探究的兴趣，并为学生的亲身参与与体验感悟提供必要的支持和有效的引导，让学生在学习发展过程中始终保持热情，不丧失学习发展的兴趣。在这个过程中，教师需要对学生在发展过程中的进步给予肯定和鼓励，对错误和不足抱以宽容的态度，鼓励学生大胆思考、学会质疑，勇于表达、分享自己的体验与理解。此外，教育教学发生在一定的情境中，学生产生体验也与一定的情境紧密相关，教学情境的设置如果与学生实际生活经验息息相关，不仅会激发学生的参与热情，也会让学生意识到自己所学知识的有用性，提升其运用所学的知识来解决现实生活问题的积极性。

（二）尊重学生的主体性，营造平等自由的氛围

体验教学强调关注学生生命的完整性，促使学生的身与心、知识与能力、认知与情感、态度与价值观协调发展。传统教学将人的发展视为认知的发展或者理智的发展，在这样的理念指导下，人不再是完整生命体的存在。为了片面的认知或理性的发展，教育教学以知识量的积累为目的，将人视为工具性的存在，学生是知识传递的工具，学生在其自身的成长与发展过程中被"物化"。教学不只是一种特殊的认识过程，也是师生在开放和谐的教学生态系统中创造生命意义的生活过程，是以认识为主要方式的人的生成过程①。体验教学之所以关注学生在学习发展过程中的个体体验，就是强调学生生命的完整性，学生要想在教学过程中获得体验，就要全身心地参与教育教学活动，充分调动一切感官形成具体体验，通过反思观察与抽象概括，在行动应用中检验并形成新的具体体验。体验具有亲历性，个体需要经由亲身经历获得。体验教学关注教育教学过程中学生的体验，尊重学生的主体性，教师成为学生学习发展的引导者与促进者，师生通过交往互动，完成对知识经验的探究。

人的发展受到外部环境的影响，在紧张、充满压力的环境中，学生会感受到外部的压制；在民主轻松的氛围中，学生会产生更多自由发展的欲

---

① 迟艳杰. 教学本体论的转换——从"思维本体论"到"生成论本体论" [J]. 教育研究，2001（5）：57-61.

望。因此教学活动要在平等自由的环境中开展，以真正吸引学生主动参与并获得亲身体验。这种平等自由的环境以师生人格平等为基础，需要教师与学生互相尊重、互相信任、互相理解，教师要正确认识学生的生命特性，尊重学生作为发展主体的能动性。学生在生理和心理从不成熟向成熟发展的过程中，本身就具有强烈的自主意识，渴望得到他人的支持与认同。处在不同年龄阶段、拥有不同成长经历的个体对于同一事物的感知程度与体验感触不同，教师要尊重学生的认知风格和个性特点，尊重学生不同的感受和思考方式，允许学生自由表达自己的观点，并尊重其提出疑问的权利。此外，教师要充分尊重学生的主体性，营造民主自由的氛围，帮助学生消除思想顾虑，打破思维定式，使学生既不闭关自守拒绝别人的意见，又能积极独立地思考，不照搬、不盲从、不人云亦云，通过亲身参与产生体验、生成意义。

（三）善于把握教学契机，促进学生的体验感悟

教学契机通过教师在课堂教学过程中遇到的偶发事件得以表现，这种特殊的偶发事件往往具有"出其不意"的特点，虽然不是教师或教学计划中的预设部分，但却是教学活动中难能可贵的"生成"。偶发事件可能出现在教学活动的任意部分，如何巧妙利用使之产生出教育意义，是教师教学艺术和教育智慧的体现。如果教师巧妙捕捉到这一时刻，并将其教育意义激发出来，就有可能会起到激发学生好奇心，引导学生主动参与教学活动，给予学生问题解决的别样思路与多样视角的作用。教学智慧是"教师个体在教学实践中，依据自身对教学现象和教学理论的感悟，深刻洞察并敏锐机智、高效便捷地应对教学情境而生成融通共生、自由和美的境界的一种综合能力"[1]。一个富有教学智慧的教师总能在适宜的条件下，灵活启发学生进行深入思考，在学生感到"山重水复疑无路"的时候，巧妙点拨学生开启思维之窗，使学生收获解决问题的快乐。教师善于在教学过程中抓住教学契机，发掘学生的精彩观点，有利于引导学生在问题情境中主动寻求解决问题的办法，培养学生解决问题的能力。

要做到在教学中巧妙把握教学契机，教师首先应营造民主、平等、自

---

① 杜萍，田慧生．论教学智慧的内涵、特征与生成要素［J］．教育研究，2007（6）：26.

由的课堂教学氛围，以利于学生在宽松的环境下实现思想的自由生发，要避免批评或斥责学生的所思所想，同时创设恰切的情境，敏锐捕捉学生的精彩之见，认真倾听学生对观念的阐释。这个过程对教学来说是一个生成的过程，对学生来说也是一种独特的体验①。面对同一个教学活动，不同个体因为自身认知结构和已有发展水平的不同，可能会产生不同的体验与感悟，教师要做的就是充分关注学生在发展过程中的点点滴滴，给予不同个体充分交流分享的机会，鼓励学生毫无顾忌、畅所欲言地表达自己对问题、事物、现象的看法，尊重教学过程中那些宝贵的"意料之外"的生成。同一个个体在面对不同的教学活动时也会产生不同的体验与感悟，教师要根据个体实际情况进行有效引导，在体验教学过程中巧妙点拨，促进个体实现自由、全面、个性的发展。

（四）开展多元化的评价，注重体验与意义生成

相对于传统教学过程中精细问题的设计、标准答案的预定来说，体验教学并非把每一节课的所有环节都计算得精确无误，使得课堂"顺利"进行，而是更加关注学生的亲身体验。体验以经验为基础，立足于个体精神世界的发展，通过个体的想象、移情等使经验生命化、个体化。体验教学以感知促体验、以移情促体验，意在完成学生"意义世界"和"价值世界"的建构，形成个体独特的态度、个性、价值观。体验教学需要教师在教学过程中对学生的反应作出即时性的评价，对学生的行为进行有效诊断，以激发学生的学习热情与积极性，保证体验教学的有效性。教学评价不仅关注学生知识层面的增长，更重视学生价值观、情感、道德等方面的收获。正如《基础教育课程改革纲要（试行）》所强调的要"建立促进学生全面发展的评价体系。评价不仅要关注学生的学业成绩，而且要发现和发展学生多方面的潜能，了解学生发展中的需求，帮助学生认识自我，建立自信。发挥评价的教育功能，促进学生在原有水平上的发展"。当学生在教学过程中想出一种解决问题的办法、能够勇敢表达出对某一事物或现象的看法、阐述自我积极乐观的人生态度时，教师应及时地予以积极的肯定与赞扬，充分发挥评价的反馈激励作用。此外，有时候基于分数的单

---

① 吴玉平，张伟平．当前课堂教学改革的困境与策略［J］．当代教育科学，2014（6）：30.

一评价的效果远不及一句鼓励的话、一个温暖微笑、表达赞同的点头、肯定的眼神，在某种程度上，这种人性化的评价方式远比冷冰冰的分数更有力量。评价的目的在于帮助学生及时掌握自己的发展情况，促进学生实现改进与调整，从而助力学生发展。

对于教学活动来说，过程的实施与设计具有同等重要的价值，教学计划是否能够实现，有赖于教学过程中师生的交往、创造。知识的获得与意义的生成无法靠外部力量的强制灌输完成，需要个体在主动参与中发挥主观能动性，通过体验、反思、行动实现能动建构。

三　体验教学评价的反思

本研究所探讨的体验教学评价，特指在体验教学过程中教师对学生在教学活动中的参与、投入及获得的评价。评价是教学活动的重要组成部分，是"以教学目标为依据，运用可操作的科学手段，通过系统地收集有关教学的信息，对教学活动的过程和结果作出价值上的判断的过程"[①]，正确而合理地实施体验教学评价，是引导体验教学顺利实施的保障。评价是体验教学的重要组成部分，需要教师在教育教学过程中依据教学目标，根据学生的表现性行为，对教学活动作出及时调整，以促进学生体验的产生与意义的生成。

（一）体验教学评价具有情境性和开放性

体验教学的发生包括学生的主动参与、深度投入、体验获得以及意义生成四个环节，这一切总是发生在特定的教育教学情境中，教学情境会影响学生体验的获得。体验产生于教学活动的特定情境中，体验教学评价应充分考虑课堂教学情境，教师要根据具体的教学情境选择评价的标准与方法。举例来说，在本研究中的审美体验策略的案例中，在观看《神秘巨星》最后的演讲部分时，不少同学哭了，或者哽咽了，或者情绪低落一言不发，如果脱离了情境进行评价，此场景可能会直观给人一种教学活动产

---

① 施良方，崔允漷. 教学理论：课堂教学的原理、策略与研究 ［M］. 上海：华东师范大学出版社，1999：330.

生了消极负面影响的感觉，但是结合相关情境可以发现，学生所表现出来的"哭泣"以及"情绪低落"，恰恰表明教学活动唤起了学生的情感体验，学生的行为表现是对教学内容、过程方法的强烈认同，也就是说教学活动真的实现了预期的教学目标，引发了学生的"共情"。针对这个案例再进一步来探讨，不同学生在同一教学活动中因为自身认知结构、个体经验、个性特征等的不同，会出现不同的表现性行为，如果我们将"哭了没"作为唯一评判的标准，那么就会认为教学活动没有唤起"一言不发"的学生的强烈体验，这样的看法明显是失之偏颇的。因为每个人表达情感的方式不同，有的学生内敛，有的学生外放，在同一个教学活动中每个人因为自身性格特点、认知方式等的不同，会有不同的情感表达方式。因此，教学评价的情境性要求教师"具体情况具体对待"，而这一切建立在教师对学生充分了解的基础上。教师要根据具体的教学情境来确定评价的标准与方法，对学生体验的意义进行深入的把握。

以知识占有量为唯一标准教学评价，会导致"在学校所建构的知识世界里，人们对于知识的追逐成为最终的目的，学校和学生的一切生活都是为了它，它迫使生活本身成了手段"，"为了知识，人们忘却了自己，忘却了生活，甚至牺牲了自己和自己的生活"①。个体的发展是一个多维度的综合过程，认知重要，情感重要，过程方法重要，情感态度价值观的生成也重要。因此所有能够促进学生体验并最终指向学生发展的因素，都应当被教学所重视。在这个基础上，教学评价要具有开放性，即评价向所有能够助力学生发展的因素开放，所评价的重点在于它们是否能够有效地促进学生的发展与成长。教育教学的情境性、丰富性与复杂性以及个体发展的独特性，决定了在体验教学评价中不存在唯一的"标准"，要对学生的体验作出合理的评价，就必须保持评价的动态开放性。学生是以完整的生命状态参与到教学中来的，其体验受多方面因素的影响，所以在教育教学过程中教师要采取开放、包容的态度，珍视学生在自我发展过程中所展现出来的点点滴滴改变。体验教学评价的开放性还表现在评价主体的多元化，在教学活动中，教师可以根据学生的表现性行为，对教学活动进行及时调

---

① 鲁洁. 一个值得反思的教育信条：塑造知识人 [J]. 教育研究，2004（6）：3-7.

整，以促进学生的发展，在这一过程中，来自同伴以及学生个体的评价同样重要，学生作为发展主体展开"自评"，有利于使其在发展过程中学会自我监督与管理，这对学生实现自主发展具有重要的意义。

（二）体验教学评价遵循全面性和发展性原则

雅斯贝尔斯认为："所谓教育，不过是人对人的主体间灵肉交流活动（尤其是老一代对年轻一代），包括知识内容的传授、生命内涵的领悟、意志行为的规范，并通过文化传递功能，将文化遗产教给年轻一代，使他们自由地生成，并启迪其自由天性。"① 因此教育教学评价的焦点在于教学活动是否促使学生"自由生成"，学生的"自由天性"是否得到启迪。但是"在知识本位观下，教学评价误入歧途，知识的量的扩张成为教学评价的核心尺度，教学评价关注的是'仓库'，导致呆读死记的教学"，"在能力本位观下的教学评价则倾向于对理性能力的肯定，能力至上原则甚嚣尘上"②。体验教学"不再以学生发展的某一个方面为关注对象，相反它着眼于学生的和谐发展，以促进学生整体素质的提高为宗旨"③。我国新课程改革强调评价要"立足过程，促进发展"，教师要关注学生成长与进步的状况，并通过分析指导，提出改进计划来促进学生的发展④。评价的开展不是为了甄别学生在某一项测试中成绩的好与坏，不是基于某一种标准给学生"下定义"或"贴标签"，不是根据学生在发展过程中的某一次表现作出一个终结性的"定性"判断，而是帮助学生在学习与发展过程中更好地认识自己，发现自己在发展过程中的优势以及存在的问题，为学生实现进一步发展指明方向。体验教学评价的全面性原则体现为体验教学评价对学生发展整体性的关注。学生的发展不仅指向知识的增长、能力的提升，还指向过程方法的掌握、情感态度价值观的生成。体验教学评价贯穿教学活

① 卡尔·雅斯贝尔斯. 什么是教育 [M]. 邹进，译. 北京：生活·读书·新知三联书店，1991：3.
② 李定仁，徐继存. 教学论研究二十年（1979—1999）[M]. 北京：人民教育出版社，2001：387.
③ 李定仁，徐继存. 教学论研究二十年（1979—1999）[M]. 北京：人民教育出版社，2001：393.
④ 朱慕菊. 走进新课程——与课程实施者的对话 [M]. 北京：北京师范大学出版社，2002：141.

动全过程，用以指导教学活动朝着积极的方向发展。教师要关注教学过程中学生所表现出来的"意外"，这个"意外"既包括"亮点"也包括"错误"。教师要善于捕捉和把握教学亮点与教学契机，从而引导学生实现深度体验与意义生成，此外要采用综合、多样的评价，充分发挥各种评价方法的优势，针对不同的情境采取不同的评价方式，从而使评价更加合理有效。多样化评价手段的运用，在于回应课堂教学评价的情境性、复杂性、多样性。

联合国教科文组织国际教育发展委员会在《学会生存——教育世界的今天和明天》中明确指出："未来的学校必须使学习者成为他们获得知识的最高主人，而不是消极的知识接受者；必须把教育的对象变成自己教育自己的主体，受教育的人必须成为具备自我教育能力的人。"[①] 体验教学意在改变传统教学中只见"知识"不见"人"，重视知识的单向传递，忽视师生主体性的现象，强调要关注教育教学过程中学习者的体验，教师要在学生已有知识结构、生命体验的基础上，引导学生通过体验、思考与感悟实现知识的获取、情感的陶冶、意义的生成，让教学成为学生"在探索中寻求自我的永无止境的过程"[②]。基于学生在教学活动中表现出的发展性，教学评价也要根据学生发展的需要而进行，评价本身不是目的，仅是促进学生发展的手段。"教师的'教'是帮助学生实现目标的指导活动，学生的'学'是实现目标的学习活动，教师对学生学习表现的'评'是监测目标达成情况的评价活动。"[③] 体验教学以促进学生发展为旨归，体验教学评价也指向学生发展。就像《基础教育课程改革纲要（试行）》中所强调的，评价不仅要关注学生的学业成绩，而且要发现和发展学生多方面的潜能，了解学生发展中的需求，帮助学生认识自我，建立自信。发挥评价的教育功能，促进学生在原有水平上的发展。体验教学评价关注学生是否对所学习的内容充满兴趣，是否主动利用自身积累的生活经验全身心投入教

① 联合国教科文组织国际教育发展委员会.学会生存——教育世界的今天和明天 [M].华东师范大学比较教育研究所，译.北京：教育科学出版社，1996：200，104.
② 卡尔·雅斯贝尔斯.什么是教育 [M].邹进，译.北京：生活·读书·新知三联书店，1991：8.
③ 崔允漷.指向学习改进的教学和评价 [J].教育测量与评价（理论版），2015（1）.

学活动中，是否在教学活动中产生生命体验，获得意义生成与精神成长。

（三）体验教学评价可以采用多种方法

传统教学中结果评价在教学评价长期占据主导地位，因此出现了这样一种现象：从一个孩子走进校门的那一天开始，所要面对的不是健全、完整的生命成长过程，而是一个时时刻刻对自我进行判定的"筛子"，其告诉孩子优良中等差，评判孩子发展潜力属于重点还是非重点，这种经由成绩判定对个体作出的性质判定，带给孩子的可能是影响长远的对自我的错误意象①。这种教学评价的目标关注对学生进行筛选与甄别，而不是使学生在各个方面都得到充分的发展。在这里并不是说结果评价不对，只是从学生发展的角度来说，对结果评价的单方运用或将其作为学生发展的唯一评价方式失之偏颇。所以为了使教学评价着眼于学生的长远发展，必须改变这种简单粗暴的通过一场考试、一次测验就为学生发展"定性"的方法，转而使教学评价同时关注学生的发展过程与结果。过程评价和结果评价是教学评价的两种类型，过程评价"是在教学过程中进行的评价，其主要目的在于确保教学计划的有效落实、引导教学过程有序向前推进并得以完善，过程评价基于此实现对学生学习过程与结果、教师教学方法与策略、教学效果的反馈"②；结果评价"是在某一相对完整的教学阶段结束后对整个教学目标实现的程度作出结论的评价"③。过程评价使教师能够根据学生的即时表现，及时调整教学进度，发挥评价的选择与导向功能。结果评价能够帮助教师对教学活动的效果进行整体把握，发挥评价的诊断与反馈功能。过程评价和结果评价并不冲突，它们可以在教学活动中并存并发挥各自的作用，共同为学生实现全面发展而服务。过程评价不只是判断学生获取了多少知识，还要关注学生在参与教学活动中所获得的真实体验如何。评价的目的不在于判定学生的好坏与优劣，而在于促进学生发展。在这个过程中，教师的评价意在根据对教学整体情况的判断及时调整教学，

---

① 冯平. 评价论 [M]. 北京：东方出版社，1995：8-9.
② 施良方，崔允漷. 教学理论：课堂教学的原理、策略与研究 [M]. 上海：华东师范大学出版社，1999：336.
③ 施良方，崔允漷. 教学理论：课堂教学的原理、策略与研究 [M]. 上海：华东师范大学出版社，1999：337.

有效发现并解决教学中存在的问题，为适时调整教学方法与策略、生成新的教学目标提供有力的依据。此外，学生自己的感受与评价也尤为重要，学生是具有发展潜力的个体，也是最了解自己的人，学生对自我发展的评价，能够帮助学生"学会学习"，对自我学习与发展过程实现监督，因此在体验教学评价中可以采用他评与自评相结合的方法。

研究结论与反思

一 研究结论

　　学生发展需要个体在主动参与、深度投入、体验获得、意义生成的过程中实现。研究体验教学意在让课堂教学真正做到以学生发展为中心，重视学生在发展过程中的"身体在场"，重视学生的情感体验，重视学生良好学习态度的培养，重视学生通过探究、体验等方式获取知识并形成发现问题、解决问题的实践与创新能力，重视个体学习过程的意义生成与价值形成。

（一）体验教学是教学观和方法论的结合

　　体验教学是指在教学过程中，教师根据教学目的与内容，以学生的身心特点和认知发展规律为基础，通过创设教学情境，引导学生在亲身实践与体验感悟的过程中，感受、关注、参与、领悟、移情，通过体验与内省，实现知识建构、能力发展、情感陶冶、意义生成，从而获得自我完善和发展的过程。体验产生于教育教学的过程中，是实现教育目标的方式和手段，学生通过体验实现意义生成也是教育教学所要达到的重要目标之一。体验教学具有主体性、亲历性、情感性、意义性的特点，有利于学生主体地位的确立，有利于学生知识经验的获得，有利于学生创新精神和实践能力的培养，有利于学生素质的提升和情感的生成，有利于学生全面发展的实现。

从宏观层面来说，体验教学理念关注学生在学习发展过程中的身体参与与情感体验，关注学生的学习过程与方法掌握，关注学生学习发展过程中的意义建构与价值生成。体验教学不否定知识传递的重要作用，认为在学生的学习成长过程中，知识经验是学生发展必备的养分，其反对的是在知识授受过程中教师一味灌输，视知识量的积累为目的，而忽视学生作为完整个体在知识学习过程中的主动参与与体验感悟。换言之，体验教学不否定知识经验的习得，而是否定以灌输的方法获得知识经验。从方法论层面，体验教学致力于探讨在课堂教学活动中教师如何才能更加有效地吸引学生注意力，激发学生的学习兴趣，使学生通过自我的主动参与与体验感悟，实现知识与能力、过程与方法、情感态度与价值观的全面发展。

（二）体验教学适用于不同性质的学科和经验材料

通过对体验教学的理论探索及结合课堂案例进行的实践反思可以看出，体验教学不仅适用于情感、态度和价值观倾向较强的语文学科，还适用于以符号、概念、公理、定律为"语言"的数学学科，不仅适用于具体感性的材料，也适用于抽象理性的内容。英国思想家波兰尼在 20 世纪 50 年代提出显性知识和隐性知识的概念，显性知识是能表达、能传递、能同时为人们所分享、能通过逻辑进行批判性反思的知识。隐性知识与显性知识相反，其拥有者和使用者都不能清晰地表达出来，不能以正规的形式加以传递。缺乏显性知识的可传授性特征，它不能经由理性实现推理，而只能在感受中进行反思。"即便不是所有的知识具有不可言传性，至少，绝大部分知识是不可言传、不可教授的。而且，可以言传、可以教授的那部分知识和技能必须以大量的不可言传、不可教授的知识和技能为支撑。有效的学习只能让学生'亲自经历''亲身体验'。学生往往是在'亲自经历''亲身体验'的过程中'不知不觉'地心领神会、切己体察。"[1] 值得注意的是，书本知识是最典型的显性知识，而学生在学习发展过程中所收获的感受、能力、技能、情感等，从某种程度来说不是以显性而是以隐性知识的方式得以体现的，隐性知识的习得不单依靠讲授更依靠学生亲身经历、

---

[1] 刘良华．论"兴发教学"［J］．上海教育科研，2014（3）：3．

自主体验和实践练习。强调情感、态度和价值观的生成，是体验教学的重要取向。当然有必要指出，体验教学同样适用于显性知识的学习，经验材料与学生自身的经历体验等发生强有力的"联系"时更有利于经验习得、能力增长与意义生成。

二　研究反思

体验教学的产生与发展是为了顺应时代发展和人才培养的要求，体现了对个体作为完整生命体的关注。体验教学不是凭空产生的，也不是对传统教学的全盘否定，体验教学的出现是对传统教学的批判与发展。传统教学受技术理性思维的影响，以获取系统的知识为旨归，"以知识为本位，以传递为中心"，将教学活动视为知识授受的过程，强调以掌握、理解和应用客观系统的知识为主，以教师讲授为主要教学形式，将学习视为学生对外界客体"被动接受式"的复制过程，认为教学过程应当科学化、系统化、精确化，强调要对教学过程进行标准化的严格控制，在评价环节通过设置可测量的显性行为目标，制定稳定、高效的评价机制与评价办法，强调以量化可测的评价结果作为对教育教学"效率"的评定标准；师生关系是表现为以知识获取为中心的权威与服从的关系，教师与学生天然对立，教学交往过程为单向度的输出与输入过程，呈现明显的授受性；教学评价以教学目标为唯一依据，采用可测量的评价指标与标准化的评价体系，以筛选学生为主要目的；教材所包含的文本意义是静态的、机械的，知识的权威地位无可撼动，这样"目中无人"的教育教学活动带来的可能结果是学生个性被扼杀、缺乏自主性和创造性。传统教学到体验教学的发展，经历了价值取向、目标观、知识观、师生观、过程观等方面的变革。

传统教学偏重知识的传递而忽视学生的学习过程与学习方法的掌握，偏重对学生纸笔测试表现的关注而忽视个体情感态度价值观的形成，这样的教学看不到学生生活的独特性、体验的个体性以及精神的完整性。学生以"被灌输"的方式接受知识、积累经验，既不理解知识的内在结构，也不明白知识之于个体发展的意义，知识经验往往以平面、抽象的方式存在，难以内化成为学生个体的体验与感悟。体验教学强调学生以完整生命体的形式参与到教育教学过程中，学生能在教师的引导下，在已有知识结构、生命体验的基础上，在对话与交往的过程中通过体验、思考与感悟对教学内容进行理解与创生，使其内化于自我的生命之中，从而获取知识、陶冶情感、生成意义。教学过程不是教师单向度的知识传递过程，也不是教师对预设知识内容的灌输，而是以预设的教学内容为基础，通过学生对知识背后的经验、智慧、精神的感悟、体验与理解，推动学生的全面发展。对学生主体参与与体验的关注有利于还原知识的整体性，让学生充分体验知识与情境、实践之间的联系，建立外部知识与学生个体经验的联系，促进学生对知识的内化与创造。体验教学关注教学中的互动、对话和创造，教学内容也从去情境的、分科的、预设的知识逐渐转向情境化的、整体的、生成的知识。

总的来说，体验教学区别于传统教学的关键在于其对个体"完整性"的强调，"完整性"强调个体身与心、认知与情感的统一。如果说传统教学偏重对认知的强调，那么体验教学则更加强调"身体在场"、人的"整全性"以及学习之于个体成长发展的意义，强调"身临其境"、"沉浸式体验"、活动中体验、情境中的体验等"be there"的学习方式。同时，体验教学强调合理教学情境的创设，有意义学习的发生以及个体情感态度价值观的生成。对于个体而言，认知与情感相互促进、彼此依存，认知可以促进情感的生成，情感可以推动认知的发展。体验所具有的"以身体之，以心验之"的特点，不仅有助于学生显性知识的习得，还有利于隐性知识的获取。教育的根本目的是促进学生完整、健全人格的发展，一个有完整、健全人格的人，应当是身与心、认知与情感、理性与非理性、态度与价值观有机统一、高度整合的人。课堂教学不是教师单向度的知识灌输或经验授受过程，而是教师通过创设合理、具体的教学情境，引导学生通过亲历、体验、行动、反思、应用等实现自我发展与生命成长的过程。学生在学习发展过程中产生思考、作出判断、生成意义，所需要的不仅仅是个体智力活动的参与，还需要个体对身体、情感、态度、信念等的有效调动。关注个体作为"完整的人"在学习发展过程中的体验，能够使学生感受到发展的自主性，变"要我发展"为"我要发展"，因此课堂教学不仅要关心教师在教育教学过程中"教了什么",而且更重要的是要关注学生在学习发展过程中究竟"获得了什么",关注个体体验对于学生发展的重要作用,课堂教学不只是一个特殊的认识过程,更应该是一个体验获得的过程,体验是促进学生自我发展、实现个体价值的重要方式。

参考文献

（一）中文著作

柏格森．创造进化论［M］．王珍丽，余习广，译．长沙：湖南人民出版社，1989.

班华．现代德育论［M］．合肥：安徽人民出版社，2001.

保罗弗莱雷．被压迫者教育学［M］．顾建新，等译．上海：华东师范大学出版社，2001.

北京大学哲学系外国哲学史教研室．西方哲学原著选读［M］．北京：商务印书馆，1982.

蔡元培美学文选［M］．北京：北京大学出版社，1983.

陈怡．经验与民主——杜威政治哲学基础研究［M］．上海：复旦大学出版社，2002.

辞海（第6版）［M］．上海：上海辞书出版社，1999.

崔允漷，等．课堂观察Ⅱ——走向专业的听评课［M］．上海：华东师范大学出版社，2013.

戴本博．外国教育史（中）［M］．北京：人民教育出版社，1999.

戴维·H.乔纳森．学习环境的理论基础［M］．郑太年，任友群，译．上海：华东师范大学出版社，2007.

费迪南·费尔曼．生命哲学［M］．李健鸣，译．北京：华夏出版社，2000.

冯建军．生命与教育［M］．北京：教育科学出版社，2004.

冯平．评价论［M］．北京：东方出版社，1995.

伽达默尔. 真理与方法 [M]. 洪汉鼎, 译. 上海: 上海译文出版社, 1994.

高慎英, 刘良华. 有效教学论 [M]. 广州: 广东教育出版社, 2004.

高慎英. 体验学习论: 论学习方式的变革及其知识假设 [M]. 桂林: 广西师范大学出版社, 2008.

郭华. 教学社会性之研究 [M]. 北京: 教育科学出版社, 2002.

赫伯特·马尔库塞. 审美之维 [M]. 李小兵, 译. 桂林: 广西师范大学出版社, 2001.

胡庆芳, 等. 精彩课堂的预设与生成 [M]. 北京: 教育科学出版社, 2007.

怀特海. 过程与实在 [M]. 李步楼, 译. 北京: 商务印书馆, 2011.

怀特海. 教育的目的 [M]. 徐汝舟, 译. 北京: 生活·读书·新知三联书店, 2002.

怀特海. 再论教育目的 [M]. 李永宏, 等译. 北京: 教育科学出版社, 1997.

黄显华, 霍秉坤, 徐慧璇. 现代学习与教学论——性质、关系和研究 (第一卷) [M]. 北京: 人民教育出版社, 2014.

黄显华, 霍秉坤, 徐慧璇. 现代学习与教学论——性质、关系和研究 (第二卷) [M]. 北京: 人民教育出版社, 2014.

黄显华, 霍秉坤, 徐慧璇. 现代学习与教学论——性质、关系和研究 (第三卷) [M]. 北京: 人民教育出版社, 2014.

黄显华, 朱嘉颖. 一个都不能少: 个别差异的处理 [M]. 上海: 上海科技教育出版, 2003.

黄中天. 生涯规划——体验式学习 [M]. 北京: 高等教育出版社, 2009.

霍华德·加德纳. 多元智能新视野 [M]. 沈致隆, 译. 北京: 中国人民大学出版社, 2008.

杰罗姆·S. 布鲁纳. 教育过程 [M]. 邵瑞珍, 译. 北京: 文化教育出版社, 1982.

金生鈜. 理解与教育——走向哲学解释学的教育哲学导论 [M]. 北京: 教育科学出版社, 1997.

瞿葆奎. 教育学文集: 教育研究方法 [M]. 北京: 人民教育出版社, 1988.

瞿葆奎. 教育学文集: 教学 (上册) [M]. 北京: 人民教育出版社, 1988.

卡尔·雅斯贝尔斯. 什么是教育 [M]. 邹进, 译. 北京: 生活·读书·新
        知三联书店, 1991.

柯林·比尔德, 约翰·威尔逊. 体验式学习的力量 [M]. 黄荣华, 译. 广
        州: 中山大学出版社, 2003.

柯林·威尔森. 心理学的新道路 [M]. 杜新宇, 译. 北京: 华文出版社,
        2001.

库伯. 体验学习——让体验成为学习和发展的源泉 [M]. 王灿明, 等译.
        上海: 华东师范大学出版社, 2008.

拉尔夫·泰勒. 课程与教学的基本原理 [M]. 施良方, 译. 北京: 人民教
        育出版社, 1994.

兰德曼. 哲学人类学 [M]. 阎嘉, 译. 贵阳: 贵州人民出版社, 1998.

李秉德, 李定仁. 教学论 [M]. 北京: 人民教育出版社, 2001.

李秉德文集 [M]. 北京: 教育科学出版社, 2005.

李长吉. 教学论思辨 [M]. 北京: 教育科学出版社, 2009.

李定仁, 徐继存. 教学论研究二十年 (1979—1999) [M]. 北京: 人民教
        育出版社, 2001.

李吉林文集 [M]. 北京: 人民教育出版社, 2006.

李秀伟. 唤醒情感——情境体验教学研究 [M]. 济南: 山东教育出版社,
        2007.

李泽厚. 美学四讲 [M]. 合肥: 安徽文艺出版社, 1999.

李泽厚. 中国思想史论 [M]. 合肥: 安徽文艺出版社, 1999.

李召存. 课程知识论 [M]. 上海: 华东师范大学出版社, 2009.

加里·D. 鲍里奇. 有效教学方法 (第4版) [M]. 易东平, 译. 南京: 江
        苏教育出版社, 2002.

理查德·阿兰兹. 学会教学 [M]. 丛立新, 译. 上海: 华东师范大学出版
        社, 2007.

联合国教科文组织国际教育发展委员会. 学会生存——教育世界的今天和
        明天 [M]. 华东师范大学比较教育研究所, 译. 北京: 教育科学出版
        社, 1996.

林崇德. 21 世纪学生发展核心素养研究 ［M］. 北京：北京师范大学出版社，2017.

林思宁. 体验式学习 ［M］. 北京：北京大学出版社，2006.

刘保，肖峰. 社会建构主义——一种新的哲学范式 ［M］. 北京：中国社会科学出版社，2011.

刘放桐. 新编现代西方哲学 ［M］. 北京：人民出版社，2000.

刘海涛，王林发. 体验教学的策略与方法 ［M］. 福州：福建教育出版社，2017.

刘良华. 校本教学研究 ［M］. 成都：四川教育出版社，2003.

刘云杉. 学校生活社会学 ［M］. 南京：南京师范大学出版社，2000.

刘志军，等. 生命的律动：生命教育实践探索 ［M］. 北京：中国社会科学出版社，2004.

卢梭. 爱弥儿：论教育 ［M］. 李平沤，译. 北京：人民教育出版社，2001.

鲁洁，王逢贤. 德育新论 ［M］. 南京：江苏教育出版社，2010.

罗祖兵. 课堂境遇与教学生成 ［M］. 北京：人民教育出版社，2012.

马尔库塞. 单向度的人 ［M］. 刘继，译. 上海：上海译文出版社，1989.

马克斯·范梅南. 教学机智——教学智慧的意蕴 ［M］. 李树英，译. 北京：教育科学出版社，2007.

马斯洛. 存在心理学探索 ［M］. 李文湉，译. 昆明：云南人民出版社，1987.

马斯洛，等. 人的潜能和价值 ［M］. 林方，主编. 北京：华夏出版社，1987.

马斯洛. 人性能达的境界 ［M］. 林方，译. 昆明：云南人民出版社，1987.

马斯洛. 自我实现的人 ［M］. 许金声，刘锋，等译. 北京：生活·读书·新知三联书店，1987.

迈克·富兰. 变革的力量——透视教育改革 ［M］. 中央教育科学研究所，译. 北京：教育科学出版社，2004.

蒙培元. 中国哲学主体思维 ［M］. 北京：东方出版社，1993.

莫雷. 教育心理学 ［M］. 广州：广东高等教育出版社，2002.

聂振斌．蔡元培及其美学思想［M］．天津：天津人民出版社，1984．

派纳等．理解课程：历史与当代课程话语研究导论［M］北京：教育科学出版社，2003．

裴娣娜．现代教学论（第一卷）［M］．北京：人民教育出版社，2005．

皮连生．教育心理学［M］．上海：上海教育出版社，2004．

齐军．体悟教学研究［M］．济南：山东人民出版社，2013．

美瑞迪斯·高尔，乔伊斯·高尔，沃尔特·博格．教育研究方法（第6版）［M］．徐文彬，等译．北京：北京大学出版社，2016．

沈毅，崔允漷．课堂观察：走向专业的听评课［M］．上海：华东师范大学出版社，2008．

施良方，崔允漷．教学理论：课堂教学的原理、策略与研究［M］．上海：华东师范大学出版社，1999．

施良方．学习论［M］．北京：人民教育出版社，2001．

石中英．知识转型与教育改革［M］．北京：教育科学出版社，2001．

谭光鼎，王丽云．教育社会学：人物与思想［M］．上海：华东师范大学出版社，2009．

汤林森．文化帝国主义［M］．冯建三，译．上海：上海人民出版社，1993．

滕大春．卢梭教育思想述评［M］．北京：人民教育出版社，1984．

童庆炳．现代心理美学［M］．北京：中国社会科学出版社，1993．

涂艳国．走向自由——教育与人的发展问题研究［M］．武汉：华中师范大学出版社，1999．

瓦西留克．体验心理学［M］．黄明，等译．北京：中国人民大学出版社，1989．

汪霞．课程研究：现代与后现代［M］．上海：上海科技教育出版社，2003．

王嘉毅．课程与教学设计［M］．北京：高等教育出版社，2007．

王鉴．课堂研究概论［M］．北京：人民教育出版社，2007．

王坤庆．精神与教育［M］．上海：上海教育出版社，2002．

王岳川．艺术本体论［M］．上海：上海三联书店，1994．

王梓坤．科学发现纵横谈［M］．长沙：湖南教育出版社，1999．

威廉·狄尔泰．精神科学引论（第一卷）［M］．童奇志，王海鸥，译．北京：中国城市出版社，2002.

魏薇．小学阅读教学的生活体验研究 [M]．济南：山东教育出版社，2008.

吴康宁，等．课堂教学社会学 [M]．南京：南京师范大学出版社，1999.

小威廉姆·E. 多尔．后现代课程论 [M]．王红宇，译．北京：教育科学出版社，2000.

辛继湘．体验教学研究 [M]．长沙．湖南大学出版社，2005.

杨启亮．困惑与抉择：20 世纪的新教学论 [M]．济南：山东教育出版社，1995.

杨韶刚．存在心理学 [M]．南京：南京师范大学出版社，2000.

杨四耕．体验教学 [M]．福州：福建教育出版社，2005.

杨向东，崔允漷．课堂评价——促进学生的学习和发展 [M]．上海：华东师范大学出版社，2016.

杨小微，张天宝．教学论 [M]．北京：人民教育出版社，2007.

叶澜．教育概论 [M]．北京：人民教育出版社，2006.

叶澜．"新基础教育"探索性研究报告集 [M]．上海：上海三联书店，1999.

余英时．中国思想传统的现代诠释 [M]．南京：江苏人民出版社，1989.

约翰·杜威．经验与自然 [M]．傅统先，译．北京：商务印书馆，2005.

约翰·杜威．民主主义与教育 [M]．王承绪，译．北京：人民教育出版社，2001.

约翰·杜威．人的问题 [M]．傅统先，邱椿，译．上海：上海人民出版社，2014.

约翰·杜威．我的教育信条 [M]．罗德红，杨小微，译．上海：华东师范大学出版社，2015.

约翰·杜威．学校与社会·明日之学校 [M]．赵祥麟，任钟印，吴志宏，译．北京：人民教育出版社，2005.

约翰·杜威．我们怎样思维·经验与教育 [M]．姜文闵，译．北京：人民教育出版社，2005.

张斌贤，等．西方教育思想史 [M]．成都：四川教育出版社，1994.

张楚廷．教学论纲 [M]．北京：高等教育出版社，1999.

张华，石伟平，马庆发．课程流派研究［M］．济南：山东教育出版社，2000.

张华．经验课程论［M］．上海：上海教育出版社，2001.

张华．课程与教学论［M］．上海：上海教育出版社，2000.

张奎志．体验批评：理论与实践［M］．北京：人民出版社，2001.

张汝伦．现代西方哲学十五讲［M］．北京：北京大学出版社，2003.

张世英．哲学导论［M］．北京：北京大学出版社，2002.

赵祥麟，王承绪．杜威教育论著选［M］．上海：华东师范大学出版社，1981.

郑勇，陶三发．情境·探究·建构——课堂教学最优化［M］．济南：山东教育出版社，2007.

钟启泉，崔允漷，张华．为了中华民族的复兴　为了每位学生的发展　基础教育课程改革纲要（试行）解读［M］．上海：华东师范大学出版社，2001.

钟启泉．课堂研究［M］．上海：华东师范大学出版社，2017.

钟启旸．体验式课程的教学知识［M］．重庆：重庆大学出版社，2012.

周浩波．教育哲学［M］．北京：人民教育出版社，2000.

朱莉·德克森．认知设计——提升学习体验的艺术［M］．赵雨儿，简驾，译．北京：机械工业出版社，2017.

朱立元．美学［M］．北京：高等教育出版社，2005.

朱慕菊．走进新课程——与课程实施者的对话［M］．北京：北京师范大学出版社，2002.

朱小蔓．教育的问题与挑战——思想的回应［M］．南京：南京师范大学出版社，2000.

朱小蔓．情感教育论纲［M］．南京：南京出版社，1993.

邹进．现代德国文化教育学［M］．太原：山西教育出版社，1992.

佐藤学．课程与教师［M］．钟启泉，译．北京：教育科学出版社，2003.

佐藤学．学习的快乐——走向对话［M］．钟启泉，译．北京：教育科学出版社，2004.

D.R. 克拉斯沃尔，B.S. 布鲁姆．教育目标分类学·情感领域［M］．施良方，等译.上海：华东师范大学出版社，1989.

H. A. 梅内尔. 审美价值的本性 [M]. 刘敏，译. 北京：商务印书馆，2001.

J. P. 戴斯，等. 认知过程的评估 [M]. 杨艳云，译. 上海：华东师范大学出版社，2004.

J. 莱夫，E. 温格. 情境学习：合法的边缘性参与 [M]. 王文静，译. 上海：华东师范大学出版社，2004.

R. M. 加涅. 学习的条件与教学论 [M]. 皮连生，等译. 上海：华东师范大学出版社，2002.

Sharan B. Merriam. 质性研究（设计与施作指南）[M]. 颜宁，译. 台中：五南图书出版公司，2011.

（二）中文学位论文

陈亮. 体验式教学设计研究 [D]. 西南大学，2008.

冯加渔. 自传课程研究 [D]. 华东师范大学，2015.

郭晓明. 课程知识与个体精神自由——对课程知识观一个侧面的哲学审思 [D]. 南京师范大学，2003.

刘惊铎. 道德体验论 [D]. 南京师范大学，2002.

王升. 发展性教学主体参与研究 [D]. 北京师范大学，2001.

闫守轩. 论教学中的生命关怀 [D]. 南京师范大学，2004.

杨进红. 语文阅读教学审美体验研究 [D]. 西南大学，2010.

赵传兵. 唤醒情意：地理情境体验教学 [D]. 华东师范大学，2010.

（三）中文期刊论文

常咏梅. 基于体验教学理论的教学活动设计研究——以师范生"信息化教学"公共课为例 [J]. 电化教育研究，2012（3）.

陈亮，朱德全. 学习体验的发生结构与教学策略 [J]. 高等教育研究，2007（11）.

陈旭远，刘冬岩. 促进学生体验的教学策略 [J]. 中国教育学刊，2004（4）.

陈佑清. 体验及其生成 [J]. 教育研究与实验，2002（2）.

程良宏. 试论控制性教学及其批判——兼析教学控制与控制性教学 [J].
    全球教育展望, 2010 (4).

迟艳杰. 教学本体论的转换——从"思维本体论"到"生成论本体论"
    [J]. 教育研究, 2001 (5).

崔允漷, 王中男. 学习如何发生: 情境学习理论的诠释 [J]. 教育科学研
    究, 2012 (7).

崔允漷. 让学生在课堂中的学习增值 [J]. 江苏教育, 2018 (9).

崔允漷. 指向学习改进的教学和评价 [J]. 教育测量与评价 (理论版),
    2015 (1).

杜萍, 田慧生. 论教学智慧的内涵、特征与生成要素 [J]. 教育研究,
    2007 (6).

付光槐. 现代知识观下教学道德性的缺失与诉求 [J]. 现代教育论丛,
    2012 (2).

郭建鹏, 杨凌燕, 史秋衡. 大学生课堂体验对学习方式影响的实证研
    究——基于多水平分析的结果 [J]. 教育研究, 2013 (2).

郭元祥. 新课程背景下课程知识观的转向 [J]. 全球教育展望, 2005 (4).

黄忠敬. 课程研究的文化学路向 [J]. 南京师大学报 (社会科学版), 2005
    (6).

姜同河, 杨道宇. 派纳存在体验课程的理论逻辑及其批判 [J]. 外国教育
    研究, 2010 (4).

靳玉军. 教师价值体系的重构与实现——基于哈贝马斯批判理论的分析
    [J]. 教育科学, 2014 (5).

李吉林. 谈情境教育的课堂操作要义 [J]. 教育研究, 2002 (3).

李宪勇, 徐学福. 试论教学观的历史嬗变 [J]. 大学教育科学, 2009 (3).

廖哲勋. 构建新的知识观, 深化课程改革 [J]. 课程·教材·教法, 2016
    (6).

龙宝新. 高效课堂的立体审视与协同创生 [J]. 中国教育学刊, 2016 (8).

鲁洁. 一个值得反思的教育信条——塑造知识人 [J]. 教育研究, 2004
    (6).

罗跃军. 论柏格森"绵延"概念之内涵及其对过程哲学的影响 [J]. 求是

学刊，2011（4）.

马永全. 论"解放"理念的教师教育路径 [J]. 教师教育研究，2014（3）.

毛玥，卢旭. 教师主体性发展的困境及其突破 [J]. 中国教育学刊，2016
（8）.

庞维国. 论体验式学习 [J]. 全球教育展望，2011（6）.

裴娣娜. 现代教学论生成发展之思——怀特海过程哲学的方法论启示
[J]. 教育学报，2005（3）.

石中英. 知识性质的转变与教育改革 [J]. 清华大学教育研究，2001（2）.

石中英. 知识增长方式的转变与教育变革 [J]. 教育研究与实验，2001（4）.

孙俊三. 从经验的积累到生命的体验——论教学过程审美模式的构建
[J]. 教育研究，2001（2）.

万伟. 知识观转变视野下的课程改革 [J]. 教育科学，2003（1）.

王灿明. 体验学习解读 [J]. 全球教育展望，2005（12）.

王嘉毅，李秉德. 论教学论 [J]. 教育研究，1996（4）.

王嘉毅，李志厚. 论体验学习 [J]. 教育理论与实践，2004（12）.

王鉴，王俊. 课堂生活及其变革研究 [J]. 课程·教材·教法，2013（4）.

王鉴，张晓洁. 论情境教学的理论基础 [J]. 当代教育与文化，2011（5）.

王鉴. 课堂志：回归教学生活的研究 [J]. 教育研究，2004（1）.

肖川. 教育即解放 [J]. 基础教育课程，2014（16）.

肖川. 课程的意味 [J]. 北京教育（普教版），2003（6）.

闫守轩. 体验与体验教学 [J]. 教育科学，2004（6）.

严奕峰，谢利民. 体验教学如何进行——基于体验学习圈的视角 [J]. 课
程·教材·教法，2012（6）.

严奕峰. 体验学习圈：体验与学习发生的过程机制 [J]. 上海教育科研，
2009（4）.

叶澜. 让课堂焕发出生命活力——论中小学教学改革的深化 [J]. 教育研
究，1997（9）.

余文森. 论教学中的预设与生成 [J]. 课程·教材·教法，2007（5）.

张华. 论教师发展的本质与价值取向 [J]. 教育发展研究，2014（22）.

张立昌. 论高效课堂的技术性及其意蕴——从脑图辅助教学谈起 [J]. 湖

南师范大学教育科学学报，2014（3）.

张良. 具身认知理论视域中课程知识观的重建［J］. 课程·教材·教法，2016（3）.

张其志. 罗杰斯的创造性教育思想简述［J］. 外国教育研究，2000（4）.

钟启泉. "整体教育"思潮的基本观点［J］. 全球教育展望，2001（9）.

周燕燕，叶海忠. 主体性教育：反思与建构［J］. 教育探索，2006（1）.

朱丽彬，金炳尧. Scratch 程序设计课教学实践研究——基于体验学习圈的视角［J］. 现代教育技术，2013（7）.

朱小蔓. 情境教育与人的情感性素质［J］. 课程·教材·教法，1999（1）.

（四）英文文献

ABBEY D S, HUNT D E, WEISER J C . Variations on a Theme by Kolb: A New Perspective for Understanding Counseling and Supervision ［J］. The Counseling Psychologist, 1985, 13（3）.

AKELLA D. Learning Together: Kolb's Experiential Theory and Its Application ［J］. Journal of Management & Organization, 2010, 16（1）.

BORDER L L B . Understanding Learning Styles: The Key to Unlocking Deep Learning and In-Depth Teaching ［J］. NEA Higher Education Advocate, 2007, 24（5）.

BOYATZIS R E, COWEN S S, KOLB D A. Innovation in Professional Education: Steps on a Journey from Teaching to Learning ［M］. San Francisco: Jossey-Bass, 1995.

BREW C R. Kolb's Learning Style Instrument: Sensitive to Gender ［J］. Educational and Psychological Measurement, 2002, 62（2）.

BURNARD P. Experiential Learning: Some Theoretical Considerations ［J］. Journal of Lifelong Education, 1988, 7（2）.

GRUNDY S. Curriculum: Product or Praxis? ［M］. London, New York and Philadelphia: The Falmer Press, 1987 .

ILIFF C H. Kolb's Learning Style Inventory: A Meta-Analysis ［D］. Boston University, 1994.

KATZ N. Individual Learning Style: Israeli Norms and Cross-Cultural [J]. Journal of Cross-Cultural Psychology, 1988, 19 (3).

KAYES A B, KAYES D C, KOLB A Y, KOLB D A. The Kolb Team Learning Experience: Improving Team Effectiveness Through Structured Learning Experiences [M]. Boston: Hay Group, 2004.

KOLB A Y, KOLB D A. Learning Styles and Learning Spaces: Enhancing Experiential Learning in Higher Education [J]. Academy of Management Learning & Education, 2005, 4 (2).

KOLB A Y, KOLB D A. The Learning Way: Méta-Cognitive Aspects of Experiential Learning [J]. Simulation & Gaming: An Interdisciplinary Journal, 2009, 40 (3).

KOLB D A . Experiential Learning: Experience as the Source of Learning and Development [M]. New Jersey: Prentice-Hall, 1984.

LOO R. A Meta-Analytic Examination of Kolb's Learning Style Preferences among Business Majors [J]. Journal of Education for Business, 2002, 77 (5).

MAINEMELIS C, BOYATZIS R, KOLB D A. Learning Styles and Adaptive Flexibility: Testing Experiential Learning Theory [J]. Management Learning, 2002, 33 (1).

MCGLINN J M. The Impact of Experiential Learning on Student Teachers [J]. Clearing House, 2003, 76 (3).

MILNE D, JAMES I, KEEGAN D, DUDLEY M. Teacher's PETS: A New Observational Measure of Experiential Training Interactions [J]. Clinical Psychology and Psychotherapy, 2002, 9 (7).

NEWSTEAD S E. Development and Validation of New Scales to Measure Kolb's (1985) Learning Styles Dimensions [J]. British Journal of Educational Psychology, 1992, 62 (8).

PINAR W F. Curriculum Studies: The Reconceptualization [M] . Troy: Educatal's International Press Inc. , 2000.

PINAR W F. What Is Curriculum Theory? [M]. New York and London: Routledge, 2012.

STANTON F, GRANT J. Approaches to Experiential Learning, Course Delivery and Validation in Medicine: A Background Document [J]. Medical Education, 1999, 33 (8).

STERNBERG R J, ZHANG L F. Perspectives on Cognitive, Learning, and Thinking Styles [M]. Mahwah: Lawrence Erlbaum, 2002.

SUGARMAN L. Kolb's Model of Experiential Learning: Touchstone for Trainers, Students, Counselors, and Clients [J]. Journal of Counseling and Development, 1985, 64 (11).

SVINICKI M D, DIXON N M. The Kolb Model Modified for Classroom Activities [J]. College Teaching, 1987, 35 (4).

VINCE R. Behind and Beyond Kolb's Learning Cycle [J]. Journal of Management Education, 1998, 22 (3).

WEIL S, MCGILL I. Making Sense of Experiential Learning: Diversity in Theory and Practice [M]. MiltonKeynes: Open University Press, 1989.

WILLCOXSON L, PROSSER M T. Kolb's Learning Style Inventory (1985): Review and Further Study of Validity and Reliability [J]. The British Journal of Educational Psychology, 1996, 66 (5).

图书在版编目（CIP）数据

体验教学研究／张晋著 . --北京：社会科学文献
出版社，2025.8. --ISBN 978-7-5228-5611-7

Ⅰ.G424.21

中国国家版本馆 CIP 数据核字第 2025FX2357 号

体验教学研究

著　　者／张　晋

出 版 人／冀祥德
责任编辑／吕霞云
文稿编辑／尚莉丽
责任印制／岳　阳

出　　版／社会科学文献出版社·马克思主义分社（010）59367126
　　　　　地址：北京市北三环中路甲 29 号院华龙大厦　邮编：100029
　　　　　网址：www.ssap.com.cn
发　　行／社会科学文献出版社（010）59367028
印　　装／三河市龙林印务有限公司

规　　格／开　本：787mm×1092mm　1/16
　　　　　印　张：15　字　数：237 千字
版　　次／2025 年 8 月第 1 版　2025 年 8 月第 1 次印刷
书　　号／ISBN 978-7-5228-5611-7
定　　价／98.00 元

读者服务电话：4008918866

版权所有 翻印必究